华夏国学经典
全本全注全译丛书

孙子兵法

赵清文◎译注

华夏出版社
HUAXIA PUBLISHING HOUSE

图书在版编目（CIP）数据

孙子兵法 / 赵清文译注 . —— 北京：华夏出版社，2017.2（2019.7 重印）
（华夏国学经典全本全注全译丛书）
ISBN 978-7-5080-9107-5

Ⅰ.①孙… Ⅱ.①赵… Ⅲ.①兵法 – 中国 – 春秋时代 ②《孙子兵法》– 译文 ③《孙子兵法》– 注释 Ⅳ.① E892.25

中国版本图书馆 CIP 数据核字（2016）第 305846 号

孙子兵法

译 注 者	赵清文
责任编辑	裘挹红
出版发行	华夏出版社
经　　销	新华书店
印　　刷	三河市少明印务有限公司
装　　订	三河市少明印务有限公司
版　　次	2017 年 2 月北京第 1 版 2019 年 7 月北京第 3 次印刷
开　　本	880×1230　1/32 开
印　　张	9.75
字　　数	236 千字
定　　价	20.00 元

华夏出版社　地址：北京市东直门外香河园北里 4 号　邮编：100028
　　　　　　网址：www.hxph.com.cn　电话：（010）64618981
若发现本版图书有印装质量问题，请与我社营销中心联系调换。

前　言

兵家思想是中国传统文化的一个有机组成部分。我国古代兵书数量众多,传世的兵书中,成书最早、影响最大、内容最精辟的,当属被视为"兵学圣典",并有"世界古代第一兵书"之称的《孙子兵法》,它不但在中国影响深远,而且在世界上享有盛誉。

一、《孙子兵法》的流传与影响

《孙子兵法》又称《孙武兵法》,作者为春秋时期的孙武。《史记·孙子吴起列传》中记载:"孙子武者,齐人也。以兵法见于吴王阖闾。阖闾曰:'子之十三篇,吾尽观之矣。'……阖庐知孙子能用兵,卒以为将。西破强楚,入郢,北威齐晋,显名诸侯,孙子与有力焉。"据此推断,孙武应当生活于春秋末期,大约与孔子同时。

《孙子兵法》成书之后,就已经广为世人所知,并在许多典籍中有引述,其后又有多种版本和注解流行于世。其中,今天所能见到的最早的《孙子兵法》的注解本为曹操的《孙子注》。曹操充分肯定了《孙子兵法》中的军事思想,并根据以往战争的特点和他自己的作战经验做了阐述、发挥和补充。南北朝之后,《孙子兵法》被尊为兵经,其后注本和刻本日多。宋代吉天保汇集前人《孙子》注释11种,辑成《孙子集注》一书。该书是南宋之前《孙子》注释的集大成之作,所收录的11家是:魏曹操,梁孟氏,唐李筌、杜佑、杜牧、陈皞、贾林,宋梅尧臣、王皙、何延锡、张预。它解说详尽,资料丰富,具有重要的军事学术价值和学术思想史料价值,受到后代学者的普遍重视。

宋代与《孙子兵法》整理相关的另一重要的成就是《武经七书》的编纂。宋神宗元丰三年(1080年),诏命朱服、何去非等人组织力量"校定《孙子》、《吴子》、《六韬》、《司马法》、《三略》、《尉缭子》、《李靖问对》等书,镂版行之"(《续资治通鉴长编》卷三百三)。校订历时三年多的时间,校订后的7部兵书共25卷,统称《武经七书》,颁行武学。该书现存最早的版本是南宋刻本,大约刻于孝宗或光宗年间。《武经七书》校刊精审,以后的刻本多据此版本。

明代以后,有影响的《孙子兵法》注本主要有刘寅的《武经七书直解》、赵本学的《孙子书校解引类》以及孙星衍的《孙子十家注》等。

《孙子兵法》不仅是中国最早最优秀的古代兵书,而且从世界范围看,也可以说是最早最系统的军事著作。《孙子兵法》走出国门,首先传入的是日本。最早将《孙子兵法》带到日本的是公元8世纪奈良时代的吉备真备。《孙子兵法》传到日本之后,皇室非常重视,将其藏于密室,供皇室成员专门阅读。吉备真备也被任命为太宰府大贰,负责为皇室成员讲授《孙子兵法》等中国兵书。在很长一段时间里,由于《孙子兵法》都是用汉文原版,并且仅藏于皇宫和少数武将家族之中,流传的范围极为有限。一直到德川幕府第四代将军德川家纲(1651—1680年)时期,才开始有《孙子兵法》的日译本出现,此后又下令专门出版《孙子兵法》用作军事教材。这样,《孙子兵法》的研究和普及才被向前推进了一大步。从此以后,《孙子兵法》的各种版本在日本多次印行,注释和研究著作大量涌现。第二次世界大战之后,许多专家学者根据战后经济复兴的客观需要,又把《孙子兵法》的研究引向经济领域,出现了以大桥武夫等为代表的"兵法经营管理学派",为《孙子兵法》的研究和应用开拓了新的领域。大约与传入日本同时,《孙子兵法》也传到了朝鲜。16世纪以后,涌现出大量朝鲜文版本的《孙子兵法》译著、评注等著作。此外,《孙子兵法》在东南亚的越南、缅甸、泰国、马来西亚等国家也有着深远的影响,各国均有一定数量的研究著作问世。

《孙子兵法》的西传,最早是传播到了法国。1772年,法国神父约瑟夫·阿米欧在巴黎翻译出版了法文《中国军事艺术》丛书,包含有六部中国古代兵书,《孙子兵法》就是其中之一。这是西方人翻译出版的第一本《孙子兵法》,在西方产生了非常重要的影响。1860年,俄国科斯特罗马军团的中校斯列兹涅夫斯基根据法文版《孙子兵法》写出《中国将军孙子对其属下将领的教诲》一文,给予《孙子兵法》很高的评价。英译本的《孙子兵法》虽然出现得比法译本晚,但相比之下却影响更大。1905年,在日本学习语言的英国皇家野战炮兵上尉卡托普首次把《孙子兵法》译成英文,并以《孙子》为书名在东京出版。1910年,英国著名汉学家贾尔斯根据孙星衍所校《孙子十家注》翻译的英译本《孙子兵法:世界上最古老的军事著作》,由伦敦卢扎克公司出版。全书注释详尽,语言优美,影响至今经久不衰。在德国,1910年由布鲁诺·纳瓦拉翻译,书名为《战争之书:中国古代军事学家》(又译作《中国的武经》)在柏林出版,这是《孙子兵法》的第一个德文版,使中国的这一武学名著在克劳塞维茨思想一统天下的德国占据了一席之地。除了各种语言的译本之外,另外还有大量《孙子兵法》的研究专著在世界不同的国家问世。《孙子兵法》在全世界得到了广泛的流传,产生了深远的影响。

二、《孙子兵法》中的军事思想

作为一部兵书,军事思想是《孙子兵法》整个思想体系的核心和主干,其成书的直接目的,就是为了总结和阐述军事思想。《孙子兵法》中的军事思想,博大精深,揭示了战争的基本规律,其中既有对商周以来军事知识的继承,又有春秋时期频繁战争经验的总结,是孙子对战争和军事斗争理性思维的结晶。

《孙子兵法》中,用了大量的篇幅论述战争观念和战略原则。所谓战略,就是指导战争全局的计划和策略。《孙子兵法》中的战略思想,主要包括慎战的基本战争态度、"不战而屈人之兵"的战略原则、重视战前的"庙算"以及提倡速战速决等几个方面。

孙子所生活的春秋时代,战争频繁,给人们造成了深重的灾难,反战、"非攻"是和孙子大约同时代的思想家老子、孔子、墨子等人的共识。作为一个军事家,孙武的基本思想是重战的,但是,他的重战并不是提倡频开战端,四处征伐,穷兵黩武,而是主张慎重地对待战争,也就是说,孙子的重战思想是和"慎战"思想结合在一起的。"慎战",是他基本的战争观。

与儒家和墨家的思想家们不同,孙子的"慎战"思想并不是从战争的"正义"和"非正义"的属性区分来论述的,他提出"慎战"思想的基本依据,是战争自身的残暴性以及战争对国家和民众的重要影响。整个《孙子兵法》的思想体系,都是在肯定其开篇所提出的"兵者,国之大事,死生之地,存亡之道,不可不察"这一基本认识的前提条件下展开的。在《孙子·火攻篇》中有一段话,说:"夫战胜攻取而不修其功者凶,命曰费留。故曰:明主虑之,良将修之,非利不动,非得不用,非危不战。主不可以怒而兴师,将不可以愠而致战。合于利而动,不合于利而止。怒可以复喜,愠可以复悦,亡国不可以复存,死者不可以复生。"这段话基本概括了孙子"慎战"思想的内容。首先,"夫战胜攻取而不修其功者凶"。在孙子看来,发动一场战争之前不仅要考虑战争能否胜利,而且还要考虑到战争胜利后可能出现的情况以及是否有恰当的处置方法。一国的统治者在进行战争决策时，绝不能仅仅看到战争能够取胜就盲目兴师，而不顾一场战争结束后可能引起的各种力量的对比变化以及战略格局演变对自己的长远利益所造成的影响。其次，"主不可以怒而兴师，将不可以愠而致战"。孙子强烈反对因"怒"、"愠"等情绪化的因素而轻启战端、挑起兵衅，国君不可因一时愤怒而发动战争，将帅也不可因一时气愤而出阵求战，否则，可能会造成严重的后果和难以挽回的损失。最后，"非利不动，非得不用，非危不战"，"合于利而动，不合于利而止"。这是采取战略行动的基本原则。在孙子看来，战争是否应当并不能仅凭一时的意气，也不是看它是否正义，而是应当"合于利而动"，即要以是否符合国家利益为根本标准。当然，孙子这里所说的"利"并不是对利益的狭义的理解，即眼前的局部利益，他所说的"利"是从长远、全局考虑的。即使发动一场战争能够获得一些物质利益，得到暂时的满足，如果因此而影响了国家的全局和长远，也是不值得的，所以，战争必须慎重，要经过仔细的"利益计算"和科学的决策。孙子认为，军事斗争既有利益，当然也存在一定的危险，"军争为利，军争为危"，如果能够用政治谋略、外交智慧解决问题，就不要轻易诉诸武力；同时，国际之间的关系是复杂多变的，总有一些难以预料和把握的因素在里面，在决定是否发动一场战争之前，一定要防止出现"钝兵挫锐"，"屈力殚货"，让第三国"乘其弊而起"，导致"虽有智者，不能善其后"的严重后果。

孙子认为，即使通过判断不得不采取对立的态度，进行尖锐的斗争，也首先应当考虑采取"不战而屈人之兵"的"全胜"策略，即追求以最小代价取得最大的胜利。《孙子兵法》认为，战争的原则是：使敌人举国、全军投降是上策，击破敌国、敌军是次一等的选择。战争中应给予最高评价的不是百战百胜，而是不通过武力就使敌军投降。孙武认为，只要各方面准备就绪，有压倒对方的力量，并造就了"若决积水于千仞之谿者"的形势，就可不经过交战而使对方屈服，不经过强攻而占领对方的城堡。这才是损失最小而利益最大的胜利，即所谓"必以全争于天下"，使"兵不顿而利可全"，这才是用兵的最高境界。

孙子非常重视战前的准备，在战争之前，要清楚掌握敌我双方的基本情况和战争的基本规律。《孙子兵法》特别强调要"未战而庙算"，即在庙堂上举行会议，筹划战争的进程和胜负。《计篇》中说："夫未战而庙算胜者，得算多也；未战而庙算不胜者，得算少也。多算胜，少算不胜，而况于无算乎！"这句话意思是说，未打仗之前就预计能够获取胜利的，是因为筹划周密，获胜的条件多；未打仗之前就预计不能取胜的，是因为筹划不周，获胜条件少。筹划周密，条件充分就能取胜；筹划不周密，条件不足就不能取胜，更何况不作任何筹划呢？可见，在孙子看来，"未战而庙算"对战争胜负起着决定性的作用，"庙算"好，就能胜敌；"庙算"不好或根本没有"庙算"，则注定要失败。孙子在《九地篇》又说，"厉于廊庙之上，以诛其事"，强调作战计划一定要反复计议，确保谋划周密后才能进行战争。可见"未战而庙算"是十分重要的，它可以通过分析客观和主观的条件，定出周密的作战计划，尽量避免不必要的损失，从而为胜利奠定坚实的基础。在"庙算"的基础上，还要做好各个方面的准备工作。《形篇》中说，善于打仗的人，先使自己不可被战胜，以等待战胜敌人的机会，不能被战胜，在于自己；能否战胜敌人，在于敌人那一方；善于打仗的人能够使自己立于不败之地，而不能使敌人一定会被我军战胜；善于打仗的人，自己处于不被战胜的境地，而不会放过任何击败敌人的机会，所以打胜仗的部队是在掌握了胜利条件之后才投入战斗，打败仗的部队则是先投入战斗，才寻求胜利的条件。

孙子战略思想的另一个非常突出的特点,就是主张掌握战争的主动权,提倡先发制人,认为打仗不能被动挨打,必须自己主动进攻,即"致人而不致于人"。在战争中要调动别人,不要被别人所调动,这就要求把主动权掌握在自己手上,这是一切战争制胜的最关键的原则。为了达到"致人而不致于人"的目的,孙子认为,首先,要察明敌人的情况和行动规律,即所谓"形人而我无形"。其次,要善于掌握时机,以逸待劳。第三,要事先做好准备,有备无患。最后,还要雷厉风行,行动迅速。总之,在打击敌人时,只有在整体的战略战术上抢占先机,掌握主动权,才能使敌人陷于被动,取得战争的胜利。

在制定了科学的战略原则之后,要取得战争的胜利,还要有正确的战术指挥。战术思想,也是《孙子兵法》中的核心内容之一。孙子认为,在战争中必须要善于运用计谋,即"诡道"和"诈",还要奇正结合,避实击虚,因地制宜,借助地势,讲究阵法,此外,他还提出了火攻和用间等战法。

《孙子兵法》还认为,军队的强弱、战争的胜败,组织者、指挥者、统领者的能力和品质至关重要。孙子提出,一个合格的将帅必须具备五种基本的素质,即"智、信、仁、勇、严"(《计篇》)。"智",就是要有谋略、有智慧。"信",就是要做到言必信,行必果。"仁",就是关心士卒,仁爱部下。"勇",就是要有勇气,要骁勇善战,敢打敢拼。"严",就是上对下要有威严,号令严明。孙子认为,以上五种品质是所有将领都应该具备的,相辅相成,不可或缺。在提出了为将者五种优良品质的同时,孙子又提出了"五危",即将领必须竭力避免的五种可能招致危险的缺点。他说:"故将有五危,必死,可杀也;必生,可虏也;忿速,可侮也;廉洁,可辱也;爱民,可烦也。凡此五者,将之过也,用兵之灾也。"(《九变篇》)将领的这五种危险的缺点是:有莽撞死战的心理,就容易被杀死;有苟且偷生的心理,就可能被俘虏;性情暴躁的人,就会被辱骂激怒,从而失去理智,招致损失和失败;过于爱好廉洁的名声的人,就会被羞辱,从而引发怒气而上当;过于考虑民众利益的人,就会被过多的杂事所困扰。孙子认为,以上这五种情况,都是将领的错误,用兵的灾难。军队覆没,将领阵亡,必定是这五种危害之一在作祟,为将者一定要仔细慎重。

总之,作为我国古代一部优秀的军事著作,《孙子兵法》中的军事思想是丰富而精辟的,这就是它数千年以来一直备受历代军事家和战略家青睐的根本原因之所在。

三、《孙子兵法》的历代评价

《孙子兵法》诞生之后,在历史上产生了深远的影响,许多军事家、政治家、思想家都给予其很高的评价。

战国时期,魏国的军事家尉缭对孙武就十分钦佩,他所著的《尉缭子》中说:"有提十万之众而天下莫当者谁?曰桓公也;有提七万之众而天下莫当者谁?曰吴起也;有提三万之众而天下莫当者谁?曰武子也。"(《尉缭子·制谈》)书中所说的"武子",指的就是《孙子兵法》的作者孙武。在尉缭看来,孙武的军事才能比春秋五霸之首的齐桓公和著名军事家吴起都要高明,可见他对孙子的崇敬。

到战国末期,《孙子兵法》已经在各诸侯国之间广为流传,孙武的名声也已深入到千家万户。《荀子·议兵》中记载临武君说:"善用兵者,感忽悠暗,莫知其所从出,孙吴用之无敌于天下。"这里的"孙"即指孙武,"吴"指吴起。战国末期法家的著名代表人物韩非也说:"今……境内皆言兵,藏孙吴之书者家有之。"(《韩非子·五蠹》)从这里可以看到,此时孙子的著作已经得到了广泛的流传。

《吕氏春秋》中则把孙子所领导的军队看作天下战斗力最强的军队之一，并认为其战斗力的来源，就是因为他们坚持了把"德"与"义"作为治军和用兵的指导思想，这就是《吕氏春秋·上德》篇中所说的："以德以义，……孙吴之兵，不能当矣。"

值得一提的是，战国时期，《孙子兵法》的影响就已经超出了军事领域。魏文侯时期的大商人白圭是我国历史上著名的成功商人之一，他的经营思想就深受《孙子兵法》中军事思想的影响，他将其灵活地运用到了买卖货物之中。《史记·货殖列传》中说："白圭，周人也。当魏文侯时，李克务尽地力，而白圭乐观时变，故人弃我取，人取我与。……故曰：吾治生产，犹伊尹、吕尚之谋，孙、吴用兵，商鞅行法也。"除了商业经营以外，还有人将《孙子兵法》中的军事思想运用于行医看病。战国末期成书的《黄帝内经·灵枢经》中引用了《孙子兵法·军争篇》中的"无邀正正之旗，无击堂堂之陈"，说"无迎逢逢之气，无击堂堂之阵"，并对其做了医学的解释。

秦汉之后，《孙子兵法》受到的关注日益提升，并为历代兵家所推崇。司马迁曾经说，"世俗所称师旅，皆道《孙子》十三篇"（《史记·孙武吴起列传》），由此可见《孙子兵法》在军事领域中所受到的重视。东汉时期，许多将领都自觉地运用《孙子兵法》中的战略战术思想指导自己的军事行动，并给予孙武很高的评价。《后汉书·冯异传》记载，大将军冯异"好读书，通《左氏春秋》、《孙子兵法》"。思想家王充则评价孙子说："孙武、阖庐，世之善用兵者也。知或学其法者，战必胜；不晓什伯之陈，不知击刺之术者，强使之军，军覆师败，无其法也。"（《论衡·量知篇》）东汉时候，政府甚至将学习《孙子兵法》用制度的方式确定下来，规定："立秋之日，……兵官皆肄孙、吴兵法，六十四阵。"（《后汉书·礼仪志》）

魏晋时期，对孙武的著作进行阐发和注释的著作日多，其中曹操的《孙子注》就是其中较著名的一部。曹操一生出入于戎马之中,对孙武军事思想的高明深有切身体会。他说:"吾观兵书战策多矣,孙武所著深矣。"(《孙子略解序》)曹操用兵多依《孙子兵法》,有人对他评价说:"其行军用师,大较依孙、吴兵法,而因事设奇,谲敌制胜,变化如神。"(《三国志·魏志·武帝纪》裴松之注引《魏书》)蜀汉的诸葛亮和吴国的孙权等人,对《孙子兵法》也都非常熟悉,或者多次引用《孙子兵法》中的论述,或者要求手下的将领潜心学习《孙子兵法》。在三国纷争的时代,《孙子兵法》的作用得到了充分体现。南北朝时,《孙子兵法》不但继续为武将所重视,而且其文学价值也得到了发掘,刘勰在《文心雕龙·程器》中曾经说:"孙武兵经,辞若珠玉,岂以习武而不晓文也。"在这时候,《孙子兵法》已经被提到了"兵经"的地位。

隋唐时期,《孙子兵法》同样受到人们的重视,给予其很高的评价。唐太宗李世民曾经说:"朕观诸兵书,无出孙武。孙武十三篇,无出虚实。夫用兵识虚实之势,则无不胜焉。"(《唐太宗李卫公问对》)唐代开国名将李靖是一位杰出的军事家,他的舅舅隋朝名将韩擒虎"每与论兵,未尝不称善,抚之曰:'可与论孙、吴之术者,惟斯人矣。'"(《旧唐书·李靖传》)可见,那时候,"孙、吴之术"已经成了兵法的代名词。李靖本人对孙武的军事思想评价也很高,他说:"吾谓不战而屈人之兵者,上也。百战百胜者,中也。深沟高垒以自守者,下也。以是较量,孙武著书,三等皆具焉。""爱设于先,威设于后,不可反是也。若威加于前,爱救于后,无益于事矣。《尚书》所以慎戒其终,非所以作谋于始也。故孙子之法,万代不刊。"(《唐太宗李卫公问对》)唐朝时期,文人的诗词文赋中,也对孙武多有提及,韩愈的《送孟东野序》、高适的《蓟中作》《送浑将军出塞》《李云南征蛮诗》《谢上淮南节度使表》、罗隐的《题杜甫集》

等作品中,对孙武多有称颂。而其中贡献最大的,当属杜佑与杜牧祖孙。杜佑在编辑《通典》的《兵典》时,许多篇章都用《孙子兵法》中的论述做总纲,而杜牧则亲自为《孙子兵法》作注。

北宋时,宋神宗钦定《武经七书》,以《孙子》为首。宋代许多军事著作,都对孙武和《孙子兵法》进行了称道。何去非评论说:"昔以兵为书者无若孙武。武之所可以教人者备矣;其所不可者,虽武亦无得而预言之,而唯人之所自求也。"(《何博士备论·霍去病论》)"言兵无若孙武,用兵无若韩信、曹公。"(《何博士备论·魏论下》)陈直中《孙子发微》中说:"自六经之道散而诸子作,盖各有所长,而知兵者未有过孙子者。"戴溪所撰的《将鉴论断》中,称《孙子兵法》"众家之说备矣"。中国历史上著名的改革家王安石说:"孙武谈兵,言理而不言事,所以文约而所赅者博。"又说:"(韩)信但用孙武一两言,即能成功名。"(韩淲:《涧泉日记》卷下)唐宋八大家之一的苏洵在他所著的《权书》中评论说:"孙武十三篇,兵家举以为师。然以吾评之,其言兵之雄乎!今其书,论奇权密机,出入神鬼,自古以兵著书者罕所及。"其子苏轼也承认:"古之言兵者,无出于孙子矣。利害之相权,奇正之相生,战守攻围之法,盖以百数,虽欲加之而不知所以加之矣。"(《孙武论》)两宋时期,由于理学思想的兴起,对《孙子兵法》的批评和质疑声音也渐多。

明代对孙武及其兵法的评价和研究又提高到了一个新的高度,明太祖朱元璋曾经大力提倡阅读包括《孙子兵法》在内的古代兵书,当时的许多著作也多对《孙子兵法》非常推崇。刘寅在《武经直解·自序》中评价《孙子兵法》说:"欲有智而多谋,善将而能兵,提兵而用武,备武而守国,舍是书何以哉?"谈恺在《孙子集注十三卷·自序》中则说:"孙子上谋而后攻,修道而保法,论将则曰仁智信勇严,与孔子合。至于战守攻围之道,批亢捣虚之术,山林险阻之势,料敌用间之谋,靡不毕具。其他韬铃机略,孰能过之。"《投笔肤谈》的作者何守法认为,在包括《武经七书》在内的古代兵书中,"惟《孙子》纯粹,书仅十三篇,而用兵之意悉备"(《投笔肤谈·引》)。茅元仪也说:"自古谈兵者,必首孙武子。……学兵诀者,学孙子焉可也。"(《武备志·兵诀评》)对孙子给予了前所未有的高度评价。著名抗倭将领戚继光在用兵作战中,对孙武产生了由衷的敬佩。他根据自身的体会,说:"数年间余承乏浙东,乃知孙武之法,纲领精微莫加矣。第于下手详细节目,无一及焉,犹禅者上乘之教也。"(《纪效新书·自序》)他又说:"习武者不外于孙吴,是习孙吴者皆孙吴之徒也。"(《练兵实纪·储练通论·正习讹》)"孙武子兵法,文义兼美,虽圣贤用兵,无过于此。"(《止止堂集·愚愚稿》)

清代继续着对《孙子兵法》的价值的发掘。邓廷罗集合《孙子》各家的注解,写成了《孙子集注》,他说:"救乱如救病,用兵犹用药。善医者因症立方,善兵者因敌设法。《孙子》十三篇,治病之方也。古今帝王将相之战功往迹,名医之案也。医不通晓方案,不谓之名医,将不贯通古今,得谓之名将乎?……《孙子》十三篇,无篇不可为法,无句不可为训。"(《兵镜备考》)郑端在《孙子汇征·自序》中则认为:"古今谈兵之雄者,首推孙子。盖孙子能推黄帝、太公之意,而武侯、卫公又皆推孙子之意,故言兵者以孙子为宗,第孙子之微旨不传。"尤为值得一提的是,明清时期的医学家继承了《黄帝内经》的传统,自觉地将《孙子兵法》中的理论用于治病救人。清初名医徐大椿曾写过一篇《用药如用兵论》,将《孙子兵法》中的许多原则用于疾病治疗的指导,并说:"孙武子十三篇,治病之法尽之矣。"

直至近代和现代,对《孙子兵法》的研究和应用仍炙手可热,许多政治家、军事家、思想家都对其做过较高评价。近代革命的先行者孙中山对《孙子兵法》非常重视,他曾经说:"就中国历史来考究,二千多年前的兵书有十三篇,那十三篇兵书便是解释当时的战理,由于那十三篇兵书,便成立中国的军事哲学。所以照那十三篇书讲,是先有战术的事实,然后才成那本兵书。"(《三民主义·民权主义》)孙中山的这一论述,对研究《孙子兵法》中的哲学思想有开创性的意义。毛泽东对《孙子兵法》也有着很深的研究,在《中国革命战争的战略问题》一文中,他说:"中国古代大军事家孙武子书上'知彼知己,百战不殆'这句话,是包括学习和使用两个阶段而说的,包括从认识客观实际中的发展规律,并按照这些规律去决定自己行动克服当前敌人而说的;我们不要看轻这句话。"在《论持久战》中,他又说:"孙子的规律,'知己知彼,百战不殆',仍是科学的真理。"在中国的革命战争中,他将《孙子兵法》中的许多优秀思想都做了充分的发挥。

总之,《孙子兵法》在中国有着深远和积极的影响,其社会意义远远超出兵法本身,在哲学、管理、政治甚至医学等领域都有着重要的影响。随着中外交流的日益广泛,孙武的兵法思想也走出国门,得到世界各国军事家、政治家、战略家的高度重视和评价,成为中华文明对世界文明的重要贡献之一,在全球享有崇高的声誉。

目 录

第 一 章　计篇 ………… 001
第 二 章　作战篇 ………… 027
第 三 章　谋攻篇 ………… 056
第 四 章　形篇 ………… 084
第 五 章　势篇 ………… 110
第 六 章　虚实篇 ………… 131
第 七 章　军争篇 ………… 159
第 八 章　九变篇 ………… 180
第 九 章　行军篇 ………… 195
第 十 章　地形篇 ………… 213
第十一章　九地篇 ………… 228
第十二章　火攻篇 ………… 258
第十三章　用间篇 ………… 272

第一章　计篇

【题解】

《计篇》,又称《始计》。这一篇是全书的纲领,主要讲的是战争的指导性原则、纲领和全盘计划。在这一篇中,孙子提出了战争以及研究和谋划战争的重要性,论述了战争中自保全胜对于整个国家的意义,并通过对战略运筹和主观指导能力的分析,初步而总括性地提出了临机应变等各种所谓"诡道"。孙子还在这一篇中提出了"庙算"的重要概念,所谓"庙算",即出兵前在庙堂上比较敌我的各种条件,分析各种可能性和利弊,估算战事胜负的概率,并为战争做出尽量全面的准备和制订作战计划。《孙子兵法》中的"五事"、"七计"、"兵者,诡道也"、"攻其无备,出其不意"等著名的军事原则,都是在这一篇中提出的。

孙子曰[1]:兵者[2],国之大事[3],死生之地[4],存亡之道[5],不可不察也[6]。

【注释】

①孙子:即春秋时期吴国的名将孙武。"孙"为姓。"子"是古代

对男子的尊称或美称。　　②兵：原意为"兵器"。这里指"战争"。　　③国之大事：关系到一国生死存亡的大事情。
④地：对于"死生之地"的"地"字，前人的注解中有不同的理解。一种观点认为，"地"即为"场所"，这里指"战场"。另一种观点认为，这里的"地"应为值得重视的事情。结合上一句"国之大事"和下一句"存亡之道"，后一见解应更可取。
⑤道：原意为"道路"，这里应为"规律"、"通则"。　　⑥察：考察，研究，详审。

【译文】

孙子说：战争，是国家的大事，它关系着军民的生死，决定着国家的存亡，是不能不仔细研究、慎重对待的。

【战例】

淝水之战

南北朝时期，苻坚在王猛的辅佐下，使前秦成为一个强大的国家，先后灭了前燕、前凉和代，夺得巴蜀，进入西域，一举统一北方。但是，虽然王猛生前苻坚对他言听计从，可是王猛一死，苻坚狂妄自大、一意孤行的毛病就暴露出来了，他把王猛临死前留下的不要进攻东晋的忠告抛在了脑后。苻坚把东晋当作唯一的敌人，决定非把它消灭不可。王猛死后不到三年，苻坚就派十几万大军，分兵几路进攻东晋的襄阳，花了将近一年时间，终于把襄阳攻了下来。接着，他又派兵十几万从襄阳东进，攻打淮南，东晋兵将在谢石、谢玄率领下，把秦兵打得一败涂地。

虽然遭到了沉重打击，但苻坚并没有放弃进攻东晋的打算。公元382年10月，他认为已经准备成熟，就下决心大举进攻东晋。苻坚问文武大臣："各地的势力现在基本上都被我们平定了。只剩下了东南的晋国不肯降服于我们。现在，我们已经有了九十七万精兵，我打算亲自带领去灭掉晋国，大家认为如何？"大臣权翼说："晋国虽然不如我们强大，但是他们的皇帝还没犯什么大错，手下还有像谢安、桓冲那样有才能的文武大臣，目前他们国内团结一心。咱们要灭亡东晋，现在恐怕不是时候。"石越也说："晋国有长江作为天险，再加上老百姓斗志旺盛，我们恐怕难以取胜。"其他大臣也附和着他们，纷纷对攻晋的计划提出反对。

苻坚却认为并不像大臣认为的那样，他大声说："长江天险算得了什么，我们有百万大军，大家把手里的马鞭子一起投到长江里，就可以把长江的水堵塞。他们还能拿什么来做屏障。"见大家意见不统一，他最后厌烦地说："你们都走吧，这件事还是让我自己来决断。"

大臣们走后，只剩下苻坚和他的弟弟苻融还留在殿上。苻坚对苻融说："自古以来决定国家大计的，总是只能靠一两个人。今天大家议论纷纷难以讨论出个结果来。这件事还是由我们两个人来决定吧。"苻融说："依我看来，现在攻打晋国的确有许多困难。再加上我军连年征讨，兵士们已经疲惫不堪，不想再出去远征。今天这些反对攻打晋国的，都是为陛下您考虑，他们都是您的忠臣，希望您能采纳他们的意见。"

苻坚没想到自己的弟弟也会反对他，生气地说："不要再说这种丧气话了，我有精兵百万，堆积如山的兵器、粮草，要打下小小的晋国如同探囊取物，怎么会有不能取胜的道理。"苻融见哥哥如此一意孤行，苦苦劝告他说："现在攻打晋国，不但没有必胜的希望，而且陛下一旦离开长安远征，京城里那些鲜卑人、羌人、羯人就可能起来叛乱，到时候后悔也就来不及了。"

打那以后，还有不少大臣劝苻坚不要攻晋。苻坚一概不理睬。有一次，京兆尹慕容垂进宫求见。苻坚要慕容垂谈谈他的看法。慕容垂说："强国吃掉弱国，大国并吞小国，这是自然的道理。像陛下这样英明的君王,手下有雄师百万,满朝是良将谋士,要灭掉小小晋国,不在话下。陛下只要自己拿定主意就是,何必去征求许多人的意见呢。"

不但大臣们反对苻坚出兵,他的家人也劝告他要慎重从事。他的妃子张夫人听到朝廷内外很多人不赞成攻打晋国,就寻找机会好言劝阻他。苻坚不但不听,反而不耐烦地说:"打仗不是你们女人管的事。"苻坚最宠爱的小儿子苻铣,也劝苻坚说:"皇叔(指苻融)是最忠于陛下的,陛下为什么不听他的话?"苻坚冷冷地说:"国家大事,你们小孩子不要乱插嘴。"苻坚决心已定,不顾内外一致反对,决定出兵进攻东晋。

公元383年8月,苻坚亲自带领八十七万大军离开长安,一路浩浩荡荡向南进发。过了一个月,苻坚率领的主力部队到达项城(在今河南沈丘南),益州的水军也沿江顺流东下,黄河北边来的人马也到了彭城(今江苏徐州市),从东到西一万多里长的战线上,前秦水陆两路进军,向江南逼近,并一举攻破寿阳。

东晋大军由谢石、谢玄指挥,虽然兵力远远少于前秦,但非常精干。谢石、谢玄首先派北府兵的名将刘牢之率领精兵五千人,对苻坚派出进攻洛涧的秦军发起突然袭击。北府兵强渡洛涧,个个勇猛非凡,秦军大败,秦将梁成也被晋军杀了。洛涧大捷大大鼓舞了晋军的士气。谢石、谢玄亲自指挥大军,乘胜直逼淝水(今淝河,在安徽寿县南)东岸,把人马驻扎在八公山边,和驻扎在寿阳的秦军主力形成隔岸对峙之势。

谢玄派人给苻坚送去一封信,要求秦军能把阵地稍稍往后撤一点,腾出一块地方,让晋军渡过淝水,以便双方决战。苻坚没看透晋军的计划,答应后撤。谢石、谢玄一得到回信,迅速整好人马,准备渡河进攻。

约定渡河的时刻到来,苻坚一声令下,苻融开始指挥秦军后撤。他们万万没有料到,秦兵早就厌恶了战争,再加上由于害怕晋军,一听到后撤的命令,马上后退,顿时失去了秩序。谢玄率领八千多骑兵,趁势迅速渡过淝水,向秦军发动猛攻。这时候,晋军在秦军中的内应在阵后叫喊起来:"秦兵败了!秦兵败了!"后面的兵士不知道前面的情况,看到前面的秦军往后奔跑,也转过身跟着逃命。苻坚再也控制不住秩序了,只好骑上一匹马拼命逃走。秦军大败。

经过这场失败,强大的前秦元气大伤。苻坚逃到洛阳,收拾残兵败将,清点人马,军中只剩下了十几万人。鲜卑族的慕容垂和羌族的姚苌趁机背叛了前秦,分别建立了后燕和后秦,苻坚本人也被姚苌所杀。

故经之以五事①,校之以计②,而索其情③:一曰道④,二曰天⑤,三曰地⑥,四曰将⑦,五曰法⑧。

【注释】

①经:衡量,量度,筹划。五事:即下文所说:"一曰道,二曰天,三曰地,四曰将,五曰法。" ②校:衡量,比较。计:筹划,计虑,考虑。 ③索:探索,探究。情:敌我双方的情势。 ④道:原意为道路,这里引申为政治主张,即政治清明之意,即下文所说:"道者,令民与上同意也,故可与之死,可与之生,而不畏危。" ⑤天:天时,即下文所说:"天者,阴阳、寒暑、时制也。" ⑥地:地利,即下文所说:"地者,远近、险易、广狭、死生也。" ⑦将:军事将领,即下文所说:"将者,智、信、仁、勇、严也。" ⑧法:法令,法制,即下文所说:"法者,

曲制、官道、主用也。"

【译文】

因此,要通过对敌我双方五个最重要的方面的分析,通过对双方各种情况的考察和比较,来探究和解释战争胜负的情势。这五个方面:一是政治是否清明,二是天时是否适当,三是地利是否有利,四是将领是否称职,五是法制是否完备。

【战例】

周武王灭商

商朝末年,纣王残暴无道,而在西方的周却慢慢强大起来,逐渐对商形成了威胁。

周族是一个古老的农业部落。商朝后期,由于受戎、狄等少数民族的威逼,周族首领古公亶父率族人从陕甘一带他们世代生活的地区迁居到歧山脚下的周原,为了借助商王朝的力量对付威胁自己的少数民族国家鬼方而做了商的属国。经过季历和文王两代,周把与他们敌对的小国和部落一一打败,终于称霸西戎。周文王的时候,他又率领族人迁居到丰(今陕西丰水西岸),继续发展壮大,成为威胁商的一支强大力量,双方发生了多次冲突。文王晚年,周已经三分天下有其二,并造成了对商王朝的包围之势。

文王死后,周武王即位。武王即位的第二年,他一面派间谍到殷都搜集情报,一面在孟津大会诸侯,举行军事演习。派去殷都的人回来报告说,纣王荒淫残暴,并且宠信任用了一些奸臣,国中百姓都对之十分怨恨。前来会盟的八百诸侯都认为"纣可伐矣",想要武王带头伐纣。武王却没有听从大家的意见,说"汝未知天命",带领军队回去了。其实,深通韬略的武王并非笃信天命,"天命"只不过是他的借口,而是他觉得伐纣时机尚未成熟。这次孟津大会的目的仅仅是"以观诸侯集否"(《史记·齐太公世家》),即会合诸侯是为了试探自己的号召灵不灵,伐纣准备是否充足。况且,商王朝此时仍有相当实力,所以必须要再等待一段时间。又过两年,商纣王暴虐专制变本加厉,在内杀死了比干,囚禁了箕子,闹得众叛亲离;对外穷兵黩武,集中全力征伐东夷。伐纣的时机成熟了。大约在公元前1066年,武王在孟津集合起兵车三百乘、虎贲三千人、甲士四万五千人,联合庸、蜀、羌、髳、卢、彭、濮等西南各少数民族,不顾出征前卜龟兆不吉利,也不顾伯夷、叔齐等人的阻拦,毅然传令东进,终于在牧野一战灭亡了商朝。

道者,令民与上同意也①,故可与之死②,可与之生,而不畏危③。

【注释】

①令:使,让。民:普通老百姓。上:君上,这里指诸侯国国君。同意:意志统一。意:意志,意愿。 ②故:所以。 ③不畏危:据吴九龙等《孙子校释》考证,此"不畏危"应为"不诡"。"'不诡':各本皆作'不畏危',孙校本又改作'民不畏危'。按:作'畏危'虽于义可通,殆非原文。查汉简本作'弗诡',无'畏'字。曹操与李筌等各家注亦只注'危'字,云:'危者,危疑也',杜佑注亦云:'佹者,疑也',不释'畏'字。孟氏注虽注'畏'字,然又云:'一作人不疑','一作人不危'。而《长短经·道德》与《御览》卷二七〇引文则有'畏'字。是故书本无'畏'字,六朝之后始生歧义。俞樾《诸子平议·补录》云:'曹公注曰:危者,危疑也,不释畏字,其所据本无畏字也。民不危,即民不疑,曹注得之。孟氏注曰:一作人不疑,文异而义同

也。《吕氏春秋·明理篇》曰:以相危,高诱训危为疑。盖古有此训,后人但知有危亡之义,妄加畏字于危字之上,失之矣。'按:俞说有理,当从汉简本、曹注去'畏'字。汉简本作'弗诡',《通典》卷一四八又作'不佹'。孙校本谓'佹'乃'字之误'。按:'佹'、'诡'声义并同,皆读guǐ,乖违、疑贰之意,故非字误。"

【译文】

所谓"道",就是要让普通老百姓的意愿和国君一致,如果这样,他们就能够为国君而生,为国君而死,而不会怀有二心。

【战例】

曹操稳固后方

汉献帝建安二十二年(217年)冬,在曹操统治的地区发生了严重的疾病,老百姓大批死亡,以致垦田面积减少,国库收入锐减。这个时候,曹操采取的措施并不是增加捐税以保证自己和军队的开支,而是下令开仓赈济灾民。曹操说:"去年冬天发生了瘟疫,老百姓损失很大,军队忙于边事,垦田的数量也有所减少,我心里非常焦虑。"于是他决定,对老年人、妇女、儿童和残疾人进行救济,并适当减免百姓赋税。曹操赈济穷困的扶助政策,对于恢复和发展农业生产具有积极意义。它不但在一定程度上体现了他对人民的体恤和关怀,更重要的是稳固了后方,获得了老百姓的支持,对于北方的统一,起到了积极的促进和支持作用。

天者,阴阳①、寒暑②、时制也。③

【注释】

①阴阳:这里指昼夜、阴晴等不同的天气变化。　②寒暑:

这里指寒冷、酷暑等气温变化。 ③时制：这里指春夏秋冬等季节的更替。

【译文】

所谓"天"，就是指天气的变化、气温的改变和季节的更替。

【战例】

赤壁之战

刘备被曹操打败之后，曾经产生了领兵渡江南下逃避的想法，这时候在当阳遇到了从东吴而来的鲁肃，经过商量，他们打算联合起来，共抗曹兵。于是，刘备暂且在夏口屯扎下来，并派遣诸葛亮到东吴去拜见孙权，商讨联合的事宜，孙权决定命周瑜及程普等与刘备一起并力迎击曹操，两军相遇于赤壁。当时，由于曹操率领的军众多是北方人，水土不服，很多人都生了病，战斗力大大减弱。因此，初一交战，曹操便不得不引兵败退，退到江北驻扎下来。周瑜等率东吴的军马驻扎在长江南岸。

周瑜的部将黄盖献计说："现在敌军人多我军人少，难以与他们持久对峙，只能设法速战速决。曹操的军队将船舰首尾相接，可以用火攻的办法来击败他们。"周瑜同意了他的建议，于是黄盖就找来数十艘大船，里面装满干草等引火之物，并在其中浇上油脂，四周用帷幕围裹起来，上面树立起牙旗。一切准备停当之后，黄盖派人送信给曹操，表示想投降曹军。双方约定了纳降的日期。

约定的时间到了，黄盖又预备了数十艘轻快的小船，分别系在大船的后面，然后浩浩荡荡地向曹操的船队出发了。此时，曹操营中的将士都听说了东吴大将黄盖要来归顺的消息。大家都很兴奋，纷纷走到船头，延颈观望，迎接前来投降的黄盖。等快接近曹操的船队时，黄盖突然命令解开小船，并把装满柴草的大船一起点燃。当时江面上正刮着大风，曹操的战船一下子就被引燃了。大火烧到岸上，曹军岸上的营寨也着起火来。顷刻之间,大火映红了天空,曹军人马被烧死溺死的不计其数。遭此大败,曹操只得引军退保南郡。

关于当时的情形,裴松之注引《江表传》说:至战日,黄盖先取轻利小船十艘,装满干草枯柴,其中灌以鱼油,用红色的帷幔覆盖起来,并在船上竖起了旌旗龙幡等旗帜。当时东南风很猛烈,黄盖把十艘引火船放在前面,到了江中的时候挂起帆。黄盖一面举起火种,一面命令众兵向曹营齐声大叫:'我们投降来了!'曹操军中的将士纷纷出营观望。离曹军舰只大约只有二里之遥的时候,黄盖命令十只船同时点火,火烈风猛,船只如箭,顷刻烧尽北船,延及岸边营寨。周瑜等率轻锐随后杀来,擂鼓大进,北军大败,曹操退走。

可见,孙刘联军在赤壁之战中之所以能大获全胜,大败数倍于己的曹军,除了连环计等一系列计谋的高超运用之外,还巧妙地利用天时,借东南风起的有利时机用火攻取胜。

地者,远近①、险易②、广狭③、死生也④。

【注释】

①远近:指作战区域的距离的远近。　②险易:指作战区域地势的险要与平坦。　③广狭:指作战区域的广阔与狭窄。　④死生:指作战区域的地形条件是否有利于攻守进退。

【译文】

所谓"地",就是指作战区域的地势高低、距离远近、地形的险要与平坦、广阔与狭窄以及是否有利于攻守进退等。

【战例】

慕容超不守险阻

公元409年,爆发了东晋中军将军刘裕率军攻克燕都广固(今山东青州西北)灭亡南燕的著名战争。这年正月,南燕皇帝慕容超嫌宫廷乐师不够,欲用兵向东晋掠取。二月,慕容超挑起战端,进击东晋的宿豫(今江苏宿迁东南),掠走百姓二千五百余人。刘裕为抗击南燕,于四月自建康(今南京)率舟师溯淮水入泗水。五月,进抵下邳(今江苏睢宁西北),留船舰、辎重,改由陆路进至琅邪(今山东临沂北)。为了防备南燕以奇兵断其后,所过之处皆筑城垒,留兵防守。

慕容超召集群臣于节阳殿商议抗拒晋军,征虏将军公孙五楼说:"东晋兵轻捷果敢,优势是马上投入战斗,刚开始的时候会很勇猛锐利,不能和他们正面交锋。这时我们应当据守大岘,让他们无法前进,旷日持久,他们的锐气自然就会消亡。我们可以从容地挑选两千精锐骑兵,沿着海边向南,截断他们的粮道。然后命令段晖率兖州之军,沿山东下,腹背打击,这是上策。命令各地守军,各自依靠险阻防守,计算各种储备,除必需的之外统统烧掉,田里的庄稼全部铲光,让敌人失去物资供应的来源。坚壁清野,等待他们内乱,这是中策。放敌人进入大岘,出城迎战,这是下策。"慕容超却认为:"京都富庶,户口众多,无法立刻入驻防守。青苗遍野,也不能一时完全铲除。如果让我铲除庄稼入城防守,仅仅是为了保全性命,这是我做不到的。如今我们占据五个州的强大地盘,凭借着坚固的屏障,战车万乘,铁马万群,即使让他们过大岘,来到平地之上,我们慢慢地用精兵铁骑践踏他们,也可以将他们消灭。"他没有采纳公孙五楼的建议。贺赖卢也苦苦劝谏慕容超,可他还是不听,于是贺赖卢退下来悄悄地对公孙五楼说:"皇上不用我们的计谋,灭亡指日可待了!"

慕容镇也劝告慕容超要考虑自己的优势和地形地势条件,说:"如果像陛下您所打算的,我们必须在平原的地方用骑兵作战才有优势,因此应当出大岘迎战。如果没有能够打胜仗,才可以考虑退守。不应当纵敌进入大岘,自己给自己制造窘迫。想当年成安君不守卫井陉关,终于被韩信所败;诸葛瞻不据守束马之险,终于被邓艾所擒。我认为天时不如地利,据守大岘阻挡敌人前进,这是上策。"慕容超还是不听。慕容镇无奈地对同僚说:"皇上既不能铲除庄稼保守险阻,又不肯迁移人口躲避敌寇,酷似刘璋啊!今年国家灭亡,我必死无疑,你们这些中华之士,恐怕要像南方的越人一样被文身了。"这话传到慕容超耳朵里,慕容超将他关进了监狱。

刘裕没有想到慕容超会轻易地让自己平安越过大岘山,进入南燕境内,惊喜万分。他看到眼前广阔的田野和一片片成熟的庄稼,兴奋地对将士们说:"兵已过险,因粮灭虏,就在此举了。"有这么多的粮食长在田地里,我们没有后顾之忧了,何愁不灭南燕呢?东晋将士大受鼓舞。慕容超命公孙五楼、贺赖卢、段晖等人率步骑五万人,出屯临朐(今山东临朐)。自督步骑四万,作为后应。刘裕的十万大军进抵临朐与南燕军队展开决战。南燕军战败,慕容超仓皇地从临朐城逃到广固城。刘裕大军包围了广固城,由于能就地取粮,无后顾之忧,他们大胆采用围而不攻的消耗策略,将广固城围困达八个月之久。晋军由于粮草辎重充足,军心稳固,士气旺盛,而慕容超因为长时间被围困而士气低落,民心思变,终于城破被杀。南燕最终为刘裕所灭。

将者,智①、信②、仁③、勇④、严也⑤。

【注释】

①智:指将领聪明智慧。　②信:指将领赏罚有信。
③仁:指将领爱护下属。　　④勇:指将领勇敢刚毅。
⑤严:指将领法令严明。曹操曰:"将宜五德备也。"李筌曰:

"此五者,为将之德,故师有丈人之称也。"

【译文】

所谓"将",就是指将领具有聪明智慧、赏罚有信、爱护下属、勇敢刚毅、法令严明等素质。

【战例】

齐桓公任用管仲

中国兵家历来重视将领的作用,要求任人唯贤,不拘一格,选拔良将。我国历史上许多成功的君主,都与慧眼识才有关。"春秋五霸"之首的齐桓公的成功可以说与不计前嫌任用管仲息息相关。

齐桓公的父亲齐僖公生有三个儿子:长子诸,次子纠,幼子小白。僖公委派管仲、召忽辅佐公子纠,委派鲍叔牙辅佐保护公子小白。僖公死后,因诸最大,继承国君的位置,是为齐襄公。襄公昏庸无道,终于招致内乱。公元前686年公孙无知杀了齐襄公,自立为君。于是鲍叔牙保护公子小白逃奔到莒国避难;管仲、召忽则事奉公子纠逃到鲁国。后来,公孙无知被渠丘大夫所杀。一系列的政变使齐国出现了没有国君的局面。鲁国要立公子纠为君,于是派人护送他回国,并派管仲封锁莒国通向齐国的道路。管仲箭射公子小白,但只射中了带钩。小白装死,幸免于难,并星夜赶回齐国。鲁国以为小白已死,路上磨磨蹭蹭,结果还是公子小白抢先回国,登上君位,是为齐桓公。齐桓公即位后,马上发兵伐鲁,鲁军大败。接着,齐国要挟鲁国,要鲁国把公子纠杀掉,并把管仲和召忽抓起来,送回齐国治罪。鲁国迫于压力,杀了公子纠,召忽自刎而死,殉了公子纠。管仲被押回到齐国。齐桓公攻打鲁国的时候,本意是要把管仲抓回来杀掉。经过功臣鲍叔牙一番苦谏,齐桓公终于接受了鲍叔牙的建议,弃一箭之私仇,任管仲为国相,并尊称之为仲父,从此拉开了称霸诸侯大业的帷幕。

法者,曲制①、官道②、主用也③。

【注释】

①曲制:曹操注曰:"曲制者,部曲、旗帜、金鼓之制也。"李筌曰:"曲,部曲也。制,节度也。"杨炳安《〈孙子〉会笺》中说:"'曲制':汉简及其他各本皆如此,各家亦皆以部曲之制为解,唯俞樾谓'曲'乃'典'之误,并以《国语·周语》'瞽献典'明道本作'瞽献曲'为例,谓'是曲与典形近易混'之证。于鬯《香草续校书》之说,与此略同,并谓曹操以部曲之制释孙子之文为'不然'。按:用兵言'典',古固有之。《左传》宣公十二年士会论楚军'能用典矣',《潜夫论·劝将》亦有'典兵之吏',故俞说有理。汉简作'曲制',《管子·七法》亦有'曲制时举'之说。故两存之。'典':法。'典制':即指军中之法令制度。'曲':指部曲。'曲制':曹注谓'部曲、幡帜、金鼓之制'。而部曲之制,春秋时无,战国以后始见于史籍。"曲制,就是指军队的组织、编制等制度。　②官道:曹操注曰:"官者,百官之分也。道者,粮路也。"李筌注曰:"官,爵赏也。道,路也。"所谓"官道",就是指军队中将士、官吏的职责划分和统辖管理等制度。③主用:曹操注曰:"主用者,主军费用也。"李筌注曰:"主,掌也。用者,军资用也。"所谓"主用",就是指军事开支和军事物资的供应管理制度。

【译文】

所谓"法",就是军队的组织编制、职责统辖、物资供应等制度。

【战例】

孙武吴宫教战

唐代诗人林藻有一首题为《吴宫教战》的诗:

强吴矜霸略,讲武在深宫。尽出娇娥辈,先观上将风。
挥戈罗袖卷,摆甲汗装红。轻笑分旗下,含羞入队中。
鼓停行未整,刑举令方崇。自可威邻国,何劳骋战功。

这首诗反映的是孙子吴宫教战小试勒兵的故事,吴宫教战虽然只是一场演习,但初步反映了孙子对"分数"和"形名"的重视。

据《史记》的记载,孙子齐国人,因为精通兵法受到吴王阖庐的接见。阖庐问他:"您的兵书十三篇我都看过了,可不可以在我这里先试着指挥军队让我看看呢?"孙子回答说:"当然可以。"阖庐说:"那可以用女子来试验吗?"孙子虽然多少感到些意外,但还是爽快地回答说:"可以。"

于是,阖庐把宫中的美女叫出来,共约一百八十人。孙子把她们分为两队,让吴王阖庐最宠爱的两位侍妾分别担任两队的队长,给每位美女都发了一支戟作为兵器。然后,孙子命令她们说:"你们都知道自己的心、左右手和脊背在什么地方吗?"宫女们回答说:"知道。"孙子接着说:"我说向前的时候,你们就一起看心口所对的方向;我说向左的时候,你们就一起看左手所对的方向;我说向右的时候,你们就一起看右手所对的方向;我说向后的时候,你们就一起看脊背所对的方向。"宫女们回答道:"是。"号令宣布完毕后,孙子又命摆好斧钺等刑具,随后又把已经宣布过的号令重复地交代清楚,直到每个人都明白无误。

演练开始了,孙子击鼓发令,让宫女们向右,她们全都哈哈大笑,没有按照他的命令去做。孙子见此情景,一本正经地说:"看来纪律还不清楚,号令也不熟悉,这是将领的过错。"他又把军令重复地交代清楚,然后再次击鼓发令,让她们向左,妇人们又都像前一次一样大笑不止。孙子"大怒,两目忽张,声如骇虎,发上冲冠,项旁绝缨"(《吴越春秋》),严肃地说:"纪律弄不清楚,号令不熟悉,这是将领的过错；现在既然讲得清清楚楚了，却不遵照号令行事，那就是军官和士兵的过错了。"接着，他问执法官："战场上不服从军令者该当何罪？""斩首！"执法官回答。于是，他就令人杀左、右两队的队长。

这时，吴王正在台上观看，见孙子将要杀自己的两位爱妾，大吃一惊，急忙派使臣传达命令说："我已经知道将军善于用兵了，我要没了这两个侍妾，吃起东西来也不香甜，希望你手下留情，不要杀她们吧。"孙子回答说："臣既已受命为将，将在军，君命有所不受。"于是杀了两个队长示众。然后，他又按顺序任用两队第二人为队长，再次击鼓发令，这次，宫女们不论是向左向右、向前向后、跪倒、站起，都完全符合号令、纪律的要求，做得分毫不差，再没有人敢出声了。孙子见演练熟练，就派使臣向吴王报告说："队伍已经操练整齐，大王可以下台来验察了，任凭大王怎样使用她们，即使叫她们赴汤蹈火也办得到啊。"从此，吴王阖庐知道孙子果真善于用兵，终于任命他做了将军。

孙子顷刻之间将一群没有经过任何军事训练的宫女演练成步调一致、舍生忘死的战士，这不能不说是一个奇迹，而他所凭借的，无非就是他在兵法中一再强调的组织制度和金鼓号令。

凡此五者，将莫不闻①，知之者胜②，不知者不胜。

【注释】

①莫不：不能不。闻：知道，了解。　②知：与上文"闻"意思相近，深刻了解，掌握。

【译文】

对于这五个方面，将领都必须知道。真正掌握的人就能取得胜利,不能深刻了解的就不能取得胜利。

【战例】

诸葛亮隆中之对

做任何事情都要事先能够对各种情形做出恰当的分析,诸葛亮的隆中之对,可以为这一兵法中的精髓提供一个有利的证明。

东汉末年,群雄并起,各地的割据军阀连年混战,都想扩大自己的势力范围,为日后取代汉王朝做准备。刘备素来就有大志,无奈事业一直不顺利,很久也没有建立起一支像样的武装,没有开辟一块可以立足的根据地。因此,他迫切地需要寻找一批有才能的人与自己一起发展,扭转被动不利的局面。

后来,刘备在荆州刘表处寄居的时候,根据司马徽和徐庶的推荐,得知诸葛亮是个了不起的人才,就带着关羽、张飞,一起到隆中去请诸葛亮出来辅佐自己。

诸葛亮并不是荆州本地人,他的老家在琅琊郡阳都县,少年丧父,他的叔父就带着他来到荆州投奔刘表。后来,叔父也死了,诸葛亮就在襄阳以西的隆中定居下来,一面自种自吃,一面读书。等到他二十多岁的时候,已经是学问渊博、见识丰富了。虽然他一直住在隆中的草庐里,却时刻关心着天下大事,分析各路诸侯的实力和前途,思考平定天下的方法。他常常把自己比做春秋战国时期的管仲、乐毅,希望能够遇到齐桓公、燕昭王一样的明主,成就一番大事业。但是,在遇到有能力和能用人的明主之前,他宁愿隐居在隆中,过着他恬淡的生活。

刘备第一次去拜访的时候,扑了个空,原来是诸葛亮得知刘备要来,故意避开了。于是刘备又去了第二次、第三次。诸葛亮终于被刘备的诚意所感动,刘备第三次来的时候,他就在自己的草庐中接待了刘备。

经过一席谈话，刘备对诸葛亮的能力和才华非常赞赏。于是，他直截了当地说明了自己的来意，他说："如今汉室衰落，大权旁落在奸臣手里。我很想挽回这个局面，无奈自己能力太差，心有余而力不足，所以特意来请先生指教。"

通过观察，诸葛亮对刘备也已有所了解，因此他就推心置腹地与刘备谈起了自己对天下大事的认识。他说："经过官渡一战，曹操战胜了袁绍，现在拥有百万兵力，而且他又挟天子以令诸侯，已经无人能凭武力与他争锋。孙权占据江东一带，已经历时三代了，现在已经站稳了脚跟，百姓都归附他了，再加上江东地势险要，还有一批有才能的人为他效力，这样，也只能和他联合，不能打他的主意。"

随后，诸葛亮指出，如果刘备想建立一块稳固的根据地，只有拿下荆州和益州。他向刘备分析了荆州和益州的形势。他说，荆州处于南北要冲，是一个军事要地，可是刘表做事优柔寡断，这块地方迟早会落入他人之手；益州土地肥沃、物产丰富，素来就有"天府之国"的美誉，可是它现在的主人刘璋是个懦弱无能的人，又不会用人，肯定也守不住这块地方。

最后，诸葛亮说："如果将军您能占领荆、益两州，对外联合孙权，对内整顿内政，群策群力，积蓄力量，一旦有机会，就可以派人从荆州、益州两路发兵，讨伐曹操。到那时，有谁不箪食壶浆地欢迎将军呢。如果这样，就可以成就功业，恢复汉室了。"

刘备听他分析得头头是道，非常佩服，说："听了先生的话，真是使我茅塞顿开啊！我一定听从您的意见，现在就请您和我一起下山大展宏图吧！"

诸葛亮也没有推辞，就跟着刘备到新野去了。从此以后，诸葛亮辅佐刘备，一步步地实现了自己的计划，造就了三足鼎立的局面，刘备也三分天下有其一,不但不用被人追得东躲西藏了,而且为进一步的发展奠定了坚实的基础。

故校之以计,而索其情,曰:主孰有道①?将孰有能?天地孰得②?法令孰行③?兵众孰强?士卒孰练④?赏罚孰明⑤?吾以此知胜负矣⑥。

【注释】

①孰:谁,哪一方。 ②天地孰得:即哪一方能得到天时地利。 ③行:认真执行。 ④练:训练有素。 ⑤明:严明,公正无私。 ⑥此:指以上所说的"七计"。

【译文】

所以,通过各种情况的比较,来推断战争的情势:哪方的君主政治清明、有道德智能?哪方的将领有军事素质和才能?哪方占有天时和地利?哪方的法令能够贯彻执行?哪方的士兵强健物资充足?哪方的士兵训练有素?哪方的赏罚公正严明?通过对以上几种形势的分析,我就能够知道谁胜谁负了。

【战例】

冯奉世平羌

对于一个优秀的军事指挥员来说,战争的走势完全可以通过对双方力量的对比预测出来,并可根据事前的分析判断做出合理的应对策略。公元前42年,陇西的羌人叛乱,汉元帝同大臣们商讨平叛的大计,右将军冯奉世主动请缨前去征讨。汉元帝很高兴,就问他需要多少兵力。冯奉世认真分析了羌军的情况后,对汉元帝说:"需要六万人马,一个月内解决问题!"但是朝中的一些大臣认为,由于国家连年饥荒,发兵太多开支过大,国家负担起来会很吃力,用一万人去屯守就足够了。因此汉元帝只给了冯奉世一万两千人马,让他带任立和韩昌以屯田为名,率军向陇西进发。

冯奉世到达陇西后,命令任立为右军,驻扎在白石,韩昌为前军,驻扎在临洮,自己带领中军,驻扎在首阳以西。汉军与羌人打了两仗,结果都因寡不敌众,被羌人打败。

冯奉世无奈,只好向朝廷上书,请求增派三万六千人来增援。汉元帝接到奏报后,知道羌人难对付,立即增兵六万余人,前去支援冯奉世。10月,大队人马进抵陇西。11月,汉军出击,羌军大败,溃散逃跑。

冯奉世对敌人的情况有深刻的了解,他先分析了羌军的情况,估计叛军有三万人,根据作战的一般规律和汉军的情况,提出用兵六万一月之内就能平息叛乱。但由于兵力不够,他在初战受挫后,又上书请求增援,才大获全胜。如果像朝中的一些大臣一样,不了解对方的实力,而是仅仅根据自己当时的情况盲目预测事情发展的结果和走向,并以此制定对策,遭到失败也是必然的。

将听吾计①,用之必胜②,留之;将不听吾计,用之必败,去之。计利以听③,乃为之势④,以佐其外⑤。势者,因利而制权也⑥。

【注释】

①将:周亨祥《孙子全译》中说:"将:一说,读qiāng,通常视为助动词,实为语气副词,含假设语气。明赵本学《孙子书校解引类》云:'将字一作如字。'此即谓'将'犹'如'也。作如字

就是实在的假设连词。这一说,无论'将'字词性归属如何,均认为此句为孙子激吴王之词,'吾'指孙子,下文'去'、'留'皆为孙子言之。此说首于陈皞、梅尧臣等。梅尧臣曰:'武以十三篇干吴王阖闾。故首篇以此辞动之。谓王将听吾计而用战必胜,我当留此也。王将不听我计而用战必败,我当去此也。'而戚继光《大学经解》谓'将'乃'将兵之将',读jiàng,'去''留'乃以国君对将言之。杨炳安《〈孙子〉会笺》云:'此二说皆可通。'以《新注》为代表的流行本注时并列二说,译则多取前说。按,虽'二说皆可通',细审上下文意,当以前说为善。至于孟氏曰:'将,裨将也。'失之。"听:听从,采纳。计:指谋略,计谋,军事思想。 ②用之:周亨祥《孙子全译》论证说:"用之:亦有二说,一为'用兵','用战','之'为语气词,二为'任用',即'任用我领兵','任用我作战','之'为第一人称代词,二说皆可通,以第二说为善,下句'用之'准此。留之:我就留下。之,语气词。下句'去之'准此。'去'、'留'以孙子言之,顺。按,西周春秋时期,尤以春秋中前期以前为甚,非公卿大夫不可领兵,在朝为卿,在军为将,兵罢回朝为卿。战争胜败,不存在或不仅仅是'去'、'留'问题。春秋末,于形势所迫,偶用大族庶孽之有声望者,如田穰苴,然得胜罢兵后亦封为大司马。春秋时尚无'职业'将军。孙武此时仅图谋一时的领兵之务,以作为进身之阶,故有'去'、'留'问题。此问题由孙武提出,无疑加重了孙武身价的砝码,正因为孙武非'名正言顺'的将军,后又未闻有封侯为卿之事,当时人目之为'吴王客',《越绝书》所载'巫门外大冢吴王客齐孙武冢'是也。此否可备一说,录以就正方家。" ③以:通"已"。 ④势:兵势,即《势篇》中所论之"势"。 ⑤佐:辅佐,辅助。

外：曹操注曰："常法之外也。"李筌也说："佐其外者，常法之外也。" ⑥因：根据，依托，凭借。利：有利于自己的条件。制：从，遵从。权：权变，根据客观条件的变化而灵活应对。

【译文】

如果能够听从我的计谋，用兵作战就一定能够取得胜利，那我就留下来；如果不能听从我的计谋，用兵作战就一定会失败，那我就离开。听从我的筹划有利的计策，于是就创造一种势态，成为我方外部的辅佐条件。所谓"势"，就是根据掌握的有利于自己的条件，灵活应变，抓住战争的主动权。

【战例】

鲁人造势取邾师

公元前519年，邾国人筑完翼城之后，将要西归返回，从邾邑离姑出发，要经过鲁国的武城。公孙锄说："恐怕鲁国人将要袭击我们呀。"想要绕过武城，沿着山往南走，从一条较迂回但安全的道路回去。徐鉏、丘弱、茅地等人却说："山道地势太低，如果遇上雨天，我们将无法出去，那就可能回不去了。"于是还是决定从离姑出发过武城。武城人得知邾国人将要经过时，就事先派兵堵住前路，把退路上的树木砍断备用，邾国的军队经过时，武城人将树推倒在路上断绝了邾国人的后路，邾师大败，徐鉏、丘弱、茅地等人被擒。

兵者①，诡道也②。故能而示之不能③，用而示之不用④，近而示之远，远而示之近。利而诱之⑤，乱而取之⑥，实而备之⑦，强而避之⑧，怒而挠之⑨，卑而骄之⑩，佚而劳之⑪，亲而离之⑫。攻其无备，出其不意⑬。此兵家之胜，不可先传也⑭。

【注释】

①兵：军事行动。　②诡：诡诈。　③能：能够，有能力。示：装做，显现，表示，把事物摆出来或指出来给人看。　④用：行事，行动。　⑤利：指获利，利益。诱：指引诱。　⑥乱：这里指敌人内部混乱。取：攻取，取得利益。　⑦实：指敌人有实力。备：严加戒备。　⑧强：敌人强大。避：避开锋芒，不正面接触。　⑨怒：士气旺盛。挠：屈挠之意。《〈孙子〉会笺》中说："'怒而挠之'：'怒'，指敌情，'而'系转折连词，'挠'指我方所应采取之策略原则……此句言敌若气势汹汹，逞怒而来，我则设法沮败其气焰，使之衰懈。曹注'待其衰懈'，得之。"　⑩卑：卑怯，衰微。骄：怠慢，轻视。⑪佚：安逸，安闲。　⑫亲：亲密。离：离间。　⑬意：意料，猜测。　⑭传：传言，泄露。曹操注曰："传，犹泄也。兵无常势，水无常形，临敌变化，不可先传也。故料敌在心，察机在目也。"李筌注曰："无备不意，攻之必胜，此兵之要，秘而不传也。"

【译文】

军事原则，就是诡诈之法。有能力开战而装做没有能力开战，要展开攻打而装做不打算攻打，打算攻打近处却装做攻打远处，打算攻打远处又装做攻打近处。敌人贪图小利就用利益诱惑他上当，敌方混乱时就要抓住时机攻取他，敌人力量充实就要严加防备他，敌人实力强劲就要设法避开他，敌人士气旺盛就要设法使他屈挠，敌人自卑而谨慎就要使他骄傲自大，敌人休整充分就要使其劳累，敌人内部亲密团结就要离间他们之间的关系。要攻打敌人没有防备的地方，在对方没有意料到的时候发动进攻。这些都是军事家取得胜利的奥秘，是不可事先泄露出去让大家都知道的。

【战例】

秦赵长平之战

公元前262年（周赧王五十三年），秦军围攻韩国的上党（今山西沁河以东地区）。上党郡守冯亭抵挡不住秦军的进攻，就把上党献给赵国，想借赵国的力量抗击秦军，秦国于是调转矛头，引发了秦赵之间的长平（今山西高平西北）之战。当时赵国的名将赵奢已经去世，国相蔺相如也已经年老病重，赵国就派老将廉颇带兵抵抗秦兵。廉颇虽然此时年事已高，但骁勇不减当年，无奈秦兵锐不可当，所以廉颇就采取了固壁不战的策略。秦军历时三年，久攻不下，于是就想出了离间赵国君臣关系的计谋。公元前260年，秦国派人到赵国的都城邯郸散布谣言，说秦国不怕廉颇，只怕名将赵奢的儿子赵括。赵王果然上当，决定派赵括为将，替回廉颇。其实，赵括只会纸上谈兵，而没有实战经验，蔺相如一听赵王要用赵括代替廉颇，大为震惊，连忙抱病赶去劝谏赵王。蔺相如说：大王您仅凭别人的传言就要派赵括为三军主帅，赵括虽然读过许多他父亲留传下来的兵书，但他没有实战经验，不知战场上的调度与变通，怎么可以委以这么重要的任务呢？就连赵括的母亲也上书阻止赵王。她说：赵括小时候就开始学习兵法，谈论战场上的事情，认为天下没有比他更高明的。即使他的父亲与他辩论，也往往不能难倒他，但他父亲赵奢却从来没有说过赵括学得好。他说，打仗是关系到生死存亡的事情，赵括只不过眼高手低，随便说说而已。赵国如果不派赵括为将也就罢了，如果委任赵括为将，赵国一定葬送在赵括手里，所以千万不要派他为将。赵王还是不听。赵括取代廉颇之后，把原来的纪律都改了，将官也进行了更换。秦将白起听说后，设计断了赵括的粮道，并将赵军分隔为两半，前后不能照应。过了四十多天以后，赵军因为没有了吃的，士卒军心离散。赵括不得不派精锐士兵冲出去决一死战,结果大败,赵括自己也被射死,数十万赵军投降,全部被白起活埋。从此,赵国一蹶不振。

夫未战而庙算胜者①,得算多也②;未战而庙算不胜者,得算少也。多算胜,少算不胜,而况于无算乎!吾以此观之,胜负见矣③。

【注释】

①庙算:指出征之前的筹划的预测。《〈孙子〉会笺》中说:"张注:'古者兴师命将,必致斋于庙,授以成算,然后遣之。'故'庙算'实乃战前之战略筹划。'庙':本指祖庙,后即用做朝廷之代称。'庙算胜':言战前于庙堂算计战争可能胜利。何以知道可能胜利?因'得算多也'。故此'得算'之'算'乃指算筹,亦即指获胜之条件。《孙膑兵法·客主人分》:'投算而战',即指此。" ②算:胜利的条件,取胜的把握。 ③见:同"现"。

【译文】

战端未开就能预计到会取得胜利,是因为筹划周密,占据的胜利条件多;战端未开就能预计到不会胜利,是因为筹划不周密,占据的胜利条件少。筹划周密,取胜的条件充分,就能胜利;筹划不周密,取胜的条件不充分,就不能胜利,何况不作筹划,根本就没有胜利的条件呢?根据这些情况来观察,军事行动的胜败就显而易见了。

【战例】

范雎妙算入秦

战国时,秦昭王派使臣王稽出使魏国,见到了当时正在魏国受迫害的范雎，经交谈王稽发现范雎是个难得的人才，决定把他带到秦国。当王稽偷偷地带着范雎一同乘车到了秦国的湖关时，远远看见从西边驰来一队车马。王稽说，"一定是丞相穰侯到东边各县巡视来了。"

范雎说："我听说穰侯厌恶诸侯国的来客。如果他发现我，一定会羞辱和难为我，我得藏进车里去。"

一会儿，王稽的车队和穰侯的车队相遇了。一见面，穰侯先慰问了王稽一番，然后就站在车旁问："关东一带发现什么情况了吗？"

王稽回答说："没有。"

穰侯又问："您这次回来，有没有带其他诸侯国的客人一起来？在我看来，带他们来一点好处也没有，只会扰乱国家而已。"

王稽说："我哪敢这样做呢？"

穰侯离去后，范雎从车中出来，说："穰侯是个聪明人，不过反应慢一些。刚才他怀疑车中有人，却没有想起来搜查，过后一定会后悔，还会派人回来寻找的，我下车先走吧。"

范雎走出去没有几里地，穰侯果然派骑兵回来搜查王稽的车子，骑兵回去报告说没查到人，他才放心离去。这样，范雎才得以和王稽一同潜到秦都咸阳，见到了秦昭王。

范雎通过过人的判断和分析能力，将穰侯的行动掌握得一清二楚，然后采取了合理的应对策略，从而使自己一直处于主动地位。如果范雎不能做到防患于未然，能不能到达秦国都很难说，更不用说帮助秦王一起成就霸业了。这说明，在与别人斗智斗勇的过程中，了解对方，是必要的前提之一。

第二章　作战篇

【题解】

本篇主要讲的是战争的动员和准备。孙子认为，战争应以速战速决为主，贵速胜而戒"久暴"。关于战前的动员和准备问题，孙子在这一篇中主要讲了五个方面的内容：一、战争费用的解决。要使军队给养充足，又要注意不引起物价上涨、财政困难和百姓贫困，否则将会影响整个战争的局势。二、给养的来源和补充。给养从根本上影响着军队的战斗能力，必须重视。三、注意协调好与各国的关系，防止"诸侯乘其弊而起"。四、激励士兵的战斗力。要通过赏罚等手段，对士兵进行激励，鼓励他们奋勇争先。五、战利品和俘虏的处置。战利品要妥善分配，对于俘虏也要善待。在这一篇中，孙子全面论述了人力、财力、物力对战争胜负的重要作用，提出了"兵贵胜，不贵久"和"因粮于敌"等著名的作战原则。

孙子曰：凡用兵之法[1]，驰车千驷[2]，革车千乘[3]，带甲十万[4]，千里馈粮[5]。则内外之费[6]，宾客之用[7]，胶漆之材[8]，车甲之奉[9]，日费千金[10]，然后十万之师举矣[11]。

【注释】

①法：法则，规律，常规。　②驰车：攻战用的轻车，驾四马。驷：四匹马拉的车，这里做量词。驰车驾四马，所以以"驷"为单位。"千驷"即千辆驰车。　③革车：运输粮草辎重等军需物资用的车辆。乘：读为shèng，春秋时多指兵车，包括一车四马。　④带甲：春秋战国时称武装士卒为"带甲"。甲：指士卒穿的铠甲，多用皮革、金属等制成。十万：曹操注曰："带甲十万，士卒数也。"李筌曰："车一两，驾以驷马，步卒七十人，计千驷之军，带甲七万，马四千匹。孙子约以军资之数，以十万为率，则百万可知也。"　⑤馈粮：运送军粮。馈：运送，运输，供应。　⑥内外：指国内国外，前方后方。　⑦宾客：指来往于诸侯国之间的游说之士。　⑧胶漆："胶"和"漆"都是古代制作和维护弓矢、铠甲等军用物资的材料，这里泛指各种军用材料。　⑨车甲：车辆和铠甲。这里泛指武器装备。奉：供应。　⑩千金：李筌曰："夫军出于外，则帑藏竭于内；举千金者，言多费也。"　⑪举：兴起，发动，出动，特指兴兵。

【译文】

孙子说：根据用兵作战的一般规律，凡是军队出动，就要动员轻重战车上千辆，全副武装的士卒十万人，还要不远千里地运送和供应粮草。这样，前方后方的开支，往来于诸侯国之间的使节所需的花销，制作和维护各种军用物资所需的材料，供应和补给武器装备的费用，每天的耗资都会有千金之多。这些都有了保障之后，十万大军才能顺利地出动。

【战例】

刘邦选都城

《史记·留侯世家》记载：刘邦建立汉朝以后，与大臣商量定都于何处。大臣刘敬主张定都关中地区，而刘邦身边的一些人都是山东人，大多劝他定都洛阳，认为"雒阳（即洛阳）东有成皋，西有崤黾，倍河，向伊雒，其固亦足恃"，刘邦犹豫不下。这时，张良劝他说："雒阳虽有此固，其中小，不过数百里，田地薄，四面受敌，此非用武之国也。夫关中左崤函，右陇蜀，沃野千里，南有巴蜀之饶，北有胡苑之利，阻三面而守，独以一面东制诸侯。诸侯安定，河渭漕挽天下，西给京师；诸侯有变，顺流而下，足以委输。此所谓金城千里，天府之国也，刘敬说是也。"意思是说，洛阳虽然有险要的地势可以凭借，但是中间地区狭小，不过几百里的面积，并且土地贫瘠，四面受敌，不是一个理想的用武之地。而关中左有崤山、函谷关，右有陇山、岷山，中间有数千里的肥沃土地，南面与富饶的天府之国巴蜀相连，北边有草原的畜牧之利，西北南三面可以凭险防守，东面可以控制诸侯。如果诸侯安定无事，黄河和渭河还可以用来运输全国的粮食和其他物资，以供应京城使用；如果诸侯叛乱骚动，大军就可以顺流而下，足可以运输军队的军事物资。只有这样的地方才是理想的定都场所。最终，刘邦听从了张良的劝说，选择了关中的长安作为首都。

其用战也，胜久则钝兵挫锐①，攻城则力屈②，久暴师则国用不足③。

【注释】

①其用战也，胜久则钝兵挫锐：关于此句，历代版本和注本中

有不同表述和理解,歧异纷出。在现代各家注解中,《〈孙子〉会笺》作"其用战也胜,久则钝兵挫锐";《孙子校释》中作"其用战也,胜久则钝兵挫锐"。并对该句均有考证,现分别引述如下,可互为参照。《〈孙子〉会笺》:"各本颇不一致,汉简作'……用战胜久则……'《略解》作'其用战也胜,久则……'《武经》作'其用战也贵胜,久则……'由于文字存有歧异,就引起许多问题。作'胜久',如杜注解为'淹久而后能胜'、梅注'虽胜且久'与王注'求胜以久'等,皆失牵附。茅元仪《武备志》将'其用战也胜'属之上节,以为上节之结语。然上节至'然后十万之师举矣',文意业已完足,不宜再加'其用战也胜'。且本节若自'久则钝兵挫锐'起始,亦觉突兀。于鬯因'胜久'费解,敌谓'也胜'二字当倒转,作'其用战胜也'。叶大庄则谓'胜'上应有'贵'字,赵本学说同。俞樾则谓应作'其用久也,战胜(读若陈)则……'左枢与易培基则谓'胜'乃衍字,即应作'其用战也,久则……'按:作'其用战也,久则……'文意亦通,唯查下文有'兵贵胜,不贵久',故未可贸然断定'胜'必衍字,原文脱'贵'字亦非绝不可能。唯作'贵胜',不可直解'胜'为胜利,否则无义。用兵打仗岂有贵败之理!'胜'当为'速'之借字。'胜'、'速'双声,例可通假。俞樾《古书疑义举例》云:'双声、叠韵字之可通用者,不可胜举。'朱墉《汇解》引沈友注云:'贵胜即贵速',是。沈友乃魏、晋间人,其据本有'贵'字,说明孙子故书本有此字,而后脱耳。'钝':汉简作'顿',通。《史记·贾谊传》'莫邪为顿兮'《索隐》:'顿读若钝。'《左传》襄公四年'甲兵不顿'《正义》:'顿为挫伤折坏也。''钝兵挫锐',即锋锐被挫之意。又《战国策·秦策》'甲兵顿',高注:'罢也。'"《孙子校释》:"汉简本作'……用战，胜则久钝……'无'也'字，'钝'作'顿'。'钝'、'顿'二字古通。《御览》卷二九三引此，亦作'顿'。又平津馆本作'其用战也胜，久则钝兵挫锐'。孙校本作：'其用战也，胜久，则钝兵挫锐。'各本此句字虽同，然而句读各异。按：'胜'字若属上读则与久字文义失应。茅元仪《兵诀评》将'其用战也胜'归之上节，以为上节之结语，然上节至'然后十万之师举矣'文意已足，且如此，本节以'久则钝兵挫锐'起始，亦殊突兀。于鬯《香草续校书》则谓'其用战也胜'应作'其用战胜也'。俞樾《平议》又谓应作'其用久也，战胜（读若陈）则……'亦皆未妥。赵注本谓：'胜上疑脱一贵字，承上文言，所费之广如此，其用战也，宜以速胜为务。'叶大庄《退学录》说同。按：此说虽不为无见，然以本义释'胜'，则仍欠通。且如此，亦仍与'久'字失应。朱墉《武经七书汇解·孙子》（以下简称《汇解》）引沈友曰：'贵胜即贵速'，下文亦作'兵贵胜，不贵久'。又左枢《孙子注笺》以原文费解而谓'胜'乃衍文，此句应作'其用战也，久则……'易培基《读孙子杂记》（一九一九年《国故》第三、四期，以下简称易培基《杂记》）说同。歧义仍在'速'字。但从汉简本看，'胜'字似应当下读。汉简本'钝'作'顿'，《御览》卷二九三同，古字通。"两说有同有异，关于"胜"字应上读还是下读，今取后说。钝：疲惫，困乏。挫：挫伤，消磨。锐：锐气。　②屈（jué）：竭尽，穷尽的意思。③暴（pù）：显露，暴露的意思，这里指暴师于外。国用：国家的开支用度。

【译文】

劳师费财地用兵打仗，就需要速胜，如果旷日持久，就会使军队疲惫，锐气挫伤。强攻城邑，又必然会致使兵力大量损耗。军队长期在外作战,就会使国家的开支用度产生困难。

【战例】

抗日持久战

孙子认为,如果战争旷日持久,就会使军队疲惫,锐气挫伤。因此,在有的时候,战略上的持久战也是必要的。毛泽东在《论持久战》中创新性地运用了这一原理,对孙子的论述反其道而行之,从而提出了打败日本帝国主义的正确的指导思想。毛泽东说:"'为什么是持久战'这一个问题,只有依据全部敌我对比的基本因素,才能得出正确的回答。例如单说敌人是帝国主义的强国,我们是半殖民地半封建的弱国,就有陷入亡国论的危险。因为单纯地以弱敌强,无论在理论上,在实际上,都不能产生持久的结果。单是大小或单是进步退步、多助寡助,也是一样。大并小、小并大的事都是常有的。进步的国家或事物,如果力量不强,常有被大而退步的国家或事物所灭亡者。多助寡助是重要因素,但是附随因素,依敌我本身的基本因素如何而定其作用的大小。因此,我们说抗日战争是持久战,是从全部敌我因素的相互关系产生的结论。敌强我弱,我有灭亡的危险。但敌尚有其他缺点,我尚有其他优点。敌之优点可因我之努力而使之削弱,其缺点亦可因我之努力而使之扩大。我方反是,我之优点可因我之努力而加强,缺点则因我之努力而克服。所以我能最后胜利,避免灭亡,敌则将最后失败,而不能避免整个帝国主义制度的崩溃。""目前敌尚能勉强利用其强的因素,我之抗战尚未给他以基本的削弱。其人力、物力不足的因素尚不足以阻止其进攻,反之,尚足以维持其进攻到一定的程度。其足以加剧本国阶级对立和中国民族反抗的因素,即战争之退步性和野蛮性一因素,亦尚未造成足以根本妨碍其进攻的情况。敌人的国际孤立的因素也方在变化发展之中,还没有达到完全的孤立。许多表示助我的国家的军火资本家和战争原料资本家,尚在唯利是图地供给日本以大量的战争物资,他们的政府亦尚不愿和苏联一道用实际方法制裁日本。这一切,规定了我之抗战不能速胜,而只能是持久战。中国方面,弱的因素表现在军事、经济、政治、文化各方面的,虽在十个月抗战中有了某种程度的进步,但距离足以阻止敌之进攻及准备我之反攻的必要的程度,还远得很。且在量的方面,又不得不有所减弱。其各种有利因素,虽然都在起积极作用,但达到足以停止敌之进攻及准备我之反攻的程度则尚有待于巨大的努力。在国内,克服腐败现象,增加进步速度;在国外,克服助日势力,增加反日势力,尚非目前的现实。这一切,又规定了战争不能速胜,而只能是持久战。"

战争的发展也正证明了毛泽东的这一科学战略决策的正确性。战争进行了15个月之后,中国虽然很快就丢失了政治、经济、文化中心的华北、华东等地,但成功地消耗了日本的国力,战争的实际进程为日本始料不及,日本的战争能力开始暴露出严重破绽。在财力上,从1937年7月到1938年3月,日本连续4次追加的临时军费,累计达74亿日元,是甲午战争、日俄战争、第一次世界大战和"九·一八"占领东北的战争四次对外战争战费总和的1.63倍,造成日本财政拮据。在人力上,15个月的战争使日本伤亡45万人,迫使日本一再扩军。日本军队原有17个师,到1938年,总数就翻了一番。1938年8月1日,侵华日军中的现役兵仅占11.3%,预备役兵占22.6%,后备役兵占45.2%,补充征兵占20.9%,兵员的动员出现窘况。在物力上,开战之初,日本以为无需大规模的军需动员,仅凭现有的军需储备就可以一举击败中国。但是,随着战争的不断扩大和时间的延长,军需物资的消耗直线上升,日本被迫于1937年10月—1938年3月进行了"中国事变第一次军需动员",

又于1938年4月1日—1939年3月31日实施了第二次军需动员计划，但仍然达不到战争的实际需要。同时，由于日本国内资源匮乏，其经济严重依赖于外贸，因侵华战争的需要，日本不得不把大量物资变成军需品，其出口物资相应下降，这样就不能从国外换回其所需物资，从而形成恶性循环。1938年上半年，日本进、出口分别比上年同期减少了32.9%和19.6%，同时战争还在大量消耗物资，日本只好动用国内的黄金外汇储备。1938年，日本原有的388吨黄金储备仅剩下25吨。即使这样，仍然不能解决战争带来的物资匮乏问题。

在这种情况下，日本不得不加强对各占领地区人民的掠夺，这种掠夺政策必然招致人民更大的反击，战争的持续使日本越来越困难。从1939年始，日本在国内实行战时《粮食管理法》和"义务交售制"，强迫农民把生产的大部分粮食按官价卖给政府。到1941年，消费资料生产比1935—1937年下降28.4%。从4月起，人民的生活处于极度困难之中。战争的持久和消耗使日本财政更趋恶化，战前，日本为扩充军备国债就高达100亿日元，1937—1941年，日本总开支达500亿日元，直接军费占350亿日元。日本虽扩大捐税，其总税收也只及开支的1/3，其余只能通过加紧掠夺及发行国债和货币来弥补。1936—1941年间，日本国内货币流通量就从26亿日元猛增至79亿日元，财政面临崩溃。在财政困难的同时，持久消耗战迫使日本不得不尽可能地扩大军工生产，在原料供应方面出现了严重短缺。日本国土狭小、资源贫乏，到1941年，日本所掌握的国内外全部资源中，煤炭只能达到需求量的88.3%，石油、铁矿石、钢、铝、锌、工业盐和大米能达到需求量的比例分别为18.4%、42.4%、43%、15%、18.4%、10%、80%—85%。镍矿石和天然橡胶全部依赖进口。因此，日本的失败，几成定局。

夫钝兵挫锐,屈力殚货①,则诸侯乘其弊而起②,虽有智者不能善其后矣③。

【注释】
①殚:尽,竭尽,枯竭。货:指国家的财力物力。　②弊:衰落,疲困,危机。　③善:妥善处理,使结果完美。

【译文】
如果军队疲惫、锐气挫伤,军力损折、财货耗尽,其他的诸侯就可能趁着本国处于困境的时候前来进攻。如果出现这种局面,即使有足智多谋的人,也无法妥善处理了。

【战例】

坐山观虎斗

战国时期,韩国和魏国互相攻伐,打了整整一年,还没有分出胜负。秦惠王想做个中间人,劝说他们停止战争。他召来群臣问道:"我想使韩魏两国停火,诸位以为如何?"

这时,有个楚国来的客卿,名叫陈轸,他没有直接回答秦王的问题,而是问他:"请问大王想统一天下吗?"

秦王说:"当然想,你有什么妙计吗?"

陈轸说:"妙计倒没有,我有一个'卞庄子刺虎'的故事,不妨讲给您听听,也许对您有所启发。"

秦王说:"很好,你讲吧。"

陈轸说,春秋时期,鲁国有个武艺高强的人,名叫卞庄子。有一天,他路过一个地方,听说当地有两只老虎经常出来伤害禽畜,甚至曾经咬伤、咬死人。卞庄子决定为民除害,带了一把青铜剑,就要进山去打虎。他所住的旅店里的一个小伙计,也要陪他同去。

两人走到一个山谷里,终于发现了一大一小两只老虎,它们正在吃一头牛。卞庄子拔剑就要冲上去。小伙计说:"您先不要性急。您看,它们正在津津有味地吃牛肉,吃到最后一定会相互争夺,一争夺就必定会互相撕咬起来。如果一只被咬死,一只被咬伤,这时你再冲上去,对付一只受伤的老虎,难道不比同时对付两只健壮的老虎容易得多吗?"

卞庄子认为他说得有理,两人就在树丛里隐蔽了起来。过了一会儿,两只老虎果然争斗起来,打得石头乱滚,尘土飞扬。渐渐地,小老虎支持不住了,咽喉处被大老虎咬破,不久便死去了。大老虎也遍体鳞伤,倒在地上动弹不得。这时候,卞庄子猛扑过去,一剑刺中老虎的要害部位。老虎长啸一声,连反抗都没来得及就断气了。

陈轸讲完故事后,对秦王说:"如今,韩国和魏国打作一团,已经一年了还没有停止。如果他们继续打下去,损伤必定都会很大。您如果想完成统一天下的大业,就让他们继续打下去,到他们元气大伤的时候,再派兵去征讨他们。这样就能像卞庄子刺虎那样,一举两得。"

秦惠王于是放弃了劝和的打算。最后,魏国和韩国都损失惨重的时候,秦国的军队像潮水般地涌去,一下子就夺了两国的好几个城池。

故兵闻拙速[①],未睹巧之久也[②]。夫兵久而国利者,未之有也。故不尽知用兵之害者,则不能尽知用兵之利也[③]。

【注释】

①兵闻:黄本《集注》、《握纬机》作"闻兵"。　　②睹:《御

览》卷二九三作"闻"。巧之久：《文选·张景阳杂诗》注《任彦瘴奉答敕示七夕诗启》作"工久"，《三国志·魏书·王基传》作"工迟之久"，梅尧臣注有"工而久"之语，《玉堂书钞》作"巧久"。也：《通典》卷一四八作"者也"，《玉堂书钞》则无此"也"字。关于"拙速"之意，杨炳安认为："此句各家皆直接之，故多不通。曹、李、孟注：'虽拙有以速胜。'然既'拙'，则何以'速胜'？杜注：'虽拙于机智，然以神速为上。'然既言'拙于机智'，又求其'神速'，岂可得耶？李贽《参同》：'宁速毋久，宁拙毋巧；但能速胜，虽拙可也'，亦未道其真谛。于邺云：'盖久必拙，速必巧……岂有贵拙之意乎？'则为得之。然其以'因过速而取败'释'拙速'，也非孙子本义。此句明言'兵闻拙速'，抑孙子贵'过速而取败'耶？故孙子此意盖为：'拙'固无可贵，然若能使速决，吾宁取之；'巧'固可贵，然若使战争旷日持久，则吾宁舍之，并非实谓'拙'可贵，而'巧'可舍也。黄巩《集注》云：'速或有见拙之处……久则断无见巧之理'，亦不为无见。欲使战事速决，必须巧于用兵，否则，拙于智计，则必使战事旷日持久，而此于国不利，故接以下文。"　③不尽知：汉简本作"不尽于知"。不能尽知：《通典》卷一四八作"不能得"，《御览》卷三三二作"不得尽知"，杨炳安《〈孙子〉会笺》中认为，这两种说法都不可取，"用兵之害，上已反复言之，此言用兵之利。'利'者何？盖即杜注'吞敌拓境'与张注'擒敌制胜'之类。此句重在'害'字，言于'吞敌拓境'之时，需'杂于害'而虑之，如此方能万全，故下文有云：'智者之虑，必杂于利害'"。不尽知：不能完全了解。害：坏处，短处。利：好处，长处。

【译文】

所以，在军事斗争中，如果能够速胜，即使拙于智计，在指挥中也是可取的；但单纯为了追求巧胜而使战争旷日持久的，还从来没有见过。战争久拖不决而有利于国家的情况，是从来不曾有过的。所以，不完全了解用兵之害的人，也就不能完全了解用兵之利。

【战例】

曹操征乌桓

官渡之战中，据有冀、青、幽、并四州的袁绍被曹操打败，逃回邺城，积郁成疾，于建安七年（202年）病卒。其子袁谭、袁尚争权，曹操同年九月攻占黎阳，建安九年（204年）又占领了邺城，并杀了袁绍长子袁谭。袁尚逃到幽州投奔次兄袁熙，后来兄弟二人又逃奔到辽河流域的乌桓。乌桓是北方少数民族，东汉末年逐渐强大，拥有辽东、辽西、右北平三郡。袁绍在建安元年（196年）与公孙瓒作战时曾利用乌桓力量，事后矫旨封其首领蹋顿为单于，所以袁熙、袁尚此次想借乌桓的力量与曹操抗衡。乌桓首领蹋顿单于打着给袁家报仇的幌子，乘机不断地骚扰汉朝北部边境，破坏边境地区人民的正常生产和生活。曹操打算要去征讨袁尚及蹋顿，一举平定北方，但有些官员担心远征之后，荆州的刘表会乘机袭击自己的后方。曹操在北上彻底消灭袁氏兄弟并收服乌桓和南下征讨刘表两种方案中犹豫不决。曹操手下大部分人都认为："袁氏兄弟只不过是亡命之人，根本不足为虑。夷狄贪而无亲，乌桓又岂能为袁尚所用？"而如果大军远征，深入乌桓，荆州的刘表必然乘机袭击许都。一旦发生这种情况，结果就很难收拾了。而曹操最得意的谋事之一郭嘉这时却力排众议，劝说曹操一举消灭袁氏残余势力和乌桓，他说："乌桓依仗地处僻远，必然不作防备。趁他没有防备的时候，我们突然出兵袭击，一定可以成功。况且袁绍生前有恩于河北官民和乌桓，现在袁尚、袁熙兄弟还在，他们的影响力不可小看。如今青、冀、幽、并四州的老百姓虽然已经归附了我们,可那只是迫于威力,我们并没有给他们什么恩惠。如果我们放弃北伐而南征,袁尚就会依靠乌桓的支持和帮助,召集袁氏的残余势力,伺机反攻。乌桓一动,河北的汉人继之而起,就会使蹋顿产生入侵的野心。到那时,恐怕青州、冀州就不再是我们的了。荆州的刘表只是一个坐而论道的空谈家,他自知自己的才能不如刘备,也难以控制刘备。如果重用刘备,他担心控制不住;如果不重用刘备,刘备又绝对不肯真心实意为他出力。他们之间这种复杂而微妙的关系,决定了不会有什么大的作为。因此,即使我们虚国远征,刘表也不会有什么大的举动,您对此大可不必担忧!"

曹操听从了郭嘉的分析,于建安十二年(207年)五月,亲率大军北伐。到达易县(今河北雄县西北),郭嘉看到军队辎重太多行动缓慢,又对曹操说:"兵贵神速。今千里袭人,辎重多,难以趣利,且彼闻之,必为备。不知留辎重,轻兵兼道以出,掩其不意。"(《三国志·魏书·郭嘉传》)意思是说,用兵贵在神速。现在到千里之外的地方作战,军用物资多,行军速度就慢,如果乌桓人知道我军的情况,就会有所准备。不如留下笨重的军械物资,部队轻装,以加倍的速度前进,趁敌人没有防备发起进攻,那就能大获全胜。曹操依郭嘉的计策,轻装兼程来到无终(今天津市蓟县)。此时他得到当地人田畴的指点和帮助,从已断绝近二百年的卢龙塞越险经过白檀(今河北宽城),迅速到达柳城。蹋顿单于得知曹军到来的消息,仓促迎战,一败涂地,兵败被杀。曹操收降二十余万人,并将为乌桓掳掠去的十余万汉人送回内地。袁熙、袁尚兄弟不得不率少数士卒前去投奔辽东太守公孙康,公孙康慑于曹操的威势,将他们杀死,自己也归附了曹操。至此,曹操终于完成统一北方的大业。

善用兵者①,役不再籍②,粮不三载③,取用于国,因粮于敌④,故军食可足也。

【注释】

①善:善于,擅长。　②役:服兵役,亦可代指服兵役的人,士兵。籍:名册,这里指征发,征集。　③三载:《御览》卷三三二作"再载",《孙子校释》认为"作'三载'不误"。"各家皆以'三载'指'往则随,缺则继,归则迎'。而曹注曰:'还兵入国,不复以粮迎之';出兵之后,粮草缺乏,则又可因粮于敌,而无形载粮以继,故只以出征时载粮随之。刘寅《武经七书直解·孙子》(以下简称《直解》)云:'一馈粮而即止',实不二载,胡云乎'三'邪?汪中《述学》有云:'古人措辞,凡一、二所不能尽者,则约之以三,以见其多……此言语之虚数也。实数可指也,虚数不可执也。'故此'三'字当即《论语》所谓'三思'、'三复'之'三',非实言载粮三次也。二者异文同义,皆言一次而足,不可再也。故仍依各本作'三',而不改动原文,唯不可以'三'为实指三之数耳。"　④取用于国,因粮于敌:曹操注曰:"兵甲战具,取用于国中,粮食则因敌也。"李筌曰:"具我戎器,因敌之食,虽出师千里,无匮乏也。"杨炳安《〈孙子〉会笺》认为:"'取用'与'因粮'皆指军粮,'取用'指取自国内之军粮,'因粮'乃得自敌方之军粮,故下句总之曰'故军食可足也','用'与'粮'乃变换其词以成其义,非所指有异。旧注多谓'用'指兵甲器械,然如此则与'军食'无涉,有失'军食'为总结上述二句之义矣。"周亨祥《孙子全译》则认为,曹操的注解注与杨炳安的解释"皆未妥"。他说:"'取用'之

'用'当同《计篇》'主用'之'用',统言军需物资,包括兵甲器具与粮草,'取用'之实际亦如此,然'因'于敌者亦不限'粮',何以只言'因粮于敌',下文又说:'故军食可足?'盖孙武乃举其要而言。因大军出境,耗费最大、天天需要、不可或缺的是粮草,武器装备一次备够则使用较久,可以修缮,无奈粮草不然,而军无粮则亡,故特以'粮'言之。后句'故军食可足也'是说明'因粮于敌'之举的巨大意义,解除人们对燃眉之急所持之忧,同时证明'善用兵者''粮不三载'的正确。"以上两说虽各有见地,但较之各种理解,仍依古注更可确信。因:就,依托,利用。

【译文】

善于用兵打仗的人,兵员不再从国内征集,粮草也不多次从国内输送;武器装备一次性从国内取得,而粮草就要从敌人那里求得补给。这样做,军队的粮草供应就可以源源不断了。

【战例】

诸葛亮陇上割麦

公元231年2月,诸葛亮为了完成恢复汉室的宏愿,率十万大军四出祁山,攻伐曹魏。魏军都督司马懿率张郃、费曜等大将迎战蜀军。诸葛亮兵至祁山,见魏军早有防备,知道一时难以攻下,只好作长久的打算。他对众将说:"孙子曰,'重地则掠'。深入敌人腹地,就要掠取敌人的粮草来补充自己的消耗。如今,我们劳师远征,粮草供应不继,而陇上的麦子已经成熟,我们应该秘密去抢割陇上的麦子作为我们的补充。"于是,诸葛亮留下王平、张嶷等人守卫祁山大营,自己则率领姜维、魏延等将领直奔上邽。司马懿在祁山见蜀军并不出战,心中疑惑,听说有一支蜀军径往上邽而去,不由恍然大悟,明白了诸葛亮的意图,急忙引军去救。诸葛亮赶到上邦，上邦守将费曜出兵迎战，被姜维、魏延打得大败而逃。诸葛亮乘机命令三万精兵，手执镰刀，把陇上的新麦一割而光，运到卤城打晒去了。司马懿失去了陇上的新麦，心中不甘，便与副都督郭淮引兵前往卤城企图夺回新麦。不料诸葛亮早有防备，他让姜维、魏延、马忠、马岱四将各带二千人马埋伏在卤城东西的麦田之内，等魏兵抵达城下时，伏兵四起，诸葛亮又大开城门，从城内杀出，司马懿拼力死战，才得以突出重围。诸葛亮四出祁山伐魏虽然没有实现预定目标，但因采用了"因粮于敌"的策略，避免了断粮的危险，平安地退回到了蜀国。

李牧塞外夺马

战国时期，赵国地近匈奴，匈奴人经常骚扰赵国的边疆，掠夺百姓的财物、牲畜。将军李牧奉命驻守雁门关，抵御匈奴，匈奴人则依仗强大的骑兵，纵横奔驰，李牧为此而苦恼。一天，匈奴人把数百匹好马赶到河对岸洗浴。李牧在雁门关上远远望见，心想："如果能把这些好马夺到手，就既能壮大自己的实力，又大杀了匈奴人的威风。"但是，李牧也深知，只要他打开雁门关的城门，匈奴人就会把马群赶回军营，根本不能抢到马。突然，李牧想出一条妙计来："匈奴人的骏马都是雄性，如果用几百匹母马来引诱它们过河，再把它们赶入关中，就会易如反掌了。"于是，李牧下令挑选了几百匹母马，让士兵们把母马牵出城，系在隔河的树荫下。匹匹母马仰头向着河对岸嘶叫，匈奴人的数百匹公马听到叫声，一个个抬起头来向河这边的母马张望。接着，几匹公马率先游过河，向树荫下的母马奔去。马群中的其他马匹也一阵狂嘶，纷纷渡河狂奔而去，看马的匈奴人想拦也拦不住。河岸旁的赵军将士乘机一涌而出，将数百匹好马赶入雁门关中。到了唐朝，李光弼在"安史之乱"

中故伎重演,也夺到了叛将史思明的几百匹好马。

国之贫于师者远输,远输则百姓贫;近于师者贵卖,贵卖则百姓财竭,财竭则急于丘役①。力屈财殚,中原内虚于家②,百姓之费,十去其七③;公家之费④,破车罢马⑤,甲胄矢弩⑥,戟楯矛橹⑦,丘牛大车⑧,十去其六⑨。

【注释】

①急:急迫。丘役:指赋税,赋役。丘,古代区划田地、政区的单位名。　②中原:指国内。虚:空虚,匮乏。　③十去其七:"七"是虚指,指去其大半,而并非确切的七成。④公家之费:公家指"国家",相对于上文"百姓"而言。费:花费,耗费。　⑤罢(pí):同"疲",疲劳,衰弱,怠乏。⑥甲:护身铠甲,用皮革、金属等制成的护身服。胄:古代作战时战士所戴的头盔。矢:即箭,以木或竹制成的一种进攻武器。弩:用机械发箭的弓。　⑦戟:古代兵器名。合戈、矛为一体,略似戈,兼有戈之横击、矛之直刺两种作用,杀伤力比戈、矛为强。楯:盾牌。矛:我国古代的主要兵器,在长柄上装以矛头,用于刺杀。　⑧丘牛:即从丘邑中征集来的牛。大车:一种牛拉的辎重大车。　⑨十去其六:有的传本作"十去其七",虚指。

【译文】

国家之所以由于用兵而导致贫困,就在于军队去国远征,去国远征就需要远道运输,而远道运输就会使百姓日益贫困;还在于靠近驻军的地方就会使物价飞涨,物价飞涨就会使国家财力枯竭,国家财力枯竭就会急于加重赋役的征发。兵力损耗于外,家庭空虚于内,百姓的财富损耗过半;公家的财费也会因车辆损坏、战马疲敝、甲胄矢弩与戟盾矛橹等武器装备的消耗和补充,以及丘牛大车的征用,而损耗过半。

【战例】

沈括细算行军耗费

军队行动必然要消耗大批的粮食,粮食的运输问题,历来都是军事家所颇费心机的一个重要问题。关于军队行动时粮草的运输和携带问题,《梦溪笔谈》卷十一曾做过计算。按照沈括的计算,在行军中,如果一个士卒配备一个运粮的人,一个人运六斗粮,每人每天吃二升,那么所带粮食可以支持十八天,如果以来回计算,只够前进九天。如果一个士卒配备两个运粮的人,可以运米一石二斗,三人吃,每天吃掉六升,八天时间,则一个人所运的粮就吃光了,给他六日的粮让他回去。剩下的时间等于一人运粮二人吃,可以支撑十八天,在这种情况下,粮食总共可以支持二十六天。若计往返,则可以前进十三日。一个士卒配备三个人运粮,依次计算,可以支持三十一日,计往返,只可前进十六日。沈括认为,三人供应一个士卒,这已经是最大的可能了,如果兴师十万,辎重要用去三分之一的人力,那么打仗的士卒也就只有七万人,这样就要用三十万人运粮。这还没有计算路上死亡、疾病等情况的出现。运粮一般规律是每个人运六斗,这只是一个笼统的数字,其中队长不亲自运,打柴打水的要少运一半,本应由他们运的部分就要均摊到其他运夫的身上。如果路上有死亡、疾病的,他们所运的粮又要均摊。这样算来,兴师十万用三十万人运粮的话,则每个人运的将不止六斗。所以说,军中是最容不得吃闲饭的,一个人吃闲饭,就要由二三个人专门为他供应粮食。当然,除了用人力运输之外,还可以用骡马等来运粮。用畜力运,驼能负三石,马骡负一石五斗,驴能负一石,比人运的多,耗费也少。但是,由于行军中饲喂不及时等原因,牲畜会在路上死掉很多。死掉一头牲畜,那么它所负的粮食就要丢弃。较之人负,利害参半。

古代运输条件落后,粮食耗损率也是极高的。据史料记载,"秦始皇北击匈奴,又使天下飞刍挽粟,起于黄、腄、琅邪负海之郡,转输北河,率三十钟而致一石。"一钟相当于六斛(石)四斗,三十钟等于一百九十二斛,也就是说从今山东将粮食运到河套,有效输送量只有 1/192;汉代李广利二伐大宛,步骑六万,后勤为"牛十万,马三万匹,驴、橐驼以万数赍粮";汉武帝"时又通西南夷道,作者数万人,千里负担馈饷,率十余钟致一石,散币于邛、僰以辑之",在没有敌人骚扰的情况下也不到 2%,除了沿途损失之外,消耗占去了大部分,原因是人畜本身就在消耗粮食,而且这个消耗应该按照往返计算。按照《武备志》,大体人力车二人最多可运四石,牛车二牛二人最多可运十四石,骡车十骡最多可运三十石。另外,李筌《太白阴经》《汉书·赵充国传》也有类似记载,而且都列举了马料。即使在交通发达的现代,路途运送的耗费也非常巨大。第二次世界大战中,在 1943 年的苏德战场上,德国后勤运输量,大致铁路为 30%、公路为 10%,如果再考虑到大量民夫耽误农时造成的损失,对于国家经济的消耗仍然非常巨大。遇到雨天,补给车队在没有公路只有土路的路段上每天只能推进五公里,这样的耗费可想而知。

故智将务食于敌①,食敌一钟②,当吾二十钟;萁秆一石③,当吾二十石。

【注释】

①务：务求，致力。　②钟：古容量单位。郭化若注曰："钟，春秋时容量单位。齐国分奴隶主公室的'公量'同新兴地主阶级陈氏的'家量'两种。公量一钟为六百四十升，家量一钟为一千升。"春秋时齐国公室的公量，合六斛四斗。之后亦有合八斛及十斛之制。　③萁：同"萁"，豆秆。秆：禾茎，泛指柴草。石：量词，今读dàn，计算容量的单位。十斗为一石。

【译文】

所以，明智的将帅都力求在敌人那里解决粮草供应问题。消耗敌人一钟粮食，就相当于从本国运输二十钟；消耗敌人一石草料，就相当于从本国运输二十石。

【战例】

可口可乐的扩张策略

第二次世界大战期间，第二任可口可乐公司董事长伍德鲁夫提出了一个宏伟的目标——要让全世界的人都能喝上可口可乐。首先，伍德鲁夫要让全世界的人都知道。时逢第二次世界大战，美国几乎出兵世界各地，为了达到这一目的，伍德鲁夫让美国士兵带上国产的可口可乐奔赴世界各地。没用多久，全世界就知道了有可口可乐这种饮料。完成了这个计划之后，伍德鲁夫又开始实施让全世界的人都能喝上可口可乐的计划。但是，美国本国能生产出的可口可乐毕竟有限，即使能生产出来，运到世界各地，运费也是惊人的。于是，伍德鲁夫想出了在当地生产当地销售的对策。他在当地设工厂、招募工人，在当地筹措资金，除了可口可乐的秘密配方外，所有制造可口可乐的机器、厂房、人员以及销售都由当地人来充任，可口可乐总公司只派一名全权代表处理有关工作。通过这个方法，可口可乐打开了全世界的市场。

故杀敌者^①,怒也^②;取敌之利者,货也^③。

【注释】

①敌:汉简本作"适","适"同"敌"。　②怒:指激起士气。③取敌之利者,货也:刘寅《直解》本作"取敌之货者,利也"。刘文篸《释证》则认为"之利"二字衍,应作"取敌者,货也"。利,财物。货,这里指物质奖励。曹操曰:"军无财,士不来;军无赏,士不往。"李筌曰:"利者,益军实也。"

【译文】

要使军队奋勇杀敌,就要激励他们的士气;要使士卒夺取敌人的物质财富,就要用物质奖励来激励他们。

【战例】

燕昭王筑台引才

孙子在这里提出了要激励士气,同时也提出了物质刺激对于激励士气的作用。不论在军事斗争中还是在政治领域内,利用物质手段都是使他人与自己同心协力达到目标的有效方法,这也就是"欲想取之,必先予之"的道理。

在战国七雄中,燕国只能算是一个小国。燕王哙时,因被人所惑,效仿尧舜禅让的故事,把国家让给子之,引起国内大乱。齐国乘机伐燕,杀死子之和燕王哙,残暴燕民,太子平逃亡到国外。

后来,赵武灵王护送太子平回国,立为燕国国君,是为燕昭王。燕昭王即位后,卑身厚礼广招贤才,虚心求教,以求富国强兵,报仇雪耻。

刚开始的时候,很多人认为燕昭王仅仅是沽名钓誉,并不是真的求贤若渴。燕昭王始终寻觅不到治国安邦的英才,整天闷闷不乐。有人向他出主意,让他去求教燕国有名的贤人郭隗先生。

于是，燕昭王亲自去拜访郭隗，向他请教怎样才能得到贤才。郭隗说："成帝业者把贤者当老师，成王业者把贤者当朋友，成霸业者把贤者当臣子，亡国之君把贤者当下人。能够屈身事贤，虚心请教，才能超过自己百倍的人就会来到；能够问学不倦，勤于求教，才能超过自己十倍的人就会来到；别人怎么做他就怎么做，才能跟自己差不多的人就会来到；只会高高在上，指挥别人，供其驱使的差役就会来到；如果态度暴戾，随便辱骂别人，甘当奴才的人就会来到。这是历史事实所证实的求士的基本规律。您如果想广泛选拔贤才，可以先亲自到国内贤者的门下去拜访。只要这个消息传开，天下的贤才一定都会踊跃到燕国来。"

燕昭王问："那么请问先生，我应该先去拜访谁呢？"

郭隗说："我给您讲个故事吧。古代有一个国君愿意出千两黄金购买千里马，可是时间过去了三年，始终没有买到。他的一个侍臣说：'请让我去找找看吧。'这位国君便派他去了。过了三个月，派出去买马的人回来了。国君问他：'你见到千里马了吗？'侍臣说：'见到了。'国君又问：'把它买来了吗？'侍臣回答：'买来了。'国君一听，十分高兴，急忙下去观看，可是见到的只有一只马头。国君大怒，说：'我要的是千里马，为什么只给我带来一匹死马的马头？'侍臣说：'我好不容易发现了一匹千里马，可是当我见到它的时候，马已经死了，我就用五百两黄金买了马头带回来。天下人都知道您在买千里马，如果听到这个消息，一定会想，死马还用五百两黄金买，何况活马呢？天下人知道您这么喜欢千里马，活的千里马很快就来到！'果然，不到一年，就有人送来了三匹千里马。大王您果真想招纳贤士，就把我郭隗当作那匹死千里马的马头，先从我开始吧。天下人得知像我这样的人尚且被您重用，何况比郭隗更贤明的人呢？即使远在千里之外，也一定会前来燕国的。"

燕昭王采纳了郭隗的建议，拜郭隗为师，并为他专门建造了宫殿，责成他动工在易水岸边建造黄金台，重金延揽天下有才能的人。没过多久，乐毅从魏而来，邹衍从齐而来，剧辛从赵而来，天下有才能之士都争先恐后来到燕国，燕国一下子便人才济济了。从此以后，一个本来内乱外祸、满目疮痍的弱国，逐渐成为一个富裕兴旺的强国。

人们常说："重赏之下必有勇夫。"燕昭王给郭隗以优厚的礼遇，盖漂亮的宫殿，并建黄金台，置千金于上，广招人才，才形成了"士争趋燕"的局面。《管子》中说：知道给予就是取得，是为政的秘诀。一个人对他人的给予与获取，是一种对立的矛盾。懂得"取"与"予"的辩证法，才能获得人心，为做大事打下基础。燕昭王正是接受了郭隗的建议，采取了"欲想取之，必先予之"的策略，才招来了乐毅、邹衍等贤才，使燕国得到复兴。

故车战得车十乘已上①，赏其先得者②，而更其旌旗③。车杂而乘之④，卒善而养之⑤，是谓胜敌而益强。

【注释】

①已：同"以"。　②赏其先得者：曹操注曰："以车战能得敌车十乘已上，赏赐之。不言车战得车十乘已上者赏之，而言赏得者何？言欲开示赏其所得车之卒也。陈车之法：五车为队，仆射一人；十军为官，卒长一人；车满十乘，将吏二人。因而用之，故别言赐之，欲使将恩下及也。或曰：言使自有车十乘已上与敌战，但取其有功者赏之，其十乘已下，虽一乘独得，余九乘皆赏之，所以率进励士也。"李筌注曰："重赏而劝进也。"　③更：更换，调换，替代。旌旗：旗帜的总称。

④杂：组合，配合，混杂，掺杂。　⑤卒：从敌方俘获的俘虏或降卒。善：汉简本作"共"，当读为"供"，有供养、善待之意。

【译文】

因此在车战中，凡是缴获敌人战车十辆以上的，就要奖赏第一个缴获战车的人，并且把缴获的战车换上我军的旗帜，混合编入我军战车的行列。对于所俘敌方的士卒，要妥善收养和使用他们。这就是所谓战胜了敌人而又增强了自己的力量。

【战例】

刘秀推心置腹

西汉末年，王莽篡政，取代了汉朝皇帝的位置自己当上了皇帝。由于此举本不得人心，再加上天灾人祸引起人民生活困难，从而引起天下大乱，各地农民纷纷起义，群雄讨莽。公元23年初，刘玄被立为天子，刘秀任偏将军。王莽多次派兵攻打刘玄。在这些战斗中，刘秀屡立战功，被刘玄封为"萧王"。公元24年秋，刘秀率兵打败了高湖、重连和铜马三部起义军，虏获了大量的兵马，封降兵渠帅为列候。但是，这些降者心中仍然不安，对刘秀并不很放心，担心刘秀并不是出于真意，因此随时都有可能发生哗变。刘秀获悉这一情况后，为使他们放心，便采用安抚之计，下令降者各归其本部统领他们原来的兵马，刘秀本人则脱掉盔甲，轻骑巡行各部，巡视各个营寨，无丝毫戒备之意。这样一来，降者都由此知道刘秀信任他们，他们私下经常相互说："萧王推赤心置人腹中，安得不投死乎！"(《后汉书·光武帝本纪》)于是，刘秀把这些降卒加以改编，得到了数十万兵马。这就是成语"推心置腹"的来历。

李世民任用魏徵

在我国历史上，政治斗争或军事斗争之后不记前仇任用本来属于敌方的人才的佳话有很多,其中堪与齐桓公任用管仲相媲美的,首推唐太宗李世民用魏徵。唐太祖武德末年,巨鹿人魏徵在太子李建成的手下做文书图籍整理的工作。在秦王李世民与太子李建成暗中争夺帝位的时候,魏徵屡次劝李建成先下手为强,除掉李世民。由于李建成优柔寡断,没有接受魏徵的劝告,结果在玄武门之变中失败。李世民当上皇帝之后,把魏徵召来,厉声问他:"你挑拨离间我们兄弟之间的关系,是何道理?"大家都为魏徵捏了一把汗,认为他必死无疑。魏徵却毫无惧色,从容答道:"皇太子当初如果听我的话,必定不会有今日之祸!"太宗一听此话,知道他是一个忠直之人,马上转怒为喜,对魏徵以礼相待,并任他为谏议大夫,还曾多次邀他入寝宫,向他请教治理国家的事情。

唐太宗的另一位著名的谏臣王珪的经历也与魏徵相似。高祖武德年间,王珪在太子李建成手下掌管侍从礼仪等事,很受李建成的器重。后来他因李建成阴谋作乱受到牵连,被流放到嶲州。李建成死后,李世民下令将王珪召回身边,官拜谏议大夫。王珪终生都竭尽忠心,多次进谏,颇有政绩。

故兵贵胜①,不贵久。

【注释】
①贵:重,崇尚,重视。胜:指速胜。
【译文】
所以,用兵作战贵在速战速决,而不要旷日持久。
【战例】
玄武门兵变
唐高祖李渊有四个儿子,建成、世民、玄霸和元吉,其中三子玄霸早亡。按照惯例,李渊立长子建成为太子,又封世民为秦王,元吉为齐王。

秦王李世民常年在外带兵打仗,战功卓著,又善于谋略。太子建成担心他威胁自己的皇位,就和齐王元吉一起,千方百计地要削弱和除掉李世民。

建成和元吉一方面在宫中拉拢后妃,让她们在高祖面前为自己说话,并中伤世民,以削弱高祖对世民的信任;一方面又竭力拉拢大臣,以扩大自己的影响,巩固自己的地位。

李世民由于征战有功,又善于待人,也深受一些大臣的拥戴,并在他的周围聚集了一批忠心为他效力的文武干将。由此,围绕着太子建成和秦王李世民之间的权力之争,在唐朝统治阶层内部形成了两大集团。双方明争暗斗,都想削弱和瓦解对方。

在唐朝的统治地位稳固后,太子和秦王的皇位之争就更加明朗化了。一天下午,太子请秦王到东宫赴宴。席间,太子和齐王不断称颂秦王的功绩,频频劝酒。正喝着,秦王忽然觉得头晕目眩,两腿发软,他知道中毒了,想要站立起来,却倒在地上。太子忙令人把世民送回秦王府,幸好秦王中毒不深,经过抢救,免于一死。太子一计不成,又生一计。一次,他怂恿李渊到郊外打猎,要世民陪驾前往,暗中让部下给世民备了一匹烈马。途中烈马野性大发,把世民甩下马来,险些摔死。

边境上传来突厥入塞围攻乌城的消息,太子荐齐王元吉代替世民督军北征,并征调李世民的爱将尉迟敬德等同行,又挑选秦王帐下的精锐士卒去充实元吉的军队,并暗中谋划,待太子和秦王在昆明池给齐王饯行之时,派壮士把秦王和尉迟敬德等人一起杀掉。不料谋划不周,太子东宫的王晊暗中向李世民告了密。

李世民得到密报，紧急召集谋臣长孙无忌等人商量。无忌主张要先发制人，趁早下手把他们二人除掉。李世民说："我早知我们迟早要翻脸，我是想等他先发难，然后以义去讨伐他。"

李世民接着又把房玄龄等人招来，大家都主张立即采取行动。尉迟敬德说："等太子动手时，我们就处于被动了，如不立即采取行动，我就去落草为寇，免得被杀头。"

最后，秦王说："既然如此，就按大家的意志行事吧。"于是他立刻派一千余人于深夜埋伏在玄武门内外。第二天早上，太子和齐王骑着马，带领卫士进入玄武门，一路上还在做着除掉李世民的美梦。在他们到达临湖殿时，发现埋伏着秦王的部队，知道形势不好，连忙返身奔向玄武门，但玄武门已被紧紧关闭。门内伏兵尽起，顷刻间太子和齐王的人头落地。等太子东宫的卫队两千余骑闻讯赶来的时候，已经无济于事了。

数日后，唐高祖李渊立李世民为太子，并宣布："自今以后，军国大小诸事，都交由太子处理，然后奏给我知道就可以了。"李世民从此掌握了皇帝的一切权力，第二年正式登基，改元贞观。

李世民发动玄武门兵变的时机可以说掌握得恰到好处，如果真像他开始时设想的那样，等到太子发难之后他再反击，将失去对局势控制的主动权，即使最终可以凭自己的实力获胜，也要付出更大的代价。这样，他将计就计，借太子首先要谋害他的机会，在太子还没有把自己的力量埋伏好之前，抢先一步动手，既掌握了主动权，又博得了舆论的同情。而如果他把这个机会让过去，自己采取退避的措施，那么以后他仍在明处，太子等人仍在暗处，说不定哪天就栽在他们手里。可见，恰到好处地抓住时机，是李世民顺利登上皇位的一个关键，也是留给后人的一个有益启示。

故知兵之将^①,民之司命^②,国家安危之主也^③。

【注释】

①知:识,明了。　②司:主管,职掌。司命:原为神名,掌管生命的神。引申为关系到生死者或命运掌握者。张预注:"故敌人死生之命,皆主于我也。"《孙子·虚实篇》中也有:"微乎微乎,至于无形;神乎神乎,至于无声,故能为敌之司命。"
③主:主宰,掌管。

【译文】

所以说,熟知用兵之道的将帅,是民众生死的掌握者,国家安危的主宰者。

【战例】

齐桓公假谋益智

关于齐桓公为什么能成就霸业,威震诸侯,《管子·小匡》中的两句话可谓一语中的:"桓公假其群臣之谋,以益其智也。"齐桓公借助手下群臣的计谋,来不断增益自己的智慧。

在齐桓公的手下,有五位得力的大臣:宰相管仲,大夫宁戚、隰朋、宾胥无和鲍叔牙。《管子》中说,用这五个人"何功度义,光德继法,昭于天下,以遗后嗣;贻孝昭穆,大霸天下,名声广裕,不可掩也"。

管仲也非常善于借他人的计谋,以增长自己的智慧。他为相三月后,齐桓公让他谈谈对百官的看法。管仲说:"升降揖让符合礼的要求,周旋进退依照礼的规矩,言辞刚柔而有分寸,我不如隰朋,请您封他为主管礼仪的'大行';开发荒地并将其开辟为城邑,扩大耕地并使粮食产量增加,扩大人口规模,最大限度地利用土地,我不如宁戚,请您封他为'大司田';在沙场上作战,使战车秩序不乱,战士奋勇向前,听到鼓声而三军视死如归,我不如王子城父,请您封他为'大司马';断案公平,不滥杀无辜,不妄诬无罪,我不如宾胥无,请您封他为'大司理';忠心进谏,敢于冒犯君主,不怕死,不贪图富贵,我不如东郭牙,请您立他为'大谏'。这五个人,哪个我也都比不上。但是总揽全局,深谋远虑,却是我的强项。君主想要治国强兵,有这五个人就足够了。而如果想谋取霸业,则非我管仲不可。"由此可见,管仲凭借有识人之长的慧眼和有用其所长的公心,使齐国上下人当其位,各尽其才,大家共同努力,一起促成了齐桓公的霸业。

楚汉战争后,汉高祖刘邦总结他得天下的原因时说:运筹帷幄之中,决胜千里之外,我不如张良;指挥百万之兵,攻必克,战必胜,我不如韩信;镇国家,抚百姓,给馈饷,不绝粮道,我不如萧何。这三个人都是人中之杰,我能用他们与我一起创业,这就是我之所以得天下的原因。

第三章　谋攻篇

【题解】

本篇主要讲的是智谋在军事斗争中的重要性,即以最小的代价获取战争的胜利。曹操对此篇篇题的解释"欲攻敌,必先谋",可以说是一语切中要旨。用兵贵以"全"取胜,而不在于杀伐攻取,攻期于无战,战期于无杀,不动用武力而使敌人甘心屈服,达到斗争的目的,才是战争的最高境界。为了达到这一目的,首先必须在战前做好一切相关的准备,除了"知己知彼"之外,还要运用外交、经济、文化等一切手段,与敌人周旋。这就是"谋"的深意之所在。孙子在这一篇中还谈到了集中兵力和将帅如何用兵等问题,"全胜"、"上兵伐谋"等思想和"知己知彼,百战不殆"等军事规律,都是在这一篇中提出和论述的。

孙子曰:夫用兵之法,全国为上[1],破国次之[2];全军为上[3],破军次之;全旅为上[4],破旅次之;全卒为上[5],破卒次之;全伍为上[6],破伍次之。

【注释】

①全:保全,完整。国:这里指国都,也可泛指城邑。上:上策。曹操注曰:"兴师深入长驱,拒其都邑,绝其内外,敌举国来服,为上。" ②破:击破,攻破。 ③军:军队的编制单位。曹操注:"《司马法》曰:'万二千五百人为军。'"韦昭注:"万人为军,齐制也。"李善注:"《汉官仪》:'汉有五营。'五军,即五营也。"也可泛指军队。 ④旅:军队编制单位。曹操注曰:"五百人为旅。"也可泛指军队。 ⑤卒:春秋时军队的编制,以一百人或二百人为卒。齐国二百人为卒。也可泛指士兵。 ⑥伍:古代军队编制单位。士兵五名编为一伍。

【译文】

孙子说:战争的基本原则是,使敌人举国投降是上策,击破敌国是次一等的选择;使敌人全军投降是上策,击破敌军是次一等的选择;使敌人全旅投降是上策,击破敌旅是次一等的选择;使敌人全卒投降是上策,击破敌卒是次一等的选择;使敌人全伍投降是上策,击破敌伍是次一等的选择。

【战例】

隋炀帝好战而亡

在《百战奇略》中,曾经举了隋炀帝好战亡国的例子来说明这一道理。"隋之炀帝,国非不大,民非不众,嗜武好战,日寻干戈,征伐不休,及事变兵败辽城,祸起萧墙,岂不为后世笑乎?呀,为人君者,可不慎哉!"意思是说,隋朝在炀帝杨广统治时期,国家并非不强大,人口并非不众多。然而,由于杨广嗜好武力与战争,不断对外寻衅用兵,连年征战无休无止。等到出征高丽的隋军兵败辽东城下,战争形势突然发生改变的时候,国内隐藏的祸乱就由此而接连发生,最终导致隋王朝和炀帝本人亡国丧身的可悲下场。这难道不是为后世人所耻笑的事情吗？所以说，身为国君的人，一定要慎重战事啊！隋炀帝杨广是中国历史上有名的暴君之一。公元604年（仁寿四年），他阴谋杀死了父亲隋文帝杨坚和哥哥太子杨勇而夺得帝位。即位之后，他便对外穷兵黩武、肆意侵掠，对内横征暴敛、挥霍无度。从公元612—614年（大业八年至十年），隋对高丽连续发动三次大规模战争，"皆兴百余万众，馈运者倍之"（《通典·食货七》）。先后动用兵力为三百四十余万，强征民工六百八十余万，大批劳动力脱离生产为战争服务，导致大批人员死亡，造成"耕稼失时，田畴多荒"，"百姓困穷，财力俱竭"（《资治通鉴·隋纪五》），民不聊生的局面，终于引发了隋末农民大起义，一举摧垮了隋王朝的统治，隋炀帝也在战乱中被手下所杀。

是故百战百胜[①]，非善之善也[②]；不战而屈人之兵[③]，善之善者也。

【注释】

①百：概数，非实指，言其多。　②善：好，高明。　③屈：使屈服。

【译文】

所以说，百战百胜在军事行动中并不是高明中之最高明的；不通过交战就能使敌军屈服，才是高明中之最高明的。

【战例】

王霸不战败苏茂

东汉建武四年秋，光武帝刘秀派遣王霸和马武去讨伐梁王刘永的部将周建，苏茂带领人马赶来救援。交战之初，苏茂派精锐骑兵去阻截马武的粮草,马武率兵前往解救,周建又从城内冲出,与苏茂夹击马武,马武被苏茂、周建击败,率军经过王霸营垒时,大声呼救,请求王霸出来支援。王霸不但不出战,反而对马武喊道:"敌人兵势强劲,我如果出去咱俩都会失败,你还是努力而为吧。"说着,紧闭营门,坚守壁垒。王霸部下的将士们对王霸这种见死不救的做法大为不解,王霸解释说:"苏茂的士卒精锐,人马又多,我怕我的将士们心里恐慌,而马将军又与我都相互依赖对方,两军不一,这是败亡之道。如今我闭营固守,向马将军表明不会出去相救,这时敌人一定会乘胜冒进;马将军眼看没有救援,自然会加倍努力迎战。这样,苏茂的士卒就会疲劳,我乘此机会再出击,一定能打败他。"苏茂、周建以为汉军胆怯,互相之间不敢救援,果然倾巢出动,进攻马武。马武见王霸不出兵相救,只得率全军奋力与敌兵激战。王霸营中将士见此情景都心急如焚,群情激奋,几十名将士甚至断发请战。王霸见部下锐气已盛,便率领精锐骑兵冲出营垒,袭击敌军后阵,与马武前后夹击。周建、苏茂腹背受敌,惊乱败走。

不久之后,苏茂又重新聚集兵力,到营前挑战。这时,王霸坚守不出,并在营中设宴,饮酒作乐,犒赏将士。苏茂命部下像雨点一样密集地向王霸营中射箭,甚至把王霸面前的酒杯都射中了。王霸依然安坐不动。部下军吏们都说:"苏茂前日已被打败,今天肯定更容易对付。"王霸却不这样看,他说:"不然。苏茂客兵远来,粮食不足,所以数次来挑战,希望能够速战速决。如今我们闭营休养,这就是所谓的'不战而屈人之兵,善之善者也'。"苏茂、周建求战不得,只好引军回营。当天夜里,周建的侄子周诵在城中起事,紧闭城门,不放苏茂、周建军马入城,二人只好偷偷逃遁。周诵献城降汉。王霸终于达到了"不战而屈人之兵"的目的。

故上兵伐谋①,其次伐交②,其次伐兵,其下攻城③。

【注释】

①上兵:意思是最高明的用兵方略。伐谋:曹操注曰:"敌始有谋,伐之易也。"李筌也说:"伐其始谋也。"并举例证明道:"后汉寇恂围高峻,峻遣谋臣皇甫文谒恂,辞礼不屈。恂斩之,报峻曰:'军师无礼,已斩之。欲降急降;不欲,固守!'峻即日开壁而降。诸将曰:'敢问杀其使而降其城,何也?'恂曰:'皇甫文,峻之心腹,其取谋者。留之则文得其计,杀之则峻亡其胆,所谓上兵伐谋。'诸将曰:'非所知也。'"二说均认为所谓"伐谋"就是知道敌人开始有所计谋或谋划的时候,应当及时以智谋挫败。杜佑、杜牧、张预等人之见与此说略同。但也有人不赞同此说。例如,王晳曰:"以智谋屈人为最上。"周亨祥《孙子全译》也认为:"伐谋:伐以谋,即以谋伐之。伐,战胜。上兵伐谋:言上等的用兵策略是以谋略取利,'不战而屈人之兵'。曹操注:'敌始有谋,伐之易也。'此释义似未妥。"今两说并存,可互为参照。 ②伐交:对于此句,历代注家亦有不同理解,从《十一家注》中就可发现其理解上的分歧:"曹公曰:'交将合也。'孟氏曰:'交合强国,敌不敢谋。'杜佑曰:'不令合。'李筌曰:'伐其始交也。苏秦约六国不事秦,而秦闭关十五年,不敢窥山东也。'杜牧曰:'非止将合而已,合之者,皆可伐也。张仪愿献秦地六百里于楚怀王,请绝齐交。随何于黥布坐上杀楚使者,以绝项羽。曹公与韩遂交马语,以疑马超。高洋以萧深明请和于梁,以疑侯景,终陷台城。此皆伐交。权道变化,非一途也。'陈皞曰:'或云敌已兴师交合,伐

而胜之,是其次也。若晋文公敌宋,携离曹、卫也。'梅尧臣曰:'以威胜。'王晳曰:'谓未能全屈敌谋,当且间其交,使之解散。彼交则事巨敌坚,彼不交则事小敌脆也。'何氏曰:'杜称已上四事,乃亲而离之之义也。伐交者,兵欲交合,设疑兵以惧之,使进退不得,因来屈服旁邻,既为我援,敌不得不孤弱也。'张预曰:'兵将交,战将合,则伐之,传曰,先人有夺人之心,谓两军将合,则先薄之,孙叔敖之败晋师,厨人濮之破华氏是也。或曰:伐交者,用交以伐人也。言欲举兵伐敌,先结邻国为掎角之势,则我强而敌弱。'"综观各说,无非有两种不同理解,一是认为"交"为"交合"、"交战"之"交",二是认为"交"是"外交"、"结交"之"交"。对于"伐交"的理解,应结合上文"伐谋",如果将"伐谋"理解为伐之敌始有谋时,则宜采前说;若将"伐谋"理解为伐以谋,则宜采后说。为了与通常理解一致,这里均采后说,并与下文"伐兵"、"攻城"和孙子的"全胜"观念相协调。　③其下:汉简本、十一家注本和武经本皆同此,《通典》卷一四八作"下政",《御览》卷三一七作"下攻",孙校本据《通典》改为"下政",曹操亦注曰:"敌国已收其外粮城守,攻之为下政也。"李筌曰:"夫王师出境,敌则开壁送款,举椟辕门,百姓怡悦,政之上也。若顿兵坚城之下,师老卒惰,攻守势殊,客主力倍,政之为下也。"杜佑亦曰:"攻城屠邑,政之下也。"他们在解释"其下"时,也有"下政"之意。但据汉简本,《孙子》原书应为"其下"。

【译文】

因此,上策是用谋略战胜敌人,其次一等的方略是用外交手段战胜敌人,再次一等是用武力击败敌军,最下等的方法才是攻打敌人的城池。

【战例】

晏子宴席间退兵

春秋时期,晋平公打算进攻齐国,便派大夫范昭去观察齐国的动静,齐景公设宴对他进行招待,晏子作为相国也一起陪着。当酒喝得兴致正浓的时候,范昭突然提出一个无礼的要求,请求用齐景公的酒杯斟酒喝。景公没有看穿他的意图,大度地说:"那就用我的酒杯给客人进酒吧。"当范昭喝完自己杯中的酒,正想换杯斟酒时,旁边的晏子立即命人撤掉景公的酒杯,仍用范昭所用的杯子斟酒敬客。范昭一计不成,又生一计,假装喝醉了,不高兴地跳起舞来,并对齐国的乐师说:"为我演奏一支成周的乐曲吧!我要随着乐曲而起舞。"乐师回答说:"盲臣未曾学过。"范昭于是无趣地离开筵席。范昭走后,齐景公怕因此而触怒了他引起麻烦,就责备晏子和乐师说:"晋国是个大国,如今派人来观察我国的情况,现在你们触怒了他的使臣,这可怎么办呢?"晏子理直气壮地回答说:"范昭不是不懂礼法之人,他这样做是故意羞辱我国,所以我没有服从您的命令,用您的酒杯给他进酒。"乐师也说:"成周之乐是天子所享用的乐曲,只有国君才可以随之起舞。而今范昭不过是一大臣,却想在齐国用天子之乐伴舞,所以我不能为他演奏。"范昭回到晋国后,向晋平公报告说:"齐国现在还不能进攻。因为,我想羞辱他们的国君,结果马上就被晏子看穿了;想扰乱他们的礼法,结果又被他们的乐师识破了。"晋国于是放弃了进攻齐国的打算。孔子听到这件事后,赞叹地说:"不出筵席之间而能抵御千里之外敌人的进攻,晏子正是这样的人啊!"

攻城之法,为不得已。修橹轒辒①,具器械②,三月而后成;距闉③,又三月而后已④。

【注释】

①修：制作，建造，制备。曹操曰："修，治也。"韦昭注："修，备也。"高诱注："修，设。"橹：大楯，见《作战篇》"甲胄矢弩，戟楯矛橹"注。轒辒：古代的一种用于攻城的战车。曹操注："轒辒者，轒床也；轒床其下四轮，从中推之至城下也。"李筌注："轒辒者，四轮车也，其下藏兵数十人，填隍推之，直就其城，木石所不能坏也。"杜牧注："轒辒，四轮车，排大木为之，上蒙以生牛皮，下可容十人，往来运土填堑，木石所不能伤，今所谓木驴是也。"李善注引应劭曰："轒辒，匈奴车也。"
②具：备办，准备。曹操注曰："具，备也。"器械：武器。这里指攻城用的各种器具。　　③距：通"具"，准备，构筑。闉：通"堙"，土山，用于攻守或瞭望。距闉：即靠近敌城所筑的土丘，借以观察城内虚实，并可登城。　　④又：与"有"古通。已：完毕。

【译文】

攻城，是万不得已才采用的办法。制作准备攻城的大楯、轒、辒和其他攻城的各种器械，需要几个月时间才能做成。构筑攻城的土山，又要几个月才能完工。

【战例】

侯景攻台城

在李筌为这一段所做的注中，曾举例说"东魏高欢之围晋州，侯景之攻台城，则其器也"。南北朝时南朝梁的叛将侯景攻台城时，就使用了孙子在这里所提到的多种器械和方法。

在中国历史上，侯景以反复无常著称。他本来是东魏高欢手下的一员将领，奉命带兵十万，镇守黄河以南地区。高欢深知侯景的为人，知道此人不可靠，临死之前，打算派人把他召回洛阳，以防他在外谋反。侯景得知高欢的死讯后,就不再接受东魏的调遣,而是带着人马连同所辖土地一起投降了西魏。西魏丞相宇文泰对侯景也不信任,他虽然接受侯景的献地,但还是要召侯景到长安,打算解除他的兵权,免生后患。侯景见此情景,知道在西魏也于己不利,于是又转而打算投降南梁。侯景的使者到了南梁以后,大臣们大多认为南梁和北朝多年相安无事,现在接纳了北朝的叛将,难免引起纠纷。但是梁武帝却认为,接纳了侯景,就可以凭借他的力量,乘机恢复中原,统一中国,于是不听大臣的劝阻,接受了侯景的投降,并封侯景为大将军、河南王,派他的侄子萧渊明亲自带兵五万与侯景会合。

萧渊明带兵北上,与东魏的人马发生了冲突,结果梁军几乎全军覆没,萧渊明也成了北朝的俘虏。东魏打败萧渊明之后,又来进攻侯景,侯景也被打得大败,最后带领八百人逃到南梁的寿阳。东魏此时也不想把战局扩大,于是派使者到南梁请求和谈,并答应把萧渊明放回来。侯景听说以后,担心和谈对自己不利,就派一个人冒充东魏使者到建康,提出用萧渊明交换侯景,来试探梁武帝的态度。梁武帝不知道这是侯景的阴谋,就写了一封回信交给使者,答应了用侯景换萧渊明的条件。侯景看到梁武帝的信,就又叛变了。

由于南梁政治腐败,军队久疏战阵,结果一触即溃,侯景的人马很快就打到长江北岸。梁武帝派他的另一个侄子萧正德率领人马在长江南岸布防抵抗。侯景派人对萧正德说,只要他肯做内应,推翻梁武帝之后,就拥立他做皇帝。萧正德上了他的当,不但不再与侯景交战,反而派了几十艘大船,帮助侯景的叛军渡过长江,自己又亲自带领叛军渡过秦淮河,侯景顺利地进入南梁的都城建康,把台城(梁武帝居住的内城)团团包围起来。

由于台城里的军民齐心协力坚决抵抗,侯景想尽一切办法攻打台城。叛军先是用火攻的办法,放火烧城,城里的军民很快就用水浇灭。然后叛军又用一种名为木驴的攻城用具(类似于"橹")掩护攻城,城上的人从城头向下丢大石块,又把叛军逼回。叛军又分别在城东和城西堆起了两座土山,想从土山上攻进城里,城里的人也用筑土山的办法来对付。这样,双方相持了一百三十多天,台城里原有的十几万百姓和二万多兵士,到了后来,只剩下总共不满四千人。而各地前来救援的诸侯王却都带着自己的人马,在建康周围相互推诿,按兵不动。最后,叛军终于攻进了台城,梁武帝成了俘虏,被侯景软禁起来,最后活活饿死在台城里。

将不胜其忿而蚁附之①,杀士三分之一②,而城不拔者③,此攻之灾也④。

【注释】

①忿:非常气愤。蚁附:像蚂蚁一样趋集缘附。 ②杀:伤害,损失,致死。士:指士卒。 ③拔:攻取,一般特指攻取城池。 ④灾:灾难。

【译文】

将领气愤不过,控制不住自己的情绪而急迫地命令士兵像蚂蚁一样地去攀登城墙,结果士兵伤亡了三分之一,而城池却依然没有攻下,这就是攻城带来的灾难。

【战例】

司马懿不受激

三国时期,蜀汉丞相诸葛亮出兵伐魏,与司马懿率领的魏军对峙在武功一带。诸葛亮劳师远征，粮草的供应成了一个大问题。他虽然令军士们就地屯田，作好了与司马懿长期对峙的准备，但考虑到这终究不是上策，于是数次向司马懿挑战，希望能够速战速决，但司马懿都置之不理。于是，诸葛亮想出了一个主意，派人给司马懿送去了一套女人的衣服，羞辱司马懿像女人一样胆小，想激怒司马懿，逼他与蜀军决战。司马懿看出了诸葛亮的用意，不仅没有生气，反而热情地招待被派来送女人衣服的使者，避而不谈两军交战之事，而是和颜悦色地询问诸葛亮的日常饮食和军务的繁简情况。使者如实做了回答，说："诸葛丞相每天都早起晚睡，军中凡是处罚在二十以上的，丞相都要亲自过问。每天所吃的饭食，不过数升而已。"司马懿闻言，长松一口气说："诸葛孔明食少事烦，其能久乎？"

司马懿的部将们见诸葛亮如此侮辱自己的主帅，都怒不可遏，纷纷要求出战。司马懿知道此时无法平息众将的怒气，于是也装出一副非常气愤的样子，给魏帝写了份奏表，请求与诸葛亮决一死战。魏帝心领神会，令使者辛毗持节来到司马懿军中，传喻司马懿不得出战。司马懿以此把众将士的怒气压了下去。

诸葛亮听到司马懿千里上表请战的消息后，对部将姜维道："将在军，君命有所不受。司马懿其实并无战意，只是部下纷纷要求出战，为了安抚部众，才做出这样的举动。作为一名主帅统兵在外，如果他与我决战有能够得胜的把握，哪有千里请战的道理？他知道我军远道而来，千里运粮，利在速战速决，因而想要使我师劳兵疲，再趁我粮尽军退之时发动进攻。不用说魏主不允许他出战，就是命令他马上出战，他也不会出来的。"

两军就这么在武功一带对峙着，直到诸葛亮重病缠身，卧床不起。

故善用兵者,屈人之兵而非战也①,拔人之城而非攻也,毁人之国而非久也②,必以全争于天下③,故兵不顿而利可全④,此谋攻之法也。

【注释】

①屈人之兵而非战也:屈,汉简本作"诎","诎"同"屈"。
②毁:汉简本作"破",毁坏、破坏的意思。　③全:保全,万全。见"全国为上"注。　④顿:通"钝",不锋利。全:成全,圆满完成。

【译文】

所以,善用兵的人,不通过强拼硬打就能够使敌人屈服,不通过强攻就能使敌城被攻占,摧毁敌国而不是靠久战,必定要在天下争取全胜,这样军队不会疲惫受挫,就可以使预期利益圆满得到,这就是以谋攻敌的方法。

【战例】

赵充国收服羌人

公元前63年,羌人叛乱,羌人中的一支先零羌联合各部落,强渡湟水,占据了汉朝边郡的大片地区。为了共同对付汉人的进攻,羌族二百多位部落酋长会盟消除冤仇,交换人质,订立攻守同盟。汉宣帝听到这一消息后,便召见将军赵充国商量对策。赵充国说:"羌人所以易制者,以其种自有豪,数相攻击,势不一也。往三十余岁,西羌反时,亦先解仇合约攻令居,与汉相距,五六年乃定。至征和五年,先零豪封煎等通使匈奴,匈奴使人至小月氏,传告诸羌曰:'汉贰师将军众十余万人降匈奴。羌人为汉事苦。张掖、酒泉本我地,地肥美,可共击居之。'以此观匈奴欲与羌合,非一世也。间者匈奴困于西方,闻乌桓来保塞,恐兵复从东方起,数使使尉黎、危须诸国,设以子女貂裘,欲澽解之。其计不合。疑匈奴更遣使至羌中,道从沙阴地,出盐泽,过长坑,入穷水塞,南抵属国,与先零相直。臣恐羌变未止此,且复结联他种,宜及未然为之备。"他分析了羌族以及北方各少数民族的情况,指出一旦他们"解仇交质",并与匈奴勾结在一起,"到秋马肥,变必起矣"。因此他建议汉宣帝立即加强边境的防御工作,同时派人到羌人居住的地区,离间羌族各部落的关系,瓦解他们的同盟。宣帝采纳了赵充国的建议,一面加强边境的军事防御,一面派骑都尉义渠安国出使羌族,完成"伐交"的工作。然而,由于派去的使节义渠安国未能按照赵充国的建议行事,不但没有完成此行的使命,反而激发了羌人与汉人的矛盾,最后狼狈而归。

公元前61年春,汉宣帝任命年已73岁的赵充国为统帅出征陇西,防范羌人。临行前,宣帝问他:"将军度羌虏何如,当用几人?"意思是你认为羌人目前的势力究竟有多大?需要带多少兵去?赵充国说:"百闻不如一见。兵难踰度,臣愿驰至金城,图上方略。然羌戎小夷,逆天背畔,灭亡不久,愿陛下以属老臣,勿以为忧。"

赵充国率领一万多骑兵先到了金城,全军渡过黄河之后立即构筑营垒严阵以待。不久,便有一百多个羌族骑兵到汉营附近来挑战。众将领建议出阵迎战,赵充国传令:"我军远道而来,人困马乏,敌人都是轻装精兵,可能是专门来引诱我们的小股前锋。我们既然大军远道出征,就应当以全歼敌军为目的,不要贪图局部的小胜利。"羌兵见汉军不动,只好回去了。接着,赵充国派人到咽喉要道四望峡侦察,发现那里没有敌人的防守和埋伏,便领兵连夜穿过四望峡,直插西部都尉府。穿过四望峡之后,赵充国笑着说:"吾知羌虏不能为兵矣。使虏发数千人守杜四望峡中,兵岂得入哉!"

赵充国到达西部都尉府后，没有立即出战，而是每天设宴摆酒，犒劳将士。无论羌兵怎样鼓噪挑战，汉军都不理睬。先零谋反之初，罕、开部首领靡当儿曾派其弟雕库来见西部都尉，表明自己本不愿反的立场，但因为有部分罕、开部落的人参与了反叛，西部都尉便将雕库扣留。赵充国到来之后，下令释放雕库，并当面抚慰说："大兵诛有罪者，明白自别，毋取并灭。天子告诸羌人，犯法者能相捕斩，除罪。斩大豪有罪者一人，赐钱四十万，中豪十五万，下豪二万，大男三千，女子及老小千钱，又以其所捕妻子财物尽与之。"

这个时候，汉宣帝调集了各地军队大约六万人，酒泉太守辛武贤向宣帝提议说："郡兵皆屯备南出，北边空虚，势不可久。或日至秋冬乃进兵，此虏在竟外之册。今虏朝夕为寇，土地寒苦，汉马不能冬，屯兵在武威、张掖、酒泉万骑以上，皆多羸瘦。可益马食，以七月上旬赍三十日粮，分兵并出张掖、酒泉合击罕、开在鲜水上者。虏以畜产为命，今皆离散，兵即分出，虽不能尽诛，亶夺其畜产，虏其妻子，复引兵还，冬复击之，大兵仍出，虏必震坏。"宣帝同意了辛武贤的意见，并转达给赵充国。赵充国则以为："武贤欲轻引万骑，分为两道出张掖，回远千里。以一马自佗负三十日食，为米二斛四斗，麦八斛，又有衣装兵器，难以追逐。勤劳而至，虏必商军进退，稍引去，逐水草，入山林。随而深入，虏即据前险，守后厄，以绝粮道，必有伤危之忧，为夷狄笑，千载不可复。而武贤以为可夺其畜产，虏其妻子，此殆空言，非至计也。又武威县、张掖日勒皆当北塞，有通谷水草。臣恐匈奴与羌有谋，且欲大入，幸能要杜张掖、酒泉以绝西域，其郡兵尤不可发。先零首为叛逆，它种劫略。故臣愚册，欲捐罕、开暗昧之过，隐而勿章，先行先零之诛以震动之，宜悔过反善，因赦其罪，选择良吏知其俗者抚循和辑，此全师保胜安边之册。"他主张采取刚柔相济的策略，争取罕、开，孤立先零。

然而皇帝和大臣们却不认为是这样，宣帝下诏书谴责了赵充国，并派人率兵征讨罕、开羌人，而且要求速战速决。赵充国认为，将在外，君命有所不受，他据理力争，力劝宣帝收回成命。他指出："臣闻兵法'攻不足者守有余'，又曰'善战者致人，不致于人'。今罕羌欲为炖煌、酒泉寇，宜饬兵马，练战士，以须其至，坐费致敌之术，以逸击劳，取胜之道也。今恐二郡兵少不足以守，而发之行攻，释致虏之术而从为虏所致之道，臣愚以为不便。先零羌虏欲为背叛，故与罕、开解仇结约，然其私心不能亡恐汉兵至而罕、开背之也。臣愚以为其计常欲先赴罕、开之急，以坚其先击罕，先零必助之。今虏马肥，粮食方饶，击之恐不能伤害，适使先零施德于罕羌，坚其约，合其党。虏交坚党合，精兵二万余人，迫胁诸小种，着者稍众，莫须之属不轻得离也。如是，虏兵寖多，诛之用力数倍，臣恐国家忧累繇十年数，不二三岁而已。"最后终于说服了皇帝。

不久，赵充国进兵先零羌占据的地区，先零猝不及防，丢下了所有的辎重物资，纷纷渡过湟水逃跑。有的将领认为应趁此大好时机追歼敌军，赵充国却回答说："此穷寇不可迫也，缓之则走不顾，急之则还致死。"结果，先零羌淹死数百人，被杀和投降汉军有五百人，留下牛羊十万余头，车四千余辆。接着赵充国又进军到了罕、开地区，严令士兵不准侵扰，部落首领靡当儿到汉军营地说："汉兵果然笃守信义，不打击我们。"表示愿听约束，仍回故地。

这年秋天，赵充国染病在身。由于赵充国正确的战略，羌人投降的人数达到了万人以上。为了确保边防的安全，做打败羌人的长久打算，他向汉宣帝提议撤退骑兵，留一万步兵屯田守边。

赵充国上了屯田策之后，遭到多数朝臣的反对。宣帝派来破羌将军辛武贤，命令他俩合兵一处进攻先零。赵充国再次上书，指出："臣闻兵者，所以明德除害也，故举得于外，则福生于内，不可不慎。臣所将吏士马牛食，月用粮谷十九万九千六百三十斛，盐千六百九十三斛，茭藁二十五万二百八十六石。难久不解，徭役不息。又恐它夷卒有不虞之变，相因并起，为明主忧，诚非素定庙胜之册。且羌虏易以计破，难用兵碎也，故臣愚以为击之不便。""臣闻帝王之兵，以全取胜，是以贵谋而贱战。战而百胜，非善之善者也，故先为不可胜以待敌之可胜。蛮夷习俗虽殊于礼义之国，然其欲避害就利，爱亲戚，畏死亡，一也。今虏亡其美地荐草，愁子寄托远遁，骨肉心离，人有叛志，而明主班师罢兵，万人留田，顺天时，因地利，以待可胜之虏，虽未即伏辜，兵决可期月而望。羌虏瓦解，前后降者万七百余人，及受言去者凡七十辈，此坐支解羌虏之具也。"因此，他主张"班师罢兵，万人留田"，并具体陈述了屯田的"便宜十二事"。

赵充国为坚持屯田之策，三次上书，最后终于说服了皇帝，批准了屯田的建议。这时，许延寿和辛武贤仍然主张武力进击羌人，宣帝也予以批准，命二人和中郎将赵卬会师进剿。结果，许延寿收降羌人四千多名，辛武贤斩杀两千，赵卬斩杀、收降两千多人，赵充国兵不出营而收降五千多人，皇帝下诏罢兵。于是，赵充国又上奏章说，羌人约有五万军兵，已经斩首七千六百级，降者三万一千二百人，淹于湟水和饥饿而死的也有五六千人，现在逃跑的有四千兵马，况且罕羌首领表示，要杀死先零羌的首领杨玉，于是请求回军。果然不出赵充国所料，"其秋，羌若零、离留、且种、兒库共斩先零大豪犹非、杨玉首，及诸豪弟泽、阳雕、良兒、靡忘皆帅煎巩、黄羝之属四千余人降汉"。

赵充国收服羌人，可以说充分反映了《孙子兵法》中"屈人之兵而非战也"的思想。首先，他通过对双方情况的分析，认为汉朝是必然会取得胜利的，决定采用代价最小的军事策略来完成使命。其次,他通过观察深入了解羌人的特点,"羌虏不能为兵矣。使虏发数千人守杜四望狭中,兵岂得入哉"和"羌人所以易制者,以其种自有豪,数相攻击,势不一也"等实际情况中,制定了正确的战略方针。在赵充国整个平羌的过程中,几乎没有发生大的战斗,最终达到了"不战而屈人之兵"的目标。

故用兵之法,十则围之①,五则攻之,倍则分之②,敌则能战之③,少则能逃之④,不若则能避之⑤。故小敌之坚⑥,大敌之擒也⑦。

【注释】

①十:指我军实力十倍于敌,下文"五"、"倍"同。围:包围。
②分:分为两半,半。曹操曰:"以二敌一,则一术为正,一术为奇。"李筌注:"夫兵者倍于敌,则分半为奇,我众彼寡,动而难制。"　③敌:对等,相当。曹操注:"己与敌人众等,善者犹当设奇伏以胜之。"李筌注:"主客力敌,惟善者战。"梅尧臣注:"势力均则战。"倍则分之,敌则能战之:《〈孙子〉会笺》和《孙子校释》均认为应作"倍则战之,敌则能分之"。"'倍则分之,敌则能战之':各本皆如此。《后汉书·袁绍传》注亦引作'敌则能战'。'敌'在此训'匹',见《尔雅·释诂》,亦即势均力敌之'敌'。按:既言'倍',即言我处相对优势,故有战胜之可能,如此则自当言战。若'倍'言'分',即言处相对优势亦不战;既处相对优势亦不战,则何以又在彼我势均力敌情况下,亦即在我并不处优势地位、并不具有必胜条件之情况下,与敌拼死?若'敌'必言'战',则'倍'又何用'分'之?'以十击

一',在具体战役或战斗上集中优势兵力,使自己成为有如'以镒称铢'之'胜兵',此乃孙子之一贯主张,而此主张又复见于此节之前几句,而今却又言'敌则能战之',即在毫无胜利把握之情况下'战之',此与孙子军事思想似有未合。再查《史记·淮阴侯列传》云:'吾闻兵法:十则围之,倍则战。'《资治通鉴》载武德元年陈智略、单雄信等说李密亦云:'兵法曰:倍则战。'故'倍则分之'应作'倍则战之',而'敌则能战之'则应为'敌则能分之','倍则战之':言我二倍于敌,亦即我处相对优势,则可与战,因争取胜利,虽无绝对把握,也有相当把握。'敌则能分之':言彼我双方势均力敌,则应设法分敌之兵,使之兵力分散而处相对劣势,如此,我争取胜利方有可能。《孙膑兵法·客主人分》有云:'能分人之兵,能按人之兵,则镒(铢)而有余;不能分人之兵,不能按人之兵,则数倍而不足。'又,《威王问》云:'击均奈何?孙子曰:营而离之,我并卒而击之。'此非'敌则能分之'之义乎?历来注家于此多不察孙子集中兵力以保持主动之旨,而沿袭旧文,致使前后文意矛盾,不能自圆,且于'分'字又妄为之说,谓指奇正而言。杜牧有鉴于此,云:'此言非也……夫战法,非论众寡,每阵皆有奇正,非待人众然后能设奇。项羽于乌江,二十八骑尚不聚之,犹设奇正,循环相救,况于其他哉!'按杜说甚是。兵分奇正,乃兵之常,岂止于'倍'时言耶?故此'分'字乃指分敌兵力,非指我自分奇正。"但是,也有人不同意此说,周亨祥《孙子全译》认为:"然'分'与'战'字形字音相去甚远,一般不会误写,两句相连,字数不多,一般也无错简可能。故孙子原文当本如此。'战'以上几句均言战,'战'以下两句言不战,此句与上下文联系起来就是'战'与'不战'的分界线。看是'匹'之上还是

'匹'之下。'匹'之上则采取'围'、'攻'、'分'之法,'匹'之下则'逃之'、'避之','匹'则可与战,然非必战,此为'战'之最起码条件。'能'者,非必也;只是'勉强可以'之谓。或谓:这不违反了孙子一贯主张的集中优势兵力以歼灭敌人的原则? 其实不然。'少'、'不若'不战,'倍'以上直不待言,均符合这个原则。然而,在冷兵器时代,在相互匹敌时,并非在所有条件下都可分,且在许多条件下'分'后亦为'匹',在此种条件下,是处于可战可不战之间,须相机而行。若必须交战,'匹敌'是最起码的必要条件,能匹敌,经努力还可能战胜敌人,至少不至大败。后几句之所以加'能',自是不'必'。因为若有天时、地利或人谋的绝对优越的条件何以'必''逃之'、'进之'? 此各句均就一般条件下依力量从原则上言之。因而,'敌则能战之'并不违反孙子以绝对优势兵力歼敌的原则。"两家之说均有一定道理,这里仍依成说,即"倍则分之,敌则能战之",两家之说并录于此,以资参照。 ④少:己方兵力少于敌军。少则能逃之:《孙子校释》认为应为"少则能守之"。"武经本、十一家注本'守'皆作'逃',樱田本同。《通典》卷一五五与《御览》卷二九五亦并作'逃',唯'则'作'而'。其他各本有作'逃'者,亦有作'守'者;即曹操单注本亦不一致:孙星衍《平津馆丛书》本作'逃',而四库抄本《孙吴司马法》(以下简称'四库本')则作'守'。再查各家注,曹操注云:'高壁深垒,勿与之战',杜牧注意同,是其所据本当为'守'字。而梅尧臣注则云:'彼众我寡,去而勿战。'王晳注径注:'逃,伏也。'张预注亦云:'逃去之,勿与战。'查《形篇》有云:'守则不足',敌众我寡则取守势,乃法之常,故当依曹操注作'守';作'逃'于义亦通,且可与下句之'避'互文,唯不可以逃跑释之。于鬯谓'逃'乃'挑'之借字,且据《说文》训'挑'为'挠',云:'盖不能败之,但能挠之耳。'按:此说亦有理,可为参校。"因"作'逃'于义亦通,且可与下句之'避'互文",且武经本、十一家注本等主要传本均作"逃",这里仍取传本之说,作"少则能逃之",此说存之。逃:逃避,躲避。 ⑤不若:己方实力弱于敌人。避:躲开,回避。这里指避免与敌正面交锋。 ⑥之:训"若",如果。坚:坚决,固执。 ⑦之:犹"则"也。

【译文】

因此,用兵的原则是,己方兵力十倍于敌就包围敌人,己方兵力五倍于敌就进攻敌人,己方兵力两倍于敌就分兵消灭敌军,与敌兵力势均力敌则能够抗击敌军,己方兵力比敌军少就应该摆脱敌人,己方实力不如敌军则不要与敌正面交锋。所以,如果实力弱小还要坚持应战,一定会被强大的敌人所俘虏。

【战例】

李陵寡不敌众

公元前102年(天汉二年),汉武帝派贰师将军李广利率三万骑出酒泉,出战匈奴,击右贤王于天山。召骑都尉李陵为李广利军押运辎重。李陵是飞将军李广的孙子,"善骑射,爱人,谦让下士,甚得名誉",并且志向远大,他不满意押运粮草的差事,向皇帝叩头自请说:"臣所将屯边者,皆荆楚勇士奇材剑客也,力扼虎,射命中,愿得自当一队,到兰干山南以分单于兵,毋令专乡贰师军。"皇帝以兵少推脱,说:"将恶相属邪!吾发军多,毋骑予女。"意思是你是不想在别人手下为将,那也没有关系,但我派出的部队多,没有多余的骑兵给你。李陵慷慨激昂地回答说:"无所事骑,臣愿以少击众,步兵五千人涉单于庭。"汉武帝被他的壮志所打动,答应了他的要求,并下令强弩都尉路博德将兵半道迎陵军,做李陵的后援。

路博德曾经做过伏波将军,羞于为李陵做后援,上奏道:"方秋匈奴马肥,未可与战,臣愿留陵至春,俱将酒泉、张掖骑各五千人并击东西浚稽,可必擒也。"汉武帝接到奏报后怀疑是李陵后悔害怕而不愿意出战,才让路博德上书,非常生气,于是对路博德说:"吾欲予李陵骑,云'欲以少击众'。今虏入西河,其引兵走西河,遮钩营之道。"又给李陵下诏说:"以九月发,出庶虏鄣,至东浚稽山南龙勒水上,徘徊观虏,即亡所见,从浞野侯赵破奴故道抵受降城休士,因骑置以闻。所与博德言者云何?具以书对。"李陵不得已,于是率领麾下的五千步卒出居延,在大漠中北行三十日,孤军深入,至浚稽山扎营,并派人向汉武帝汇报。

李陵到了浚稽山,和匈奴单于相遇对峙。匈奴派出约三万骑兵围住李陵的五千步军。李陵在两山以大车为营,亲自带领士卒出营排开阵势。匈奴人见李陵人少,立刻发起冲锋,但李陵布阵有方、丝毫不乱,前队是长戟盾牌,后队是弓箭、强弩。先是和匈奴近战相搏,然后千弩俱发,把匈奴打退,匈奴人跑到山上,汉军追击,杀数千人。匈奴单于大惊,再召八万铁骑合众围攻李陵。敌人十倍于己,并且都是骑兵,李陵的队伍抵不住,一边打一边南撤。一路血战,"南行数日,抵山谷中。连战,士卒中矢伤,三创者载辇,两创者将车,一创者持兵战"。在不利的形势下,击杀敌军数千人。匈奴倚仗人多,有时一天要打几十仗,死伤众多。

李陵引兵向东南退却,沿着故龙城道又走了四五日,抵达一片长满芦苇的大沼泽,匈奴人从上风纵火,李陵也下令军中纵火以自救。又退到一处山下,匈奴人尾随追击,单于在山上命令其子率骑兵向李陵发起进攻。"陵军步斗树木间,复杀数千人,因发连弩射单于,单于下走。"当日,据俘获的匈奴人所言:"单于曰:'此汉精兵,击之不能下,日夜引吾南近塞,得毋有伏兵乎?'诸当户君长皆言:'单于自将数万骑击汉数千人不能灭,后无以复使边臣,令汉益轻匈奴。'复力战山谷间,尚四五十里得平地,不能破,乃还。"原来单于看到自己数万铁蹄连这点人都打不过,心里胆怯,疑心李陵有大军埋伏,曾经准备撤军。

李陵的形势越来越危急,由于匈奴骑兵多,常常一天要交战数十个回合。但是,汉军都奋勇杀敌,也没让匈奴人占到什么便宜,匈奴人战不利,又想退去。就在这时,发生了一件意想不到的事情:军侯管敢因为被校尉所辱,一怒之下投敌,把李陵没有后援粮矢且尽以及李陵的部队旗帜等情报都告知单于。单于得敢大喜,命令匈奴全军压上。匈奴人在山上,汉军在谷中,匈奴人利用有利的地势从四面向谷中万箭齐发,"矢如雨下",李陵军马陷入重围,弓矢全部用光,"于是尽斩旌旗,及珍宝埋地中",仰天长叹道:"复得数十矢,足以脱矣。今无兵复战,天明坐受缚矣! 各鸟兽散,犹有得脱归报天子者。"南逃时,成安侯韩延年又战死,李陵自觉"无面目报陛下",于是束手就擒。这时候,距离边塞只剩下了不过百里之地。

夫将者,国之辅也①。辅周则国必强②,辅隙则国必弱③。

【注释】

①辅:原指车轮外旁增缚夹毂的两条直木,用以增强轮辐载重支力。这里是辅助、辅佐的意思。　②周:密,引申为圆满。

③隙:缺,有疏漏。

【译文】

将领就是国君的辅助。辅助得周密国家就强盛,辅助得有疏漏国家就衰弱。

【战例】

诸葛亮任用蒋琬

刘备入益州的时候,蒋琬刚刚20岁,职务上仅仅是个州书佐的小官。214年,蒋琬被任命为广都县令,他感到自己在这个位置上还不能尽展自己的才华,因此天天饮酒,也不去认真过问政事。有一次,刘备外出巡视来到广都,看到蒋琬喝得酩酊大醉,什么事都不做,就大发雷霆,准备治他的罪。诸葛亮与蒋琬接触多一些,知道此事后,向刘备求情道:"蒋琬是治理国家的大器,但不是治理一个小地方的人才。他做事是以安定民生为根本,而不看重做表面文章,希望主公能够认真加以考察。"刘备一向比较尊重诸葛亮的意见,见诸葛亮替他求情,便没有加罪于他,只是免了他的职。

刘备成为汉中王以后,蒋琬在诸葛亮的举荐下,当了尚书郎,后来又做了长史,兼任抚军将军。诸葛亮几次外出征战,都是蒋琬负责保障军粮和军械的供给,并且做得非常出色。诸葛亮常夸奖他说:"蒋琬以忠心和正直来寄托报效国家的志向,这正是辅佐我完成统一事业的人啊!"诸葛亮生前曾给后主刘禅写了一份密奏说:"假如我去世,可以由蒋琬接替我,以完成我未竟的事业。"诸葛亮死后,刘禅便遵照诸葛亮的遗嘱,拜蒋琬为相。蒋琬执政以后,以沉着、稳重见长,首先稳定了蜀国的局面,改变了由于诸葛亮去世所造成的大小官员忧心忡忡的状况,并且对不同性格的下属都能加以体谅,使群臣十分信服。

故君之所以患于军者三①：不知军之不可以进而谓之进②，不知军之不可以退而谓之退，是谓縻军③；不知三军之事而同三军之政④，则军士惑矣⑤；不知三军之权而同三军之任⑥，则军士疑矣⑦。三军既惑且疑，则诸侯之难至矣⑧。是谓乱军引胜⑨。

【注释】

①患：为害，成为祸患。　②谓：使，令。　③縻：牛缰绳，引申为拴缚、束缚、牵制。　④三军：泛指军队。周制，诸侯大国三军。中军最尊，上军次之，下军又次之。一军一万二千五百人，三军合三万七千五百人。同：共同参与某事。　⑤惑：乱，昏乱。梅尧臣注："不知治军之务，而参其政，则众惑乱也。"　⑥权：权变，权谋，谋略，计谋。杜预注："中军制谋，后以精兵为殿。"任：职任，指挥。曹操曰："不得其人也。"梅尧臣注："不知权谋之道，而参其任用，其众疑贰也。"王晳曰："使不知者同之，则动有违异，必相牵制也，则军众疑惑矣。"皆是。　⑦疑：迷惑，惑乱。　⑧难：变乱。　⑨引：失去。

【译文】

国君对军事行动的危害有三种：不知道军队不可以前进而下令军队前进，不知道军队不可以后退而下令军队后退，这叫做束缚军队；不知道军队的内部事务而干预军队的管理，就会使将士迷惑；不知道军队的权变和谋略而参与军队的指挥，就会使将士疑虑。军队既迷惑又疑虑，就有可能产生诸侯趁机发难的变乱。这就是所谓的自乱其军，自己丢掉了胜利。

【战例】

齐威王信任章子破秦兵

战国时，秦军向韩魏两国借道攻打齐国，齐威王命章子为将带兵迎击秦军。齐秦两军相互对峙但没有开战，反而双方使者多次往来，章子还让手下的军士换上秦军的军服徽记混杂进秦军。齐国的探兵回报齐威王说，章子命令齐军投到秦军那边去了。威王没有回应。过了不久，又有一个探兵回报说章子让齐兵投降秦国了。威王仍然没有应声，这样的情况反复好几次，齐威王始终不动声色。身边的大臣沉不住气了，就问道："都说章子已经失败，大王为什么不派军队讨伐章子的叛军呢？"齐威王胸有成竹地说："章子这个人不可能叛我，这是很明显的事情，为什么要去攻打他呢？"果然，又过了一会儿，战场上传来齐军大胜的消息。左右不解，问齐威王怎么知道章子不会投降的。齐威王说："章子的母亲得罪了他的父亲，他父亲就把她杀了，并且埋在马厩下面。章子出征的时候，我曾对他说：'等你打了胜仗回来，我一定把你母亲换个地方埋葬。'他回答说：'我的母亲曾得罪了我的父亲，我的父亲没有留下遗言就去世了，没有得到父亲的遗言就改葬母亲，这是对不起死去的父亲。因此我不敢这样干。'作为人子，章子竟不敢对不起死去的父亲，难道作为人臣他还能欺辱活着的君王吗！"齐威王由于了解章子而没有去干涉他的军事计划，终于赢得了对秦战争的胜利。

故知胜有五①：知可以战与不可以战者胜，识众寡之用者胜②，上下同欲者胜③，以虞待不虞者胜④，将能而君不御者胜⑤。此五者，知胜之道也⑥。

【注释】

①知:预测。　　②识:即知道、了解。众寡之用:军队多与少的灵活运用。众寡,多或少。　　③上下:曹操曰:"君臣同欲。"意思是"上下"指君臣。李筌曰:"观士卒心,上下同欲,如报私仇者胜。"张预曰:"百将一心,三军同力。""上下"都是指将士。比较两说,后说为胜。欲:意愿,欲望,愿望。　　④虞:度,备,准备,防范。待:防备,抵御。　　⑤御:原意为驾驭车马,这里指控制、约束、牵制。

【译文】

预测胜利有五个方面:知道可以战和不可以战,能够胜利;知道兵多和兵少的灵活指挥、运用,能够胜利;全军上下同心协力,能够胜利;自己准备充分对抗没有准备的敌军,能够胜利;将领有指挥才能而国君不加以牵制,能够胜利。这五个方面,就是预见胜利的方法。

【战例】

士会论秦晋胜负

春秋时期,秦国攻打晋国。晋将赵盾率兵抵抗,上军的副将臾骈说:"秦军不能持久,我们还是深垒固军以待之吧。"秦国人想要速战速决,秦王问士会:"这仗应该怎么打呢?"士会说:"赵盾新起用了臾骈,一定是他出的固守相持的主意,想用这个办法拖垮我军。赵盾有个叫赵穿的儿子,是晋君的女婿,备受宠爱且实力不济,军事方面尤其不懂;性格好勇而狂傲,并且对臾骈为上军的副将一直耿耿于怀。如果我们派军去骚扰他,他一定会上我们的当而出战。"于是,秦军去袭击晋国的上军。赵穿率军追击,但没有追上。回来之后,赵穿怒气冲冲地说:"天天营门紧闭,让敌人从容地准备。敌人来了也不打,真不知道他们怎么想的。"军吏说:"他们在等待战机。"赵穿说:"我不懂兵法,我要自己出去打。"于是率领自己的部下杀出营去。赵盾听说后,失望地说:"赵穿此去必然被擒,秦国擒获赵穿,等于俘虏了一个卿。秦国得胜而归,我还有什么面目回去?"于是只得率众出战,最后战败退兵。

故曰:知彼知己者,百战不殆①;不知彼而知己,一胜一负②;不知彼不知己,每战必殆③。

【注释】

①殆:危亡,危险。　②一:或者。　③每战必殆:武经本、樱田本作"每战必败",各家注解中,李筌、张预亦注为"败"。"殆"、"败"意思相通。

【译文】

所以说:既了解对方也了解自己,每一次战斗都不会有危险;不了解对方而了解自己,胜负的可能都有;既不了解对方又不了解自己,每次用兵都会有失败的危险。

【战例】

齐顷公自傲致败

公元前589年春,齐顷公攻占了鲁国北部的一些地方,接着又进攻卫国。鲁、卫两国向晋国求救,晋国派出六万大军,前去救援鲁、卫两国。

齐顷公虽然面对晋、鲁、卫三国的联军,却仍然对自己的力量充满自信,没有把三国的军队放在眼里。因此,他没有认真准备,就派人出阵挑战。齐将高固耀武扬威地驱车冲进晋军阵中,扔出一块石头把一名晋将打伤,并迅速冲上前去将其活捉,然后乘车奔回齐营。回营后,高固把战车系在一棵桑树上,不可一世地对全营的将士叫嚷:"有谁想要勇敢吗? 快来买我的余勇吧!"

高固的侥幸得手和卖弄勇敢,更助长了齐顷公的骄傲情绪。双方约定决战的那一天,齐顷公一大早就对部将喊道:"我们先去打仗吧,消灭了敌人再回来吃早饭也晚不了!"于是,他不等战士们给战马披上护甲,就率军冲入晋军的营垒。

晋军被他的骄横激怒了,他们在主将的指挥下,沉着应战,英勇杀敌。激战中,晋军主将身负重伤,身上留下的鲜血把鞋子都湿透了,他仍然忍痛指挥晋军奋勇冲杀敌人。结果晋军人人奋勇,杀得齐军溃不成军,连齐顷公也差点成了晋军的俘虏。

齐顷公的失败,主要是过高地估计了自己的实力。无论是在兵锋相交的战场上,还是做其他事情的时候,都一定要保持清醒的头脑,量力而行。如果骄傲自大,肯定会吃亏,而如果过于自卑,则会丧失很多宝贵的机会。

第四章　形篇

【题解】

本篇和下一篇《势篇》讲的是"形"和"势"两种决定战争胜负的基本因素:"形"指客观、确定和具有必然性的因素,如战斗力的强弱、战争的物资准备等;"势"指主观、易变和带有偶然性的因素,如兵力的配置、士气的高涨和低落等。这一篇中,"先为不可胜,以待敌之可胜"是篇旨。孙子认为,战争的结果是可以预见的,战争的胜利有其物质基础,如土地、人口、物资等条件,战争中无论进攻还是防御,这些都是要认真考察的军"形"。通过对这些物质基础的考察,可以做出战争形势的基本判断,以求充分发挥自己的优势,创造打击敌人的有利条件,并不失时机地攻击敌人的薄弱环节,以使自己立于不败之地。

孙子曰:昔之善战者①,先为不可胜②,以待敌之可胜③。不可胜在己,可胜在敌④。

【注释】

①昔:从前,过去。与"今"相对。　②为:做。这里指做

到,创造。不可胜:指不被战胜的条件。张预注曰:"所谓'知己'者也。"　③待:等待,等候。可胜:指敌人可以被战胜的条件或机会。　④不可胜在己,可胜在敌:曹操曰:"自修治,以待敌之虚懈也。"李筌曰:"夫善用兵者:守则深壁,多具军食,善其教练;攻其城,则尚橦棚、云梯、土山、地道;陈则在山川、丘陵,背孤向虚,从疑击间,善战者掎角势连,首尾呼应者,为不可胜也。夫善战者,能为不可胜,不能使敌之必可胜。故曰:胜可知而不可为;不可胜者守也,可胜者攻也。此数者以为可胜也。"王晳曰:"不可胜者,修道保法;可胜者,有所隙也。"在己:指在于己方的主观努力,是己方能够通过努力做到的。在敌:指在于敌人方面的条件或情况,不是以己方的意志为转移的。

【译文】

孙子说:自古以来善于作战的人,先要做到使自己不可被敌人战胜,然后等待战胜敌人的机会。不能被敌人战胜的主动权,在于自己的努力;能否战胜敌人,则在于敌人那一方是否有机可乘。

【战例】

李牧破匈奴

战国后期,赵国名将李牧抵御匈奴,就是利用了《形篇》中"先为不可胜,以待敌之可胜"的策略。赵国的北边有大片地区与匈奴等少数民族相邻,边防经常遭受匈奴人侵犯,赵王决定派李牧驻守代郡和雁门一带(今山西省东北部),以阻止匈奴南犯。李牧到任后,首先从各个方面搜集匈奴人的情报,了解他们来犯前前后后的各种情况,以及己方守边官兵的各种实际状况。经过多方了解、分析,李牧发现,匈奴人不但英勇善战,并且每次来犯都经过了长时间的精心准备。而赵国的守将都是从内地各处征调而来的,上下之间、军民之间的各种关系都不融洽,再加上官兵没有在草原上作战的经验,因此每战必败。根据这些情况,李牧认为,要想打败匈奴,必须首先治理自己的军队,然后等待反攻的时机。等各方面时机成熟之后,再一举出击,彻底打败匈奴。于是,他对军队进行了改革,"以便宜置吏,市租皆输入莫府,为士卒费。日击数牛飨士,习射骑,谨烽火,多间谍,厚遇战士。为约曰:'匈奴即入盗,急入收保,有敢捕虏者斩。'"也就是说:(1)根据军队实战需要设置军职,划分职责,辖区内的赋税收入军营后统一调度,作为士兵粮饷的来源;(2)平时抓紧练兵,教士兵骑马射箭的技术,提高军事素质,同时注意体恤士兵,改善士兵的生活;(3)派遣士兵深入匈奴腹地,化装成牧人刺探军情;(4)充分利用烽火台等监视设施,一旦发现敌人来犯就及时发出信号,全体将士进入阵地自保,没有他的命令不可擅自出击。

在休养和整顿期间,匈奴虽多次来犯,赵军一次也没有出击。所以赵军没有损耗一兵一卒,土地也没有丢失一寸,基本上达到了预期的目的,创造了不被匈奴打败的条件。但是,李牧所做的这一切不但被匈奴认为是怯战,在赵国内部也引起了非议,赵国官兵及赵王都误以为李牧胆小怕事不敢主动出击。赵王为此责备李牧,但李牧依然如故。赵王大怒,把李牧撤换回来,另派一名将军去镇守边疆。那名将军到任后,每遇匈奴来犯,必去迎战,结果每战必败,不但军事力量损失惨重,因交战频繁,边防地区难以进行正常的农业生产。赵王无奈,"复请李牧,牧杜门不出,固称疾。赵王乃复强起使将兵。牧曰:'王必用臣,臣如前,乃敢奉令。'王许之"。

李牧获得了赵王的理解,再次上任后,一如既往地加强自卫,积蓄力量。这样经过数年,匈奴一无所获,更加认为李牧怯战,自然放松了对李牧和赵军的戒备,而此时赵军将士和百姓都士气高昂，愿与匈奴决战。李牧见时机成熟，便备好战车一千三百乘、战马一万三千匹，组织十万名射箭能手，选拔精兵五万，进行严格的训练和演习。同时，李牧让牧民把大批牧畜赶到原野上放牧。匈奴人贪利，就派小股军队进行侵袭。李牧佯装败走，只用几千赵兵做象征性的抵抗。匈奴单于得知李牧败退，亲率大军南侵。李牧见机会已到，指挥大军，"多为奇陈，张左右翼击之"，大破匈奴十余万骑兵，灭襜褴，破东胡，降林胡。这一年是公元前245年。自此以后十多年，匈奴人不敢再踏进赵国的边境半步。

　　故善战者，能为不可胜①，不能使敌之可胜②。故曰：胜可知，而不可为③。

【注释】

①能为不可胜：即上文所说"不可胜在己"之意，自己可以做到不可被战胜。　　②不能使敌之可胜：意思是自己不能做到敌人一定被我所战胜。贾林注曰："敌有智谋，深为己备，不能强令不己备。"杜牧注曰："敌若无形可窥，无虚懈可击，则我虽操可胜之具，亦安能取胜敌乎？"杜佑注曰："若敌晓练兵事，策与道合，深为备者，亦不可强胜之。"　　③胜可知，而不可为：汉简本作"胜可智，而不可为也"。意思是胜利可以预见，但不能强求。曹操曰："敌有备故也。"杜佑注曰："敌有备也，料敌见敌形者，则胜负可知；若敌密而无形，亦不可强使为败。故范蠡曰：'时不至，不可强生；事不究，不可强成。'"杜牧注曰："言我不能使敌人虚懈为我可胜之资。"张预注曰："己有备，则胜可知，敌有备，则不可为。"

【译文】

所以,善于打胜仗的人能够事先做到自己不被敌人所战胜,而不能做到使敌人一定会被我军所战胜。所以说,胜利是可以预见的,但却不能强求。

【战例】

隋文帝伐陈

隋文帝杨坚伐陈之战,在没有绝对取胜把握的情况下,采用的就是自己先积蓄力量,然后消耗敌人的力量,最后一举打败对手的策略。南北朝后期,北周的相国杨坚自立为帝,建立了隋朝,杨坚即是隋文帝。隋文帝胸怀大志,决心一统天下,但在当时,隋的力量还很单薄,而北方的突厥人又不时南侵,于是隋文帝便制定了先灭突厥、后灭陈国的战略方针。

隋文帝在与突厥交战期间,千方百计缓和与南方的陈国的关系,并做出十分友好的姿态:每次隋朝抓获陈国的间谍,不但不杀不罚,反要以礼相送还;陈国如果有人要投靠隋文帝,为了不因此而影响两国的关系,他也会毅然加以拒绝。同时,为了增强国家实力,隋文帝在自己统治的地区大胆实行改革,简化了政府机构,鼓励农耕,提倡习武。

在击溃了突厥之后,隋文帝开始着手准备灭陈。每到江南收获的季节,隋文帝就派人大造舆论,散布隋要进攻陈国的谣言,陈国不得不紧急调集人马进行防御,以致经常误了农时;江南的粮仓多用竹木搭成,隋文帝就派间谍潜入陈国,因风纵火,经常会烧毁陈国大量的粮仓。经过几年的骚扰之后,陈国的物力、财力都遭受不小的损失,国力日益衰弱。在本国的进攻准备方面,为了渡江作战,隋文帝任命杨素为水军总管,加紧建造战船,操练水军。杨素建造的战船,最大的叫"五牙",可乘八百人;小的叫"黄龙",也可乘一百余人。为了迷惑陈军,长江边驻防的隋军每次换防时都要大张旗鼓,虚张声势,令陈军恐惧不安,以为隋军是要渡江作战。一连数次,陈军也对此都麻木了。渡江前夕,隋军又派出大批间谍对陈国进行骚扰和破坏,搅得陈国军民不得安宁。

公元588年10月,隋文帝认为取胜的条件已经完全成熟,指挥水陆军五十多万人,从长江上、中、下游分八路攻陈,一路上攻无不克,战无不胜。第二年的正月二十日,隋军攻入陈都建康,陈后主成了俘虏,陈国就此灭亡。

不可胜者,守也①;可胜者,攻也②。守则不足,攻则有余③。善守者,藏于九地之下④;善攻者,动于九天之上⑤,故能自保而全胜也⑥。

【注释】

①不可胜者,守也:汉简本作"不可胜,守",《御览》卷三一七所引作"不可胜则守也"。对于该句理解,各家分歧较大。吴九龙主编的《孙子校释》说:"张预注云:'知己未可以胜,则守其气而待之。'其他各家注略同。按:此亦未通,唯上言'先为不可胜'、'不可胜在己'与'能为不可胜'三句之'不可胜',皆指我不可被敌战胜之条件,而张预注此句之'不可胜',却指我不可胜敌;同节之内,'不可胜'同文而异解,似觉不妥。故此所言当是使敌不可胜我,这是属于我方防守方面的事情。曹操注:'藏形也。'其说可从。"杨炳安《〈孙子〉会笺》中的看法大体与此相同。周亨祥《孙子全译》则认为:"不可胜者,守也:有了不可战胜的条件,就可以守了。这时才守之必固。言下之

意,未做到'不可胜'还不能'守',更毋言'攻',攻之前要'先为不可胜'。此句《新注》作'当我不可能战胜敌人时,应进行防守'。改变了'不可胜'的概念内涵。"另外,《武经七书注译》认为该句应理解为:"不会被敌人战胜的原因是做好了防守的准备。"吴如嵩《浅说》中说:"不被敌人战胜,就要采取防御。"郭化若《孙子今译》则说:"使敌不能胜我,这是属于防守方面的事。"相较诸说,当以《孙子校释》和《〈孙子〉会笺》中的解释较接近原意,但将"守"理解为"防守"似乎也有不妥。守,这里应当为藏形以待的意思,即曹操所说的"藏形也"。此句意思是说,如果我方具有了战胜敌人的条件,就要藏形以待,不要轻易暴露,当敌人出现虚隙的时候,趁机一举打败敌人。　②可胜者,攻也:汉简本作"可胜,攻也",《御览》卷三一七所引作"可胜则攻"。意思是当敌方可以被我方战胜的条件具备之后,就要发起进攻,争得胜利。杜牧曰:"敌人有可胜之形,则当出而攻之。"　③守则不足,攻则有余:十一家注本和武经本均为"守则不足,攻则有余"。曹操注也说:"吾所以守者,力不足;所以攻者,力有余。"可见也认为该句应为"守则不足,攻则有余"。而汉简本则为"守则有余,攻则不足",现代各注家中,采前说者有之,采后说者有之,两说并存者亦有之。吴九龙《孙子校释》和周亨祥《孙子全译》认为汉简本为善或应从汉简本。《孙子校释》说:"十一家注本、武经本作'守则不足,攻则有余'。各本皆同。但汉人言兵法者多言攻不足守有余。《汉书·赵充国传》:'臣闻兵法,攻不足者守有余。'《后汉书·冯异传》:'夫攻者不足,守者有余。'文义皆与简本相近。"《孙子全译》除了举了《赵充国传》和《冯异传》作例证外,又说:"……又《潜夫论·救边》:'攻常不足而守恒有余也。'又明茅元仪《武备志》：'约束已定，兼备已具，随其所攻，应之裕如。以此待敌，所谓有余于守也。先哲成法不可废矣。'循孙子上下文意，'先为不可胜'、'不可胜者，守也'，'守'几为'不可胜'的同义语，'不可胜'是'攻'的我方前提条件，只有在不可战胜，力有裕如的情况下，方能待敌——出现'可胜'之隙便立即进攻。'不可胜在己，可胜在敌'，一个针对自己的条件讲，一个针对敌方条件讲，换言之，守在己，攻在敌。故以'守则有余，攻则不足'为善。本句意谓：守，应做到不可战胜，力有裕余，攻，要针对敌方不足，举兵必克。"也有人认为应当从传本之说。李零《孙子兵法注译》认为："'守则'二句：强调易守难攻。"并将此二句译为："取守势是因为力量不足，取攻势是因为力量有余。"郭化若则对否定传本的做法直接提出了批驳，说："《新笺》作者断定，'守则有余，攻则不足'。这乃孙子原文。这真是'不察本旨'了，《新笺》作者何不作一切合战争实践的说明？！"另外，还有一些注家两说并存，不置可否，《〈孙子〉会笺》中就采取了这种处理方式。《会笺》中说："'守则不足，攻则有余'：各本皆如此。于鬯虽谓应作'守者，不足也；攻者，有余也'，然文意则无不同。曹操及其他各家皆谓守乃指我制胜之条件未足，攻乃指我制胜之条件有余。唯汉简作'守则有余，攻则不足'，'有余'与'不足'互倒。查《汉书·赵充国传》作'攻不足者，守有余'；《后汉书·冯异传》作'攻者不足，守者有余'；《潜夫论·救边》作'攻常不足，而守恒有余'，盖孙子故书汉时或即如此。然《后汉书·皇甫嵩传》则又有'彼守不足，我攻有余'之语，李贤注云：'孙子之文。'而曹注此句曰：'吾所以守者，力不足也；所以攻者，力有余也'，亦以守不足与攻有余立论。如此纷纭，究竟哪是孙子本文,殊难贸然判定。或其原文如汉简与赵充国传所引,作'攻则不足,守则有余',后因立论角度不同,以致文字产生歧异;曹注所据并非正本,故传本与汉简有异。如依汉简,则此句当解为:唯其加强守御,不可被敌战胜之条件方可充分造成;而我采取攻势,则因敌人可能胜我之条件未足;或以'有余'、'不足'皆指敌情,'守'、'攻'乃指我方所应采取之策略原则,即言敌若'有余',我则守之,敌若不足,我则攻之。据赵充国传与冯异传观之,其义或本如此,故并存之。"因传本及各家古注并无逻辑不通之处,本书诸说并存,仍依传本。

④九地之下:形容隐藏极深。九,并非实指,而是指极多。

⑤九天之上:指极高之处,喻疾不可挡。九天,指天空最高处。梅尧臣曰:"九地言深不可知,九天言高不可测,盖守备密而攻取迅也。"张预曰:"藏于九地之下,喻幽而不可知也,动于九天之上,喻来而不可备也。" ⑥保:保全。

【译文】

如果我方具有了战胜敌人的条件,就要藏形以待,不要轻易暴露,当敌人出现可以战胜的虚隙,就要发起向敌人的进攻。藏形不露是由于我方取胜条件不足,发起进攻是因为我方制胜条件有余。善于藏形的部队,就像藏在极深的地下而不暴露任何形迹;善于进攻的部队,就像从天而降令敌防不胜防。这样,就能够保全自己而获得全胜。

【战例】

袁崇焕以少胜多

"善守者,藏于九地之下;善攻者,动于九天之上"讲的其实就是一种自保而求全胜的法则,自古多为兵家所借鉴。明朝后期,东北地区的少数民族女真在其首领努尔哈赤的统领下,实力日益增强,不断骚扰明朝的边境。努尔哈赤看到明王朝统治日益腐朽,边防日益废弛,一再向明发动进攻,并一直攻到山海关。明朝官员在退守关内还是在关外设防两种观点上犹豫不下,悬而未决。这时,兵部职方主事袁崇焕主动请缨。朝廷于是就派他到山海关去组织防御,抵御努尔哈赤的进攻。

袁崇焕到任后,经过详细了解分析,决定在山海关外八里设重关,采取坚守关外、保卫关内的方针。但此举遭到朝廷中一些人的反对,没有能够完全执行下去。因此袁崇焕不得不撤除关外大部分防御,而只留下宁远作为最后一道防线。努尔哈赤听说朝廷换了山海关的主帅,并且撤除了关外的大部分驻军,满心欢喜,认为灭明的机会到了。1626年1月14日,他带领十三万清兵,号称二十万,浩浩荡荡杀奔山海关而来。当时,关外宁远的守军只有一万多人,如果不能采取恰当的策略,则守城将士将难免与宁远同归于尽的命运。于是,袁崇焕把自己的兵力深深地隐藏于城内,不让士兵出城迎敌,以免被努尔哈赤知道宁远城内兵力的底细。同时,他采取坚壁清野的方法,让城外的百姓携带防守器具,迁入城内,并放火烧掉城外所有民房。为鼓舞士气,袁崇焕又刺血为书,表示自己与宁远共存亡。在他的带领下,全城军民上下齐心,同仇敌忾,誓死保卫宁远。清兵来攻城的第一天,袁崇焕命令城中官兵只许在城墙上还击,不得出城作战。第二天,努尔哈赤调整队伍,加强攻势,选拔高大强壮的士兵披着铁甲,顶着盾牌,在十几个不同的位置分别进攻宁远。袁崇焕指挥士兵沉着镇定,等清兵快到城下时,一声令下,城上将士一齐开炮,打得攻城清兵死伤大半,阵脚大乱,努尔哈赤也受重伤。由于惧怕袁崇焕采取其他计策,努尔哈赤下令撤军。袁崇焕趁机率领明军将士杀出城去,一直追杀清兵三十里,歼灭清兵万余人,然后得胜回城。

袁崇焕之所以没有在敌我力量悬殊的情况下被清兵击败反而打了胜仗,主要是因为他在敌强我弱的情况下,不轻易暴露自己的兵力,把所有将士深深地隐藏在城内,让清兵不知底细。当清兵撤退阵脚大乱时,他又抓住机会,让全城将士倾城而出,像神兵天降一样,狠狠地打击清兵。

见胜不过众人之所知①,非善之善者也;战胜而天下曰善②,非善之善者也。故举秋毫不为多力③,见日月不为明目④,闻雷霆不为聪耳⑤。

【注释】

①见:知,预料,预见。众人:一般人。　②天下:指天下人。③秋毫:鸟兽在秋天新长出来的细毛,喻细微之物。　④见:汉简本作"视"。看见,看到。　⑤雷霆:震雷,霹雳,喻极大的声音。聪:听觉灵敏。

【译文】

预见胜利而不能超过平常人所知的范围,不能说是高明中最高明的;通过力战而取得的胜利,即使天下人都说好,也不是高明中最高明的。能举起如同秋毫一样细微的东西,不能算做力大无穷;能看得见太阳和月亮的光芒,不能算做视觉敏锐;能听得见如同霹雳一般的声音,也不能算做听力灵敏。

【战例】

井陉口破赵之战

公元前204年,韩信、张耳等人率数万汉军,在取得了灭魏、攻代的胜利后,又挥军东向,越过太行山,进攻赵国。赵王歇与主将陈余率军二十万据守井陉口。当时，赵军的兵力为汉军的数倍，且占据着有利的地势，在韩信率军攻来时，便准备迎击。

赵军的谋士李左车向陈余献计说："韩信、张耳率军远道而来，一路上所向披靡，打了许多胜仗，士气锐不可当。我们应当深沟高垒，固守不战，以消磨他们的士气。同时，出奇兵偷袭他们的后方，断其粮道，使韩信进退两难。"而陈余却认为，韩信兵少，而且是疲惫之师，不应避而不战，拒绝了李左车的正确意见。

韩信得知陈余没有采纳李左车的意见，十分高兴，命令大军迅速向井陉口前进，并派两路骑兵从侧面埋伏下来，伺机袭击赵军的营寨。在赵军正面，韩信则以一万大军渡过绵蔓水，在河的东岸背水列阵。

赵军出动后，韩信指挥汉军佯装败退。陈余等人认为，韩信背水列阵，犯了兵家之大忌，不战而退，更表现了他不会用兵，于是下令追击汉军。这时，汉军的两路伏兵乘虚直捣赵营，拔掉赵旗，换上汉帜。赵军攻击背水作战的汉军，打了很长时间也没有分出胜负，回头看时，忽然发现自己营垒中飘起了汉军旗帜，顿时军心大乱。退至水边的汉军乘势奋起反击，使赵军处于腹背受敌的困境之中。双方经过一场激战，赵军主将陈余战死，赵王歇做了俘虏，赵国的二十万大军被汉军打得一败涂地。

井陉口破赵之战中，双方的主将一个不能审时度势，采取恰当的策略，结果一败涂地，另一方则不拘泥于常法，善于从实际出发，取得了战争的胜利。因此可见，先天的条件再好，如果不能根据形势采取适当的措施，照样不能取得成功和胜利。

古之所谓善战者，胜于易胜者也。故善战者之胜也，无智名,无勇功①,故其战胜不忒②。不忒者,其所措必胜③,胜已败者也。

【注释】

①无智名,无勇功:曹操注曰:"敌兵形未成,胜之无赫赫之功也。"李筌曰:"胜敌而天下不知,何智名之有?"杜牧注曰:"胜于未萌,天下不知,故无智名;曾不血刃,敌国已服,故无勇功也。"梅尧臣注曰:"大智不彰,大功不扬,见微胜易。何勇何智?"何氏注曰:"患销未形,人谁称智?不战而服人,人谁言勇?汉之子房、唐之裴度能之。"张预注曰:"阴谋潜运,取胜于无形,天下不闻料敌制胜之智,不见搴旗斩将之功。若留侯未尝有战斗功是也。"皆得之。 ②其战胜不忒:忒,差错。杜牧注:"忒,差忒也。"张预注曰:"力战而求胜,胜虽善者,亦有败时。既见于未形,察于未成,百战百胜而无一差忒矣。"李筌认为"忒"应为"贰","百战百胜,有何疑贰也。此筌以忒字为贰也"。存之。 ③措:置。这里指措施。

【译文】

古时候所谓善于用兵的人,总是战胜那些容易被战胜的敌人。所以善于用兵的人,没有智慧的名声,没有勇武的功绩,而他们的胜利不会有任何闪失。之所以不会有闪失,是因为他们的措施建立在必胜的基础之上,是战胜了那些注定已经失败的敌人。

【战例】

宿北战役

1946年11月,国民党军在占领淮南、淮北地区后,企图一举消灭华东解放军主力,或迫其北撤山东,迅速结束苏北战事。因此,徐州绥靖公署主任薛岳指挥二十五个半旅,分四路自东台、淮阴、宿迁、峄县向盐城、阜宁、涟水、沭阳及新安镇(今新沂)、临沂进攻。这时候，华中野战军主力已经由苏中转移到了苏北地区，并与山东野战军互为掎角。敌军来势汹汹，单从兵力对比来看，敌军显然处于优势地位。但它有弱点，山东野战军司令员兼政委陈毅和华中野战军司令员粟裕、政委谭震林分析后认为，国民党军最大的弱点是进攻面过宽，四路进攻正面宽达一百五十公里，间隙甚大，很难互相策应支持，同时，国民党军队内部派系矛盾较多，战役上协同配合不力，这一弱点有利于我军在内线实行机动应战，有利于我军各个歼灭敌人。另一方面，由宿迁进犯的一路此前未受打击，可能会大胆冒进，对苏北解放区的威胁也最大；同时，山东、华中野战军主力的待机位置恰处此路国民党军进攻方向的两侧，便于就近调动兵力，决定以一部分兵力牵制其他三路，集中主力第1、第2、第9纵队和第7、第8师等部共二十四个团的兵力，歼灭由宿迁进犯的国民党军。攻打由宿迁进犯的敌军这一大的战略方针制定之后，陈毅、粟裕经过分析又认为：从宿迁进攻沭阳、新安镇的这一路敌军，由徐州绥署副主任吴奇伟指挥，辖整编师第11师和第69师。而这一路中，第11师是蒋军的"五大主力"之一，实力较强，而第69师突出冒进，所辖三个半旅也是拼凑起来的，战斗力不强，内部矛盾亦多，该师师长戴之奇是特务出身，缺乏军事指挥才能，在战役部署上，他的三个半旅在东西一线展开，师部只带一个团，位于最右翼，翼侧暴露，便于我军南北对进，首先从敌之左翼打开缺口，而后实行两面夹击。经过战略合围和战术分割，使敌首尾不能相顾，无法互相支援。因此陈毅、粟裕决定，为了确保胜利，先集中兵力打戴之奇的整编69师这个"弱"敌。

12月13日，宿迁地区国民党军分两路出发：69师为左翼，向新安镇进攻；11师为右翼，向沭阳进攻。14日，69师师部率第92旅一部进至人和圩；其他各旅分别进至晓店子、罗庄、苗庄地区；11

师进至曹家集。解放军以第2纵队协同第1纵队一部对整11师进行阻击,集中主力首歼分散、较弱的69师。15日黄昏,由陇海路北兼程南下的第1纵队和第8师,向正沿宿新公路(宿迁至新安镇)开进的69师侧翼暴露的预备第3旅突然发起攻击,歼其一部。第8师攻占烽山,控制了全战场的制高点。第1纵队一部南下插入整11师师部所在地曹家集,歼其工兵营和骑兵营大部。第9纵队和第7师占领嶂山镇以北、以东地区。16日,69师为挽救不利态势,令预备第3旅及第60旅连续向烽山阵地反扑,均被第8师击退。与此同时,第1纵队一部由西北向整69师侧后猛插;第2纵队在第9纵队一部配合下,击退11师先头部队,由东向西穿插,切断了69师与11师的联系,在完成对69师的战役包围的同时,构成对11师的阻击正面。17日,第8师经激战全歼预备第3旅于晓店子地区。第1、第2、第9纵队及第9师等部将69师师部和第41、第60旅分割围歼于人和圩、苗庄、罗庄等地,同时打退了11师的多次增援。战至19日,全歼69师师部和三个半旅共约两万余人,戴之奇无路可走,自杀身亡。

此战是山东和华中野战军会师后第一个歼灭国民党军一个整师的战役,也开创了全面内战爆发以来我军一次歼敌一个整师的范例,初步取得了大兵团协同作战的经验,对尔后华东战局的发展有重要影响。

故善战者,立于不败之地①,而不失敌之败也②。是故胜兵先胜而后求战③,败兵先战而后求胜④。

【注释】

①立:立足。地:地方,境地。李筌、陈皞将"地"理解为地形、

地势之"地",说:"兵得地者昌,失地者亡。地者,要害之地。秦军败赵,先据北山者胜;宋师伐燕,过大岘而胜。皆得其地也。"非也。杜佑、杜牧注曰:"不败之地者,为不可为之计,使敌人必能败我也。"得之。　②不失敌之败也:杜佑、杜牧注曰:"窥伺敌人可败之形,不失毫发也。"　③先胜:即先为不可胜,先创造不可被战胜的条件。　④败兵:关于"胜兵"与"败兵",曹操曰:"有谋与无虑也。"李筌曰:"计与不计也。是以薛公知黥布之必败,田丰知魏武之必胜,是其义也。"

【译文】

所以善于打仗的人,总是先让自己处于不被战胜的境地,而不会放过任何击败敌人的机会。所以打胜仗的部队是在创造了胜利条件之后才展开军事行动,而打败仗的部队往往是先投入战斗再试图寻求胜利的条件。

【战例】

苏秦刺骨苦学

苏秦是战国时期纵横家中最著名的一位代表人物。从年轻时起,苏秦就周游列国,推行他的战略。

刚开始,苏秦到了秦国。他游说秦惠王说:"秦国西面有巴、蜀、汉中等地的富饶物产,北方有少数民族地区的贵重兽皮与良马,南边有巫山、黔中作为屏障,东方有崤山、函谷关这样坚固的要塞。土地肥沃,民殷国富,战车万辆,壮士百万,地势险要,能攻易守。这些都是难得的优势,秦国因而真正有雄霸天下的实力。凭着大王您的雄才大略和如此丰富的物质资源,完全有能力吞并其他诸侯,一统天下。如果您有这个打算,请允许我陈述一下自己的方略。"

秦惠王说:"我常听人说:羽毛不够丰满的鸟儿不可以高飞,法令不完备的国家不可以奖惩刑罚,道德不崇高的君主不可以统治万民,政策教化不顺应天意的君主不可以号令大臣。如今先生不远千里来到我秦国指教,我内心非常感激,不过至于军国大计,还是将来再说吧!"

苏秦说:"我本来就怀疑大王能否听取我的意见。历代先王和诸侯,要想称霸天下,哪有不经过战争就达到目的的?什么事如果不顾根本而专门讲求文辞末节,天下就越发无法太平。即使说客的舌头说焦了,听的人耳朵听聋了,也不会有什么成效;做事即使讲义气守信用,也没办法使天下和平安乐。因此,只有废除文治而使用武力,召集并且礼遇敢死之士,制作甲胄,磨光刀枪,然后到战场上去争胜负。没有行动却想使国家富强,安居不动却要使国土扩大,即使是古代的三王、五霸和明主贤君,想不用刀兵而获得这些,也是不可能的。所以,只有通过战争才能达到国家富强的目的。军队如果能在外取胜,国内民众的义气就会高涨,君王的威权就会增强,人民自然会服从统治。现在假如想要并吞天下,号令诸侯,实在是非用武力不行。"

苏秦游说秦王的奏章,虽然一连上了十多次,但他的建议始终没被秦王采纳。他在秦国待到黑貂皮袄也破了,所带的盘缠也用完了,最后甚至连房费都交不起了,只好离开秦国回到洛阳。

苏秦到家的时候,打着裹腿,穿着草鞋,背着一些破书,挑着自己的行囊,形容枯槁、神情憔悴,面孔又黄又黑,狼狈之极。他回到家里以后,正在织布的妻子没有搭理他,嫂子也不肯给他做饭,甚至父母也不跟他说话,他只有一人深深地叹息。

当晚,苏秦就从书箱里面找出书来,结合自己失败的教训,一边反思一边苦读。他趴在桌子上发奋钻研,选择其中重要的部分加以熟读,而且一边读一边揣摩演练。当他读书读到疲倦要打瞌睡的时候,就用锥子刺自己的大腿,鲜血一直流到自己的脚上。他还自我鞭策道:"哪有游说人主而不能让他们掏出金玉锦绣,得到卿相尊位的呢?"这就是历史上著名的"锥刺骨"的典故。

过了一年,苏秦觉得研究和演练成功了,就再一次离开家门。

这一次,苏秦先到了赵国。他对赵王滔滔不绝地说出合纵的战略和策略,赵王听了大喜过望,立刻封他为武安君,并授给他相印,兵车一百辆、锦绣一千束、白璧一百双、金币二十万两,让他到各国去约定合纵,拆散连横,以此压制强秦。

因此,当苏秦在赵国为相的时候,秦国不敢出兵函谷关。在当时,天下的百姓、威武的诸侯、掌权的谋臣,都要听苏秦一人来决定一切政策。没消费一斗军粮,没征用一个兵卒,没派遣一员大将,没有用坏一把弓,没损失一支箭,就使天下诸侯和睦相处。

善用兵者,修道而保法①,故能为胜败之政②。

【注释】

①修道而保法:"道"和"法"即《计篇》"五事"中的"道"与"法",指政治和法度。曹操注曰:"善用兵者,先修治为不可胜之道,保法度不失敌之败乱也。"李筌注曰:"以顺讨逆,不伐无罪之国,军至无虏掠,不伐树木、污井灶,所过山川、城社、陵祠,必涤而除之,不习亡国之事,谓之道法也。军严肃,有死无犯,赏罚信义立,将若此者,能胜敌之败政也。"杜牧注曰:"道者,仁义也;法者,曲制也。善用兵者,先修理仁义保守法制,自为不可胜之政,伺敌有可败之隙,则攻能胜之。"贾林注曰:"常修用兵之胜道,保赏罚之法度,如此则当为胜,不能则败。故曰胜败之政也。"梅尧臣注曰:"攻守自修,法令自保,在我而已。"张预曰:"修治为战之道,保守制敌之法,故能必胜。或

曰先修饰道义以和其众,后保守法令以戢其下,使民爱而畏之,然后能为胜败。"皆得其要义。而王皙注曰:"法者,下之五事也。"则欠妥。　　②故能为胜败之政:《〈孙子〉会笺》认为"正"即为"政",训为"主"。"'胜败之政':汉简作'胜败正',释文注引《管子·水地》'为祸福正'与《老子》'清静为天下正',谓'正'为'最高的权威'之意。按古多假'正'为'政',《汉书·陆贾传》'秦失其正',即云'秦失其政'。故此'正'当即'政';'之'字或为后人所增。'政'在此当训'主'。《吕氏春秋·君守》'可以为天下政',即言可以为天下主。《左传》宣公二年'畴昔之羊,子为政;今日之事,我为政',亦'主'义。故'胜败之政',即言胜败之主,实指胜败之决定权。'能为胜败之政',即言能操胜利之左券。李注:'胜敌之败政',殆不明古训而附会之也。"《孙子校释》则认为应汉简本作"故能为胜败之正",并认为"疑后人误读'胜败正'之'正'为'政',又于'政'上臆加'之'字"。较之前说,认为"政"为"正"之误,则失之武断。

【译文】

善于用兵的人,注重修明政治和保守法度,所以就能够掌握胜利的决定权。

【战例】

吴起关爱士卒

"修道",主要目的就是使国家内部统治者和普通民众之间,军队里将帅和士卒之间协调一致、同心协力,建立起一种和谐的关系,为了共同的目标而努力。为了实现这一目的,就需要统治者体恤下属,为下属着想,这样下属才能死心塌地地听从指挥。《史记·孙武吴起列传》中记载了一段关于吴起爱兵如子的小故事。吴起在魏国当将军的时候,十分体贴士兵,经常与条件最艰苦的士兵吃一样的饭、穿一样的衣,行军的时候也不骑马,而是亲自背负着军粮,以此来分担普通士兵的劳苦。有一次,吴起在巡营的时候发现一个士卒身上生了毒疮,而且已经溃烂化脓。他不但十分关心地对这个生病的士兵问寒问暖,而且亲自蹲下来,用嘴为那位士兵吸吮伤口,以吸出其中积聚的脓液。那位士兵见大将军竟然如此对待自己,感动得热泪盈眶。其他士兵们看了,也深受感动。别人把这个故事讲给了那位士兵的母亲。士兵的母亲听说了这件事后,却伤心地大哭起来。别人对她说:"你的儿子只是一个普通的士卒,大将军能为他亲自吸吮毒疮以疗伤。你看,将军对你儿子那么好,你应该高兴才对呀,为什么哭呢?"她说:"我是担心我儿子的命呀!当年,吴将军也曾为他的父亲吸吮过伤口,他父亲感念将军的恩情,舍生忘死,英勇杀敌,结果战死在沙场上。我的儿子现在也死定了!"

这位母亲的一席话,道出了身为大将军的吴起亲自为一个普通士兵吸吮伤口的深层原因。吴起将军并不是不知道化脓的伤口脏,自己甚至还有被传染的可能,而是他深知,每一个人不论地位高低,都有自己的愿望和期待,如果想实现自己的目的,就要首先满足别人的愿望。对于一个正在患病的士兵来说,当时最大的愿望莫过于能够使身体尽快好起来,伤口早日愈合,结束身体上的痛苦。而把毒疮中的脓液吸出来,就是使疮口早日愈合的最好办法。将心比心,吴起能够亲自蹲下身来为士兵吮吸疮口,士兵当然会对吴起产生感激之情,在战场上自然也就会舍生忘死,英勇杀敌,帮助吴起完成立功成名的愿望。

兵法:一曰度①,二曰量②,三曰数③,四曰称④,五曰胜⑤。地生度,度生量,量生数,数生称,称生胜。

第四章　形篇　103

【注释】

①度：这里指土地幅员。贾林注曰："度，土地也。"王晳注曰："丈尺也。"　②量：原指计量物体多少的容器，这里指物质资源。贾林注曰："量，人力多少，仓廪虚实。"　③数：数目，数量，这里指兵员多寡。贾林曰："算数也。以数推之，则众寡可知，虚实可见。"王晳曰："百千也。"　④称：原意为称量、测物之轻重，这里指权衡，比较。　⑤胜：指通过对比得出的双方胜负的情状。

【译文】

用兵应当注意以下五条原则：一是土地面积的广狭，二是物质资源的多少，三是兵员数目的多寡，四是双方实力的比较，五是双方胜负的情状。国土的幅员产生土地面积广狭的"度"，土地面积广狭的"度"产生物质资源多少的"量"，物质资源多少的"量"产生兵员数目多寡的"数"，兵员数目多寡的"数"产生双方实力比较的"称"，双方实力比较的"称"最终决定战争的成败。

【战例】

刘邦君臣妙算知胜

汉王刘邦在汉中的时候，拜韩信为大将军。韩信问刘邦："现在能与您争夺天下的，一定是项羽吧？"刘邦说："正是。"韩信又问："大王您自料与项羽相比实力怎样？"刘邦说："我不如他。"韩信郑重其事地说："我也以为大王您不如他。然而我曾经在项羽手下待过一段时间，我了解他，甚至他的为人，现在我就给您分析分析。项羽勇武暴躁，令人震慑，无人能敌，然而他不善于选拔贤才任用将领，这只是匹夫之勇啊。项羽对人恭谨，别人有疾病的时候，他会流着泪探望，与病人一起分食，但是，在对人封赏的时候他却十分吝啬，当有人功当封爵时，他刻好了大印玩弄旧了，都不舍得给人家，这只是妇人之仁啊。项羽虽然称霸天下臣服诸侯，但他不定都关中而选择了彭城，又背叛了在义帝面前的约定而把自己亲信的人封为王，诸侯们对他的这种做法都愤愤不平。诸侯们看见项王把义帝驱逐到江南，也都回去驱逐他们的君主，占据了好地方而自立为王。凡是项羽军队经过的地方，都受到了蹂躏和破坏，天下的人们都很怨恨他们，百姓也不愿归附他们，现在只不过是迫于威势，勉强服从罢了。他名义上虽为霸王，实际上已失去了民心。所以说，项羽现在的强大很容易削弱。现在大王您如果能够反其道而行之，任用天下勇敢善战的人，有什么敌人能不被诛灭呢？把天下的城邑封给有功之臣，那还有什么人会不服从你呢？率领正义之师，顺从思乡东归将士的心愿向东进军，还有什么人会不被打败呢？况且分封在秦地的三个王都是秦国的旧将，他们已经率领秦国子弟出来作战好几年了，被杀死的和逃亡的人不计其数；他们又欺骗他们的部下投降了诸侯，到了新安，项羽用欺诈的手段坑杀了秦国降兵二十余万，唯独章邯、司马欣、董翳三人没有被杀，秦国的父老兄弟们对这三个人恨之入骨。现在项羽倚仗威势强封这三人为王，秦地的百姓并不拥护他们。大王入武关时，秋毫无犯，废除了秦国的苛刻刑法，并且和秦地的百姓约法三章，百姓们没有一个不希望大王在秦地做王的。根据当初诸侯的约定，大王您应当在关中为王，关中的百姓也都知道这件事，可是大王却失掉了应得的封爵而入汉中，秦地的百姓没有不怨恨的。现在大王只要举兵东进，三秦之地只要发一道檄文就可安定。"刘邦听了非常高兴，与韩信相见恨晚，他听从了韩信的计策，部署了各位将领作战的计划，安定秦地，消灭项羽。项羽围刘邦于荥阳城，时间一长，刘邦撑不住了，请求割荥阳以西的土地求和。项羽不许，刘邦问陈平："现在天下如此混乱，何时才能平定啊？"陈平说："项羽为人，恭敬爱人，廉节好礼之士多归附他。但他对于封赏之事则看得过重,士人又因此而无法真正依附他。现在大王您慢人少礼,廉节之士不会来。然而大王在封赏之事上做得很大方,所以顽钝嗜利无耻之士大多归附您。如果您能够发扬您的优点克服您的缺点,吸收项羽的优点而避免他的缺点,天下指日可定。"

刘邦做了皇帝之后,黥布造反。刘邦召来薛公向他请教对策,薛公说:"如果黥布采取上计,他就会东取吴,西取楚,北并齐鲁,传檄燕赵,固守他的根据地,这样山东就都归他了。如果采用中计,东取吴,西取楚,并韩取魏,控制住敖仓的粮食,防守好成皋的关隘,那样的话谁胜谁败就难说了。如果采用下计,东取吴,西取下蔡,将重兵置于越,自己回到长沙,这样陛下您就高枕无忧了,不会形成什么威胁。"刘邦问:"你猜他会用那种策略呢?"薛公回答说:"必出下计。黥布原来只不过是低贱的人,现在成了万乘之主,他这个人只顾眼前,不会有长远的打算,不会为天下百姓和万世之后的事情考虑的。"不出所料,黥布果然采用了下计。刘邦亲自率兵,东下征伐黥布。黥布刚打算造反的时候,曾经对手下诸将说:"皇帝现在年龄大了,已经厌倦了带兵打仗,一定不会亲自前来。朝中诸将之中我担心的只有韩信和彭越,现在他们都已经死了,我没有什么可怕的了。"所以他毅然决定造反。果然如薛公所预料的,他造反之后就东击荆,荆王刘贾战败而死。但最终黥布还是被刘邦所败。

故胜兵若以镒称铢,败兵若以铢称镒①。胜者之战民也②,若决积水于千仞之谿者③,形也④。

【注释】

①镒:古代重量单位,合二十两,一说二十四两。韦昭注:"二十两为镒。"铢:古代衡制中的重量单位,为一两的二十四分之一。郭化若注:"古代二十四两为一'镒',二十四分之一两为一'铢'。" ②战民:指挥士卒作战。民,指三军部众。 ③决:决堤放水。千仞:这里指极高。仞,古代长度单位,一说七尺为一仞,一说八尺为一仞。谿:深山间的水流。 ④形:"形"是《孙子兵法》中一个重要的概念。关于其内涵,《孙子校释》中认为:"形,原意为器、为著。"《〈孙子〉会笺》中说:"关于'形'的概念,历来注家多未揭其本质含义。孙子讲'形',有时指兵力部署所展现于外部的表象,这种表象,对于敌人来说,则往往是虚假的,而自己的真形却往往被掩盖着。所谓'形人而我无形',就是指的这种情况。而本篇却不是讲如何'形人'和如何使我'无形'的问题,而是讲作为'形'之内涵的'强弱'问题。孙子在下篇曾明确指出:'强弱,形也',而在本篇也并非泛论'强弱',而是集中论述具有'强'形之兵,也即所谓'胜兵'的形成问题,一句话,就是优势的形成问题。处于优势地位的'胜兵',就像'决积水于千仞之谿',总是'战胜不忒',能够'自保而全胜'。"郭化若认为:"《孙子》用'形'这一概念(范畴)名篇,全篇主要是讲战争的胜败是由客观物质条件为基础而决定的,并讲如何善于利用这些条件。形,简单地说就是有形的物质。《孙子》不把这种客观物质力量看成死的、静止的、孤立的。他在篇末用'决积水于千仞之谿者,形也'这样形象思维来指明要把物质力量集中,并决开这积水,让它从八百丈陡溪上倾泻而下,这种迅猛的运动速度乘积水的重量以加强其冲击的能量。把物质看成运动中的物质,这在古

代军事理论家中可算是难能可贵的。"总之,在孙子那里,形,主要是指实力的强弱,以及由此所表现出来的军事情状。

【译文】

所以,胜利之军与失败之军相比,如同用镒衡量铢那样优势明显,失败之军与胜利之军相比,如同用铢衡量镒那样处于绝对的劣势。军事实力强大的胜利者指挥军队打仗,像在极高的山顶决开的山涧积水一样,这就是"形"。

【战例】

杜预灭吴之战

咸宁四年(278年),晋武帝司马炎打算出兵灭东吴,彻底结束三国鼎立的局面,多数朝臣表示反对。然而,杜预、羊祜等人支持晋武帝的计划,认为时机成熟。这时,在东吴边境上防守的镇南将军羊祜病重,推荐杜预接替其职。晋武帝当即任命杜预以本官假节、行平东将军,领征南军司。羊祜病逝之后,杜预被拜为征南大将军,都督荆州诸军事。杜预到达襄阳之后,加紧训练士卒,增修军械,积蓄实力,同时派人积极探听东吴军事消息,了解对手情况。他趁东吴西陵(故城在今湖北蕲水县)都督张政不备,出奇兵偷袭成功,并以反间计使东吴将张政调离,致吴军心浮动。

咸宁五年(279年),杜预在分析了己方的实力和东吴国内的政治形势和军事状态以后,认为进攻东吴的时机成熟,旬月之间连上两表给晋武帝,强调不可错过战机,提出发兵攻吴的具体建议。晋武帝听从他的建议,坚定了信心,是年十一月,下令发兵六路进攻东吴。镇南大将军杜预打中路,向江陵进兵;安东将军王浑打东路,向横江(在今安徽省)进军;还有一路水军,由益州刺史王濬率领,沿着大江,顺流向东进攻。

次年(280年)正月,几路大军一起进发。王濬率水师和步骑兵七万,以唐彬为先锋,由巴郡(今四川重庆)顺江而下,过建平,克丹阳城(今湖北秭归东),随后在江面发现吴国为阻止船只东下而横置于江中的铁锁链和放在水中的大铁锥。王濬用几十只大木筏开路,把大铁锥拖走,并用十几丈长的火炬,把铁链烧断。大军克服吴国设置的障碍,继续东进,与杜预军会师。中路杜预率大军向江陵(今湖北江陵县)进发,命部将率兵沿长江西上,配合出巴东沿江东下的王濬水军连克数城。又遣将率八百精兵,趁黑夜渡过长江,偷袭乐乡(今湖北松滋市)。他命士兵多插旗帜,虚张声势,沿山放火,设疑兵以扰乱东吴军心。趁驻屯乐乡的东吴都督孙歆与王濬交战之机,杜预又命在乐乡城外设下伏兵。当孙歆战败逃回乐乡城时,杜预派晋军随东吴败兵混入乐乡城中,生俘了孙歆。这一出奇制胜的成功,鼓舞了晋兵士气,动摇了吴军军心。军中颂扬杜预是"以计代战一当万"。乘胜利形势,杜预命大军进攻江陵,一鼓而破,为王濬水师东进清除了一大障碍。江陵攻克以后,晋军各路主将会集江陵举行军事会议,商讨进军灭吴之策。贾充等大臣认为不可能在短期内攻破东吴,并且时疫将起,应等到冬季再战。也有人认为正值酷暑,江水上涨,不宜大举进兵。杜预不同意这些看法,指出,晋军初胜,军威大振,立即东下必势如破竹。他排除干扰,"遂指授群帅方略,径造建业"。江陵会议后,杜预受命"镇静零(陵)、桂(阳),怀辑衡阳"。杜预向南进军中,斩杀和俘获东吴将领、地方官吏一百三十多人,使沅(水)湘(江)流域及交、广等州(包括今湖南、广西、广东三省区及贵州、越南北部部分地区)望风而降。杜预持节进行安抚,任命长吏,安定秩序。沿江东进的晋军所到城邑,吴军皆降。至此,三国鼎立的局面彻底结束了,西晋实现了全国统一。

第五章　势篇

【题解】

　　本篇紧承上篇,论述了客观条件具备之后如何通过高超的指挥艺术,通过灵活的战术变化和正确的兵力使用赢得战争。在这一篇中,孙子详细地剖析了"奇"与"正"在战争中的应用。他认为,"战势不过奇正","奇"与"正"的变化无穷,谁如果善于把握和运用其中的规律,谁就会赢得战争的主动权。战争中的形势并不是固定不变的,有利和不利的形势总是处于不断的转化之中,战争的指挥也要根据实际情况灵活变化,以在敌我对比中创造出有利于我方的优势。同时,因为战争的形势瞬息万变,所以孙子强调进攻的突发性和爆发性,要像爆发的山洪、张满的弓弦、离弦的箭一样,具有势不可挡的气势和力量。"战势不过奇正"是这一篇的核心和主旨。

　　孙子曰:凡治众如治寡①,分数是也②;斗众如斗寡③,形名是也④;三军之众,可使必受敌而无败者,奇正是也⑤;兵之所加⑥,如以碫投卵者⑦,虚实是也⑧。

【注释】

①治:治理,统治,这里指指挥,管理。治众:指挥人数众多的部队。治寡:指挥人数很少的部队。　②分数:指军队的组织编制。曹操曰:"部曲为分,什伍为数。"杜牧注曰:"分者,分别也;数者,人数也。言部曲、行伍皆分别其人数多少,各任偏裨长伍,训练升降,皆责成之,故我所治者,寡也。"

③斗:使……战斗。斗众:指挥人数众多的部队战斗。斗寡:《御览》卷二七〇作"斗少",指挥人数少的部队战斗。

④形名:曹操注:"旌旗曰形,金鼓曰名。"李筌注:"善用兵者,将鸣一金,举一旌,而三军尽应;号令既定,如寡焉。"陈皞注:"夫军士既众,分布必广,临陈对敌,递不相知,故设旌旗之形,使各认之;进退迟速,又不相闻,故设金鼓以节之,所以令之曰:闻鼓则进,闻金则止。曹说是也。"梅尧臣注:"形以旌旗,名以采章,指麾应速,无有后先。"张预注:"用兵既众,相去必远,耳目之力所不闻见,故令士卒望旌旗之形而前却,听金鼓之号而行止。"可见,在古代注家中,大多以"形"指旌旗,"名"指金鼓。但是,也有人对此提出怀疑,《孙子全译》认为,"形名"与"分数"互文,指军队形制规模与名称。说:"《尉缭子·制谈》:'凡兵制必先定。制先定则士不乱,士不乱则刑(形)乃明。'《孙膑兵法·奇正》:'分定则有刑(形)矣,刑(形)定则有名','有刑(形)之徒,莫不可名;有名之徒,莫不可胜'。又曹操注:'旌旗曰形,金鼓曰名。'后人多从其说,未知其据。按:上'治众''斗众'二分句参互为文,言治众斗众如治寡斗寡,基本原理一样,抓住编制规模名称与员额之数不同这个特点灵活处置就行了。治众、斗众;治寡、斗寡;分数、形名皆互文。"而《〈孙子〉会笺》中则认为,"形名"指旌旗金鼓

等指挥号令无误。"'形'在此乃以物形为指挥工具之谓。'名':《国语·周语》'言以信名'韦注:'号也。'曹注:'金鼓曰名。'故'名'在此乃以音响作为指挥号令之谓。杜注以'形'指阵形,'名'指旌旗,失之。王注又以'形'为'旌旗金鼓之制',而以'名'为'各有名号',亦未逮。此'形名'与战国时术语'形名'之含意不同。钱穆以《孙子》有'形名'之语即谓十三篇作于战国孙膑,其失察欤? 此句言指挥千军万马有如指挥一'伍'一'卒'那样得心应手,此乃属于部队之指挥号令问题。"　⑤奇正:曹操曰:"先出合战为正,后出为奇。"李筌曰:"当敌为正,傍出为奇。将三军无奇兵,未可与人争利。汉吴王濞拥兵入大梁,吴将田伯禄说吴王曰:'兵屯聚而西,无他奇道,难以立功。臣愿得五万人,别循江淮而上,收淮南长沙,入武关,与大王会。此亦一奇也。'不从。遂为周亚夫所败。此则有正无奇。"另,《孙膑兵法·奇正》:"奇发而为正,其未发者,奇也。"《唐太宗李卫公问对》卷上:"太宗曰:'吾之正,使敌视以为奇,吾之奇,使敌视以为正,斯所谓形人者欤? 以奇为正,以正为奇,变化莫测,斯所谓无形者欤?'"陈亮《酌古论·李靖》:"敌坚则用正,敌脆则用奇,正以挫之,奇以掩之,均胜之道也。"所谓"奇",是指指挥作战所运用的"变法"。《老子》:"以奇用兵,以无事取天下。"《汉书·英布传》:"楚发兵与战徐僮间,为三军,欲以相救为奇。"颜师古注:"不聚一处,分而为三,欲互相救,出奇兵。"所谓"正",是指指挥作战所运用的"常法"。"奇正",是指指挥作战中常法与变法的灵活运用,奇兵与正兵的相互配合,其含义甚广,如先出为正、后出为奇,正面为正、侧翼为奇,明战为正、暗攻为奇,等等。所以后文说:"战势不过奇正,奇正之变,不可胜穷也。"晋傅玄

《古今画赞》也说:"孙武论兵,实妙于神。奇正迭用,变化无形。"　⑥加:指向,施以。　⑦碬:砺石,即磨刀石。⑧虚实:指强弱、劳逸、众寡、真伪等军事实力的对比。这里的虚实是以实击虚的意思。

【译文】

孙子说:管理人数多的军队如同管理人数少的军队一样容易,这是属于军队的组织编制问题;指挥人数多的队伍战斗如同指挥人数少的队伍战斗一样容易,这是属于军队的指挥号令问题;统率全军战士即使受到敌人攻击也不至于打败仗,这是属于灵活运用战术的"奇正"变化问题;使军队打击敌人如同用坚硬的石头去打易碎的鸡蛋一样容易,这是属于避实击虚的准确运用问题。

【战例】

李自成破左良玉

1642年,李自成率数十万大军转战河南,包围了开封。崇祯皇帝闻讯,急调左良玉、丁启睿、杨文岳等大将统率四十万兵马去解开封之围。李自成闻讯后,抢先占领了开封的重要门户——朱仙镇,并截断沙河上流水道,以断绝明军水源,同时又在西南要道上挖掘了深、宽各丈余的壕沟,环绕百余里,以截断明军逃往襄阳的道路。左良玉、丁启睿和杨文岳率大军在朱仙镇东水波集会齐后,联营二十余里,但由于缺乏统一的指挥,三路人马各怀心事,谁也不愿意首先出击。城外的明军派使者与开封守军取得联系,希望开封守军开城出战,夹击李自成,但城内明军唯恐李自成乘机攻入,也不敢开城。就这样,明军与起义军对峙了数日之后,断水缺粮,左良玉率先下令南撤,丁启睿和杨文岳跟着也撤离朱仙镇。

左良玉率领的十万余兵马是明军中的精锐,撤退的路线又恰是直奔襄阳。李自成的部将纷纷要求出击,李自成却说:"左良玉有勇有谋,此时如果追击,他们必然死战,不如先放其一条生路,以示我军怯弱,待他人困马乏,防备松懈之时,再攻不迟。"于是,李自成眼看着左良玉的步兵从容退走,没有追击,与左良玉的骑兵接战后,也是打不多时即自动退却。在这种情况下,左良玉果然错误地认为农民军胆怯,不敢追击官军,便放心大胆地命令队伍向襄阳疾进。大军行至李自成事先挖好的沟壕处时,经过八十余里的长途急进,明军已经人困马乏,又遇到大沟深壕,人马拥挤,顿时乱作一团。尾随而至的李自成起义军见时机已到,突然从后面杀了上来,明军官兵争相越壕逃命,人马互相践踏,你拥我挤,尸体几乎将丈余深的壕沟填平。左良玉侥幸越过壕沟,但早已埋伏在前方的农民军又截杀过来,两下夹击,十万明军精锐部队全被歼灭,左良玉只带领几名亲信杀开一条血路,逃入襄阳。李自成的农民军声威大壮。

凡战者,以正合,以奇胜①。故善出奇者,无穷如天地②,不竭如江河③。终而复始④,日月是也;死而复生⑤,四时是也⑥。声不过五⑦,五声之变,不可胜听也⑧;色不过五,五色之变⑨,不可胜观也;味不过五,五味之变⑩,不可胜尝也;战势不过奇正⑪,奇正之变,不可胜穷也⑫。奇正相生⑬,如循环之无端⑭,孰能穷之?

【注释】

①以正合,以奇胜:此句意为以正兵与敌正面交战,灵活运用奇兵以出奇制胜,取胜关键在于出奇。合,交锋,交战。
②天地:这里喻像天地万物一样变化无穷,而不是如同天地一样广大。　③不竭如江河:杜佑注曰:"言应变出奇无穷竭。"

李筌注曰:"通流不绝。"张预注曰:"言应变出奇无有穷竭。"均以江河喻无穷无尽之意。　④终:事物的终结,这里指日月落下。始:事物的开端,这里指日月升起。　⑤死:这里指一个季节的结束。生:这里指一个季节的开始。　⑥四时:这里指一年的四季。　⑦五:五声,即五音,指古代的五个基本音阶宫、商、角、徵、羽。　⑧胜:尽。　⑨五色:青、赤、白、黑、黄五种颜色,古代以此五者为正色,而其他则为由以上五种中的两种或两种以上颜色混合而成的间色。　⑩五味:指甜、酸、苦、辣、咸五种味道。　⑪战势:指作战方式与兵力部署形式。势,这里指形式、方式。　⑫穷:尽,极。　⑬相生:指事物由于矛盾转化而生生不已。　⑭如循环之无端:李筌曰:"奇正相依而生,如环团圆,不可穷端倪也。"

【译文】

一般来说,战斗都是用正兵对敌,用奇兵取胜。所以善于出奇制胜的人,他的战术战法如同天地的运行一样变化不息,如同江河的流淌一样长流不竭。终而复始,如同日月的运行;循环往复,如同四季的更替。乐音不过五个基本音阶,可是五个音阶的合奏变化,却听不胜听;颜色不过五个基本色素,可是五个色素的错综变化,却看不胜看;滋味不过五种基本味道,可是五种味道的烹调变化,却尝不胜尝;战势不过奇正两种格局,可是奇正两项的变化,却无穷无尽。奇和正相互转化,如同沿着圆环环绕,永远无始无终,谁又能穷尽它呢?

【战例】

马燧破田悦

唐朝末年,以魏博节度使田悦为首的"四镇"联合起兵反叛朝廷,唐王朝派河东节度使马燧率兵去平定叛乱。马燧足智多谋,一交战便连败田悦,长驱直入攻至河北叛镇的辖地。但是,由于进兵过快,战线拉得过长,马燧的粮草供应成了问题,使军队面临困境。田悦觉察到了马燧的难处,深居壁垒之中,拒不出战。马燧营中的粮草越来越少,眼看就要支持不住了,而田悦就是不出来决战,令马燧非常窘迫。

有一天,马燧正在苦苦思索逼田悦出战的计策,忽然想到了田悦的老巢在魏州(今河北大名东北),不由得兴奋之中拍案而起,"如果去攻打魏州,不怕他田悦不出来相救!"于是,马燧命令部队在半夜偷偷潜出军营,沿洹水直奔魏州,又令数百骑兵留在营内,击鼓鸣角,燃点营火,以迷惑敌军。天亮后,马燧大军已全部离开大营,留守的骑兵也停止击鼓鸣角,潜出军营,按照马燧的命令隐藏起来。

唐营变得一片寂静,田悦闻报后,连忙派人前去侦察。侦察的人回来报告说,唐营成了一座空营。不久,又有探骑飞报,马燧已经率大军杀奔魏州而去了。田悦闻报大吃一惊,急忙传令集合将士,亲率轻骑驰援魏州,在半途中"追"上了严阵以待的马燧的人马。

马燧军以逸待劳,首先向田悦发起进攻,但田悦的叛军实力很强,渐渐地,唐军的两翼眼看抵挡不住了,落了下风。马燧见势不妙,亲率自己的河东军杀入敌阵,同时传令击鼓助威。唐军的两翼得到支援,勇气大增,返身重新向田悦发起反攻,田悦终于招架不住,向洹水边退去。而洹水上的三座便桥早已被马燧留守大营的骑兵烧毁,叛军顿时大乱。马燧见机不可失,挥军掩杀过来,叛军只好跳水逃命,溺死无数。这一仗,马燧奇计迭出,田悦的叛军被斩杀两万多人,被俘数千人,田悦虽然带着千余人逃回魏州,但元气大伤。

激水之疾①,至于漂石者②,势也③;鸷鸟之疾④,至于毁折者⑤,节也⑥。是故善战者,其势险⑦,其节短⑧,势如彍弩⑨,节如发机⑩。

【注释】

①激:水流因受阻而腾涌、飞溅。引申为湍急、猛烈。疾:急剧而猛烈。　②漂:即"荡",冲走。张预注:"激之疾流,则其势可以转巨石也。"漂石:将石冲走。　③势:孙子所谓的"势",就是在"形"的基础上,军事指挥员通过灵活的战术运用所形成的军事态势。《孙子校释》中说:"'势',态势、气势、形势。《考工记·弓人》:'射远者用势。'郑司农注:'势:谓形势。''势'是物质的运动,军事实力形成的态势。故曹操注:'用兵任势也。'"《孙子全译》中说:"孙武的所谓'势',就是指挥员在充分运用已有客观条件的基础上,最大限度地发挥主观能动性,巧出奇正,巧用虚实,出敌不意,最终造成一种对敌要害部位具有致命威慑力量的险峻的战争态势,这一过程为造势;在'势'形成的最佳时刻,发起攻击,即任势。任势之机,孙子称之为'节'。'节'为任势之关键,有'势'无'节','势'必白费。孙武认为,作为指挥员,追求战争胜利应'求之于势,不责于人',把'势'提到了指挥艺术的最高峰。"《〈孙子〉会笺》中也说:"'势',兵势,亦即根据一定作战意图而部署兵力和掌握运用作战方式方法所造成的一种客观作战态势……孙子在讲'形'之后,紧接着就讲'势'。'形'和'势'乃是既有区别又有联系的两个概念。'形'讲的是强弱问题——孙子明言:'强弱,形也';而'势'则讲的是勇怯问题——孙子又明言:

'勇怯,势也。'军队既强且勇,何往而不胜?而解决勇怯问题的关键,则在于'奇'、'正'的运用。所以,孙子说:'战势不过奇正。'只要能够很好掌握运用'奇'、'正'之术,并'择人而任势',充分发挥人的主观能动作用,那就能够造成一种如'转圆石于千仞之山'的险峻有力的作战态势,有了这种态势,就能高屋建瓴,势如破竹,遇之者毁,遏之者折,甚至能使怯者勇,弱者强。" ④鸷鸟之疾:《御览》卷二八二所引作"鸷鸟之击",《孙子校释》和《〈孙子〉会笺》也认为应作"鸷鸟之击"。"孙校云:'御览作鸷鸟之击,按当作击。'查各家注,唯李注作'疾'。曹注'发起击敌',正作'击'。《淮南子·兵略训》'飞鸟之击也,其首',《史记·越王勾践世家》:'鸷鸟之击也,必匿其形',皆曰'击',故以作'击'为是。"鸷鸟,凶猛的鸟,如鹰、雕、鹫之类。 ⑤毁折:关于"鸷鸟之击"毁折何物,历来有着不同理解。张预注谓"鹰鹯之擒鸟雀",杜牧注曰"能毁折物也",于鬯认为是鸷鸟与鸷鸟相击。以上诸说均认为是鸷鸟击他物,而《孙子全译》则认为是人击鸷鸟,说:"此言疾飞鸷鸟是快速活动目标,是不易击中的,可供击发的时机是暂短的,而之所以被击中毁折,是准确掌握了击发之机,以喻任势之机必须掌握准确。兵无常势,犹鸷鸟疾飞,在势形成的最佳时刻必须发起攻击,这一时机便是节。打活动目标,准确击发的时刻是稍纵即逝的,时不我待,故下文言其节短,此短是指可供选择的时间短促,并非指程途短促。"诸说虽各有见,但相较之下,鸷鸟疾飞将鸟雀击杀当是正解。 ⑥节:郭化若认为,"节,即距离。这里指接敌运动距敌愈近,则发起冲击时愈能迅速而突然。这就是'节'的含义"。杨炳安认为"节"是指节奏,说:"《晏子春秋》'履重不节'于省吾《双剑誃诸子新证》:

'节,犹适也。'故'节'有适意,在此指节奏。"《孙子校释》中则认为应为"审度长短"。在这里,将"节"理解为通过对距离的把握而掌握的节奏较为恰当,指动作爆发得既迅捷、猛烈,又恰到好处。　　⑦险:疾,迅猛。　　⑧短:短促。
⑨彍:弩张满的意思。《说文·弓部》:"彍,满弩也。"王筠句读:"字或作彉。"彍弩:即拉满的弓弩,多喻急疾,危险。　　⑩发机:拨动弩弓的发矢机。机,古代弩上发箭的装置。张预注:"如弩之张,势不可缓;如机之发,节不可远。"高诱注:"机,弩机关。"

【译文】

湍急的水急速地流动,以至于漂转巨石,这是所谓的"势";凶猛的鸟迅飞搏击,以至于能击杀鸟雀,这是所谓的"节"。因此,善于指挥打仗的人,他的战势险疾,攻击的节奏短促。险疾的战势如同拉满的弓一样,短促的节奏如同拨动弩上的机组突然使箭离弦一样。

【战例】

项羽彭城破刘邦

公元前205年(汉王二年),项羽率部在齐地与田荣、田横作战,刘邦乘项羽大兵东去,后方空虚之机,率领五十六万大军,进攻项羽的根据地楚。项羽得到消息后,留下一部分诸侯继续攻打齐国,自率精兵三万人,火速增援彭城。四月,当项羽到达彭城时,彭城已经被汉军占领,汉军上下以为此战已大功告成,天天大摆酒宴,轻歌曼舞,以示庆贺。项羽率部包围汉军,于拂晓时分突然发动进攻。汉军仓促应战。战至中午,大破汉军。汉军溃逃,项羽率部追击,于谷水、泗水等地消灭汉军十余万人。剩余的汉军南逃至灵璧以东的睢水,面对滔滔水流,十余万人无路可逃,纷纷涉险过河,淹死的汉军阻塞睢水,"睢水为之不流"。在楚军的重重包围之中,幸亏突起大风,刘邦才得以在混乱中经过奋力拼杀,仅率数十骑逃出。

项羽彭城破刘邦,就是得益于对"势险节短"的准确运用,这一战略思想的要领是,战前要经过精心的准备,一旦时机成熟,即以迅猛、凌厉的动作发起进攻,一举取得战斗的胜利。

上海工人第三次武装起义

1927年春,为配合北伐战争迅猛发展,上海工人在中国共产党的领导下,举行了反对北洋军阀的武装起义。第一次起义和第二次起义,都在军阀孙传芳的镇压下失败了。1927年3月,中共决定举行第三次武装起义,由周恩来任特别军委书记、武装起义总指挥。这时候,北伐军节节胜利,已经控制了浙江、江西两省和安徽的大部分地区,前锋部队从南、西两面直逼苏南。直系军阀孙传芳连遭惨败,不得不将军队撤离上海,而奉系军阀张作霖又趁机派鲁军毕庶澄部进驻。毕部军阀共有三千人左右,加上当地的二千警察,共有约五千人,战斗力不强。相比之下,上海总工会的会员有二十八万九千多人,工人纠察队有三千人,自卫团有一百人,进行武装起义的条件非常有利。但另一方面,当时举行武装起义,也存在着一定的不利条件。北伐军中,以蒋介石为代表的国民党右派已经开始明目张胆地反共,对工人武装起义不仅不会积极呼应,还可能会予以破坏;总工会会员虽然有数十万,但已经组织起来的工人武装人数不多,且训练不够,武器装备十分缺乏。

周恩来总结前两次起义的教训,认为最主要问题有两条:一是没有充分的准备,二是领导人在事变中缺乏果断。为了组织好第三次武装起义,他有针对性地在这两点上进行了精心的准备。关于起义的准备工作,主要是组织队伍、筹集武器和制定计划。他将工人纠察队扩大到五千人,自卫团扩大到五百人,同时组织了特别队。同时,工人武装按区组织成大队、中队,每天夜里进行军事训练,周恩来经常亲自到各纠察队去指导训练,手把手教工人练习射击。为了培养起义的骨干,指挥部举办了军事训练班,由具有军事经验的共产党员做教员,讲授枪械使用方法、暴动须知事项和巷战战术等,并进行战术运动射击刺杀等军事训练。在进行人员训练的同时,周恩来还积极组织筹集武器弹药。他们在租界购买了二百五十支手枪,并用染料制造了炸弹。当时,上海一些军阀和资本家为了保护自身安全而组织了一些保卫团,为了掌握武器,分化敌人,周恩来指示工人骨干参加进去。在周恩来的领导下,全市和各区都制定了书面的作战计划,对进攻目标、力量、方法、时间等都作了详尽的规定。

关于起义的时机掌握,指挥部确定了两个原则,既要与北伐军的军事进展相配合,又要独立行动不能失去时机。当时,陈独秀主张,只有具备了两个条件方可行动:一是上海没有驻兵,二是北伐军到松江后仍继续前进,或者到了上海南郊的龙华。周恩来不同意这种观点,他主张:"假使松江下,必可动,因毕决不致再守上海。苏州下,也必可动,因他也不能枯守上海,同时他的兵队必有一部分溃散。"会议最终接受了周恩来的主张,确定了行动的方案:"一、松江下。二、苏州下。三、麦根路与北站兵向苏州退。三条件有一个就决定发动。"

3月18日,北伐军到达松江,与军阀部队展开激战。3月19日,上海区委主席团召开紧急会议,周恩来估计毕部可能很快就会败退,因此提出,要求大家都准备好,如果十二点以前,有毕军溃退消息,即一面下令罢工,一面准备晚上发动武装起义。当天,指挥部下达了预备动员令,颁布了行动大纲。第二天,北伐军攻克松江,前锋部队推进到上海郊外的龙华。3月21日,中共最后作出武装起义的决定,12时,全市各大工厂汽笛长鸣,80万工人举行总同盟罢工,下午1时,上海工人第三次武装起义爆发。

纷纷纭纭①,斗乱而不可乱也②;浑浑沌沌③,形圆而不可败也④。

【注释】

①纷纷纭纭:这里指旌旗多而杂乱的样子。纷纷,多而乱的样子。纭纭,繁多而杂乱貌。　②斗乱:指在纷乱的状态中指挥作战。不可乱:指要做到指挥有定,不可慌乱。李筌曰:"纷纭而斗,示如可乱;建旌有部,鸣金有节,是以不可乱也。"
③浑浑沌沌:杂乱不清的样子。曹操曰:"车骑转也。"李筌注:"合杂也。"杜佑注:"浑浑,车轮转行,沌沌,步骤奔驰。"浑沌,古代传说中世界开辟前元气未分、模糊一团的状态。引申为模糊,杂乱,不分明。　④形圆而不可败也:指摆成圆阵,保持阵势,首尾连贯,与敌作战应付自如,扰而不乱,所以不至失败。李筌注:"无向背。"何氏注:"无行列。"王晳注:"不测之貌。"张预注:"浑沌交错。"杨炳安《〈孙子〉会笺》认为:"故此盖言表面虽呈浑沌迷离不辨行列向背之形,然其势则仍能保持不败也;所以如此者,'分数'素明、'形名'素习、奇正分合素定故也。"

【译文】

旗帜交错,人马杂乱,在这样纷乱错杂的情况里战斗,队形似乎散乱却不可以被打乱;战车转动,人马奔驰,在这样混沌不分的情况里战斗,队形似乎败坏却不可以被击败。

【战例】

曹刿论战

公元前684年,齐桓公不听从管仲的"国家内部没有安定不能轻易征伐外国"的建议,打算发兵攻打鲁国,企图一举把鲁国征服。此前,鲁国刚刚被齐国打败过,一听到齐国又要来进攻的消息,加紧训练军队,赶造各种兵器,并疏浚了洙水,以加强国都曲阜的守备。在政治上,则采取了一些取信于民的措施。所以,面对齐国的进攻,鲁庄公决定动员全国的力量,同齐国决一胜负。

战争一开始,齐军步步深入鲁国,鲁军为保存实力,则不得不节节败退,以暂时避开齐军的锋芒。当齐军进入长勺之后,双方摆开了决战的态势。齐军先发制人,向鲁军发起猛烈进攻。鲁庄公见齐军攻上来了,正要下令擂鼓出击,与他同乘一辆战车的曹刿连忙劝止了他。齐军求胜心切,又连续发动了两次攻势,均未奏效。

曹刿见时机已到,对庄公说:"可以进攻了。"此时,齐军由于连续三次进攻没有成功,将士都有些懈怠了。于是,鲁军一鼓作气将齐军的阵营冲垮。庄公见齐军败退,刚要下令追击,又被曹刿阻止住。曹刿下车在地上看了看,发现齐军车辙乱七八糟,又上车向远处望了望,发现齐军的旗帜东倒西歪,于是对庄公说:"可以追击了。"长勺一战,鲁军重创齐军,把齐军赶出了国境。

战争结束后,鲁庄公向曹刿询问取胜的道理。曹刿说:"作战靠的是勇气。当第一次击鼓的时候,战士们听了就会士气大振;第二次再击鼓的时候,战士们的士气就有些低落了;等到第三次击鼓的时候,战士们就没有什么士气了。齐军三次击鼓进攻还没有占到便宜,将士们的勇气就丧失殆尽了,而我军士气正旺,因此战胜了他们。"

庄公又问:"那么我下令追击的时候您为什么又阻止我呢?"

曹刿说:"大国实力雄厚,兵力如何很难判断,所以必须防止中了他们的埋伏。我看到他们的辙印乱了,旗子也倒了,知道他们是真的败了,所以才让您下令追赶的。"

毕再遇青盖借箭

公元1206年(宋宁宗开禧二年),金兵围攻六合,这时宋军六合的守将是毕再遇。与强大的金兵相比,宋军如果硬拼,肯定不是对手,因此,金兵一到,毕再遇就令将士偃旗息鼓,城头上埋伏好弓弩手,并在城南安置了伏兵。金兵气势汹汹地逼近城下准备攻城,守城的宋军万箭齐发,金兵难以前进。此时,伏兵突然一起杀出,金人摸不清底细,怕中了宋军圈套,只好引兵而退。宋军尾随追杀,金兵大败。

不久,金国又从马鞍山、成家桥等地增兵,加强对六合的进攻,攻势日盛一日。由于金兵进攻频繁,城中储备的箭支很快已用完,军心开始动摇。为了解决箭矢的短缺问题,毕再遇想出一个主意。他命士卒高举青盖在城上来来回回地移动,城下的金兵看到了,以为是宋军的主将在城头上,于是乱箭齐射。这样,宋军很快获得二十余万支箭,解决了武器的短缺问题。为了迷惑敌人,毕再遇又令将士在城门上作乐,同时不断派部队骚扰和奇袭金兵,昼夜不停。金兵久攻不下,只好撤退。

乱生于治①,怯生于勇②,弱生于强③。治乱,数也④;勇怯,势也⑤;强弱,形也⑥。故善动敌者⑦,形之⑧,敌必从之;予之⑨,敌必取之;以利动之⑩,以卒待之⑪。

【注释】

①乱生于治：示敌混乱，是由于我之战阵严整。一说恃治之整不抚其下而生乱，一说一方的混乱是由于对方的严整产生的，均未切。"怯生于勇"、"弱生于强"，同。　②怯生于勇：示敌怯懦，是由于我之战士勇武。　③弱生于强：示敌弱小，是由于我之实力强大。　④治乱，数也：意思是军队的治或乱的表现，决定于组织编制是否有序。数，即前所言"分数"之"数"，指军队的组织编制。曹操曰："以部曲分名数为之，故不可乱也。"是。李筌曰："历数也。百六之灾，阴阳之数，不由人兴，时所会也。"将"数"视为"阴阳之数"，与孙子思想相悖。　⑤勇怯，势也：意思是军队勇与怯的表现，决定于军队的态势是否有利。李筌曰："夫兵得其势，则怯者勇；失其势，则勇者怯。兵法无定，惟因势而成也。"　⑥强弱，形也：意思是军队强与弱的表现，决定于军事实力的大小。曹操曰："形势所宜。"王晳曰："强弱者，形之变。"　⑦动敌：按照己之意志调动敌人。　⑧形之：示敌以形，指用假象迷惑欺骗敌人。形：即示形。　⑨予之：指以小利诱之。曹操曰："以利诱敌，敌远离其垒，而以便势击其空虚孤特也。"　⑩动：引动，招致。　⑪以卒待之：用重兵伺机破敌。待，汉简本作"侍"。关于"卒"字，颇多歧义，此处应指士卒，可理解为伏兵、重兵。杨炳安《〈孙子〉会笺》中说："《略解》、《武经》各本'卒'作'本'，《校解》、《武备志》同……而《十家注》各本则作'卒'，汉简同，各家除张注外，亦多注'卒'。按二字形近，传写易误。孙子故书或本作'卒'，而后又有作'本'者。唯作'本'，如赵本学解为'实治、实勇、实强'，与张注引李靖说，解为'正兵节制之师'，似觉迂曲。俞樾疑'卒'为'诈'，谓孙子

乃齐人,言'诈'如'卒',故误为'卒'。按俞说乃以音读言之,并不能通其义而训'卒'为'诈',故亦未安。'以卒待之':其意甚明,即如杜、梅、王、张所注:以严兵劲卒待之之意。又或疑'卒'为'猝'。按'猝'固可假'卒'为之,《韩非子·存韩》'如有卒报',即言如有猝报。'以猝待之',其义亦可与'攻其无备'、'速乘人之不及'之义相通,唯此'猝'乃副词,在句中用作状语,而非名词或代词,故于词性稍有未安,兹存之,以相参较。"

【译文】

军队看似杂乱,是由于组织严整;军队看似怯懦,是由于本质勇敢;军队看似软弱,是由于实力强大。严整或纷乱,这是由组织好坏决定的;勇敢或怯懦,这是由战势优劣造成的;强大或软弱,这是由实力大小形成的。所以,善于调动敌人的将领,伪装假象迷惑敌人,敌人必然就会上当受骗;用小利来引诱敌人,敌人必然就会来夺取;用利益来调动敌人,用重兵伺机攻击它。

【战例】

假道伐虢

晋国的南面有两个小国,一个叫虞,一个叫虢。这两个近邻国家都与周王室同宗,所以相处得很好。晋献公为了夺取崤函要地,决定南下攻打虢国。但是,虞国紧邻虢国的北境,为晋攻虢的必经之途。晋献公害怕两国联合抗晋,就找大夫荀息商议。

晋献公问:"现在我们能讨伐虢国吗?"

荀息说:"不能。虞和虢两国的关系还很好,虢国的戒备也很森严。我看这样吧,我们先给喜欢玩乐的虢公送些美女去,让他尽情享乐,消磨他的意志。"

晋献公依计而行。虢公得了晋国的很多美女,非常高兴,还以为是晋国向自己表示友好,自然放松了对晋国的戒备之心。从此之后,他天天有那么多美女陪着,只顾玩乐,不理政事了。

荀息得到从虢国传来的消息,对晋献公说:"现在可以攻打虢国了。不过,我们还要先离间虞国和虢国的关系,让虞国不要去援救虢国。虞国国君很贪财好利,大王您只要把您的爱物璧玉和宝马送给他,向他借条路去讨伐虢国,他肯定会答应。然后我们让犬戎去侵扰虢国,趁虢国忙于对付犬戎之际,我们就可以乘机消灭它。虢国没有了虞国的帮助,肯定会灭亡。同样,虞国没有了虢国的帮助,我们可以顺便灭了它。"

晋献公听了荀息的妙计,连声说好。可一想到要把自己喜欢的宝马和璧玉送给虞公,又有些犹豫了。

荀息看出了晋献公的心思,说:"虞国灭了,宝马和璧玉不就又是您的了吗? 我们只不过是把这两件宝物暂时寄存在虞国罢了。"

晋献公一听说得有理,就同意了这个计策。

晋献公首先派人去贿赂犬戎,让他们骚扰虢国。犬戎收了晋国贿赂后,答应了晋国的要求。虢公亲自率领大军在桑田抵御犬戎。

然后,晋献公派荀息出使虞国。荀息见到虞公,献上宝马与璧玉,说:"虢国人经常侵犯我们晋国,我们忍无可忍,决定出兵惩罚他们。我们国君把这两件镇国之宝送给您,希望向贵国借一条道儿去讨伐虢国,倘若我们胜利了,所有战利品都送给大王您。"

虞公看看璧玉,又看看宝马,满口答应。

虞国大夫宫之奇看穿了晋国的阴谋,连忙走到虞公面前劝阻说:"大王,您可千万不要答应啊! 虞、虢两国山水相连、唇齿相依,俗话说,'唇亡齿寒',嘴唇如果没有了,牙齿就会挨冻。虢国如果灭亡了,虞国就一定保不住。今天您借道给晋国,他们灭了虢国后,接着就会灭了我国,大王您可要三思呀!"

虞公瞪了宫之奇一眼,说:"晋君把这么好的宝贝给了我,我又怎么能吝惜手指宽的一条路呢?况且失去了虢国一个小国,结交晋国一个大国,这不是非常划算的好事吗?"

宫之奇料定虞国必然要被晋国灭亡,就带着一家人及早离开了虞国。

荀息回去后,晋献公就任命大将里克率军去攻打虢国。当晋军路过虞国时,虞公见晋军十分强大,就讨好说愿意助战,愿意做晋国军队的前锋。

荀息说:"虢公正在和犬戎打仗,您带领军队,假装上去助战,虢国一定放您进城。我们让晋兵冒充您的军队,只要他们一开城门,我们就可以轻而易举地拿下他们的下阳。"

虞公听从了荀息的安排。里克和荀息让自己的士兵冒充虞国军队,顺利地攻下了虢国的主要城池下阳。虢公一听下阳失守,赶快带兵回来救援,结果被犬戎杀得大败。晋国趁机灭了虢国。

灭了虢国后,里克把从虢国所得珍宝的三成献给虞公,虞公非常高兴。里克假装自己生了病,请求虞公让军队驻扎在虞国城外,自己养好病后再走,虞公不但欣然同意,还三天两头派人送药问候。

晋国军队在虞国一驻扎就是一个多月。晋献公来到虞国,虞公很高兴地欢迎他,并与晋献公一起到郊外打猎。

正在高兴的时候,忽然有人来向虞公报告,说城里失火。虞公急忙赶到城下,抬头一看,里克正在城头上站着,说:"您以前借路让我们顺利拿下虢国,我们非常感谢。今天您又把虞国给了晋国,再次向您表示感谢。"虞公一听,气得差点没从车上掉下来。这时,晋献公从后面赶来,笑着对他说:"其实我这次前来,是为了取回我的宝马与璧玉的。"

故善战者,求之于势,不责于人①。故能择人而任势②,任势者,其战人也③,如转木石。木石之性,安则静④,危则动⑤,方则止,圆则行。故善战人之势,如转圆石于千仞之山者,势也⑥。

【注释】
①责:求,期望。《说文》:"责,求也。"　②择:选择。择人:选择适当的人。任:利用,掌握,驾驭。任势:指利用各种有利的态势或事物发展变化的趋势。　③战人:与《形篇》中之"战民"义同,指挥士卒作战。　④安:平,这里指平地。　⑤危:高,高耸,高峻,高险。　⑥故善战人之势,如转圆石于千仞之山者,势也:《〈孙子〉会笺》中说:"此句,《菁华录》作'故善战人之势,如转圆石于千仞之山;转圆石于千仞之山者,势也',并肯定原文无迭句'当系脱文无疑',且责孙校'于此不补正而仍之,亦太疏略矣'。查上篇末句句式与此全同。按迭句固善,唯古人行文简略,语法逻辑亦未必全合现代要求,意犹未尽,须于言外求之,明其真义之所在即可,非不得已,似不必轻易改动原文,况各本皆如此,历来各家亦未见有因不迭句而不明或曲解其真意者。故当仍依各本。此句张注云:'石转于山而不可止遏者,由势使之也;兵在于险而不可制御者,亦势使之也……故用兵任势,如峻坂走丸,用力至微而成功甚博也。'"此说可取。故善战人之势:《通典》卷一五四所引作"故战人之势"。

【译文】
所以善于打仗的人,总是设法造成有利的态势,从战势上寻求

第五章　势篇　　129

胜利,而绝不责成部属以力战取胜。所以他能恰当地选择人才并能巧妙地借助"势"。善于借助有利的"势"来指挥士兵作战的人,如同转动木头、石头一样。木头、石头的特性,放在平坦的地方就静止,放在高耸的地方就摇动,方形的就容易停止,圆形的就容易摇动。所以,善于指挥作战的人所造就的态势,就如同转动圆石从千仞高的山上滚下来一样,这是所谓"势"的道理。

【战例】

曹操西凉破马超

东汉末年,曹操西凉讨伐马超、韩遂的战争就充分运用了造势和借助势的思想。

公元221年(建安十六年),曹操诱捕了西凉太守马腾,马超、韩遂等人反叛,曹操率军讨伐马超、韩遂,两军在潼关对峙。表面上,曹操对马超施加军事压力,以牵制住马超的主力;在暗中,他却派徐晃、朱灵率军四千渡过黄河,控制了黄河西岸。随后,曹操主力大军也顺利地渡过黄河,向南推进,马超只得退守渭水黄河入口处。曹操渡河后,一面设疑兵吸引马超注意,沿黄河向南修甬道示弱于敌,一面又在暗中修浮桥、渡渭河,在渭河南岸加紧修筑营垒。马超率军趁夜偷袭曹营,曹操出以伏兵将其击败。马超因未筑营垒,难以与曹军相持,于是派使者向曹操议和。曹操假装同意,随即设计抹书离间了马超和韩遂的关系,由于内部分裂,马超的力量进一步削弱。曹操随之约期会战,一举大败马超。

第六章　虚实篇

【题解】

"奇正"和"虚实"是战争中两个最主要的"诡道",上一篇讲了"奇正",这一篇主要讲的是战争中如何利用"虚实",通过分散集结、包围迂回等手段,造成预定会战地点上的我强敌劣;如何通过示"形"欺骗敌人,调动敌人而不被敌人所调动,最后取得战争的胜利。主动权是决定战争胜负的主要因素,谁赢得了战争的主动权,谁就能够进退自如,取得战争的胜利,这就是"善战者,致人而不致于人"的道理。为了夺取战争的主动权,孙子认为,在作战原则上要用"我专敌分"的办法,通过迷惑敌人、扰乱敌人,分散敌人的力量,集中自己的优势兵力打击敌人;要善于调动敌人,使敌人就我之范,以掌握战争的主动;还要"形人而我无形",善于隐藏己方的意图和战略部署,使敌人"深间不能窥,智者不能谋",完全落入我方的掌控之中。明代的赵本学说:"此篇语意杂出,约而言之,不过教人变敌之实为虚,变己之虚为实。"他对于本篇篇旨的概括可谓一语中的。

孙子曰:凡先处战地而待敌者佚[①],后处战地而趋战者劳②。故善战者,致人而不致于人③。能使敌人自至者④,利之也⑤;能使敌人不得至者,害之也⑥。故敌佚能劳之⑦,饱能饥之,安能动之⑧。

【注释】

①处:居止,这里是到达、占据的意思。佚:通"逸",安逸,从容。　②趋:疾行、奔赴。一说应为"促",即仓促。李贤注:"趋,急也,读曰促。"趋战:仓促应战。劳:疲劳,劳苦。③致:招致、引来。致人:招致、调动别人。这里指调动敌人。致于人:指为敌人所调动。《汉书·赵充国传》所引此语颜注:"致人,引致而取之也;致于人,为人所引也。"　④能使敌人自至者:《通典》卷一五六所引作"能使敌自致者"。至:"来"的意思,与上文"致人"、"致于人"之"致"不同,由此《通典》非是。　⑤利之:以利诱之。曹操曰:"诱之以利也。"李筌曰:"以利诱之,敌则自远而至也。赵将李牧诱匈奴,则其义也。"　⑥能使敌人不得至者,害之也:《御览》卷三三四所引作"使敌人不得至者,险害之地",并注曰:"守其险害之要路,敌不得自致。"害:妨害,阻挠,牵制。　⑦能:这里是"乃"的意思。　⑧安:安稳,稳固。

【译文】

孙子说:一般来说,作战中先到达战地而等待敌人来战的,就安逸、从容,后到达战地而仓促应战的,就疲劳、紧张。所以,善于指挥打仗的人,能调动敌人却不被敌人调动。能使敌人自动前来与我作战的,是用小利引诱它的结果;能使敌人不得前来与我作战的,是设法阻挠它的结果。因此,敌人安逸就设法使它疲劳,敌人饱食就设法使它饥饿，敌人防御安稳就设法使它移动起来。

【战例】

袁崇焕大败努尔哈赤

前文《形篇》中袁崇焕宁远大败努尔哈赤的战例，也与其一直坚持主动防御，做好了充分的准备息息相关。

1616年，努尔哈赤建立后金，不断对明发动进攻，到1622年，占领了关外的大片土地，直接威胁山海关。兵部职方主事袁崇焕自告奋勇，临危受命，到关外监督军事。袁崇焕到任后，主张"坚守关外，以捍关内"，实行积极防御的方针。经过考察，他认为，山海关外的宁远（今辽宁兴城）地形险要，东边是以渤海为险，西面群山为障，还可以和峙立海中的觉华寺互为掎角。如果在此设防，就可以扼住入关的通道。于是，他决定在宁远建立防线。他的这一主张提出后，首先受到辽东经略王在晋的反对，王在晋主张实行消极防御，"重点设险，卫山海以卫京师"，坚持要在山海关外八里铺筑重关。两人意见不合，相持不下，袁崇焕只好以书面形式上报京师，请求决断。朝廷接到他的奏报后，即派兵部尚书孙承宗来山海关实地考察。孙承宗通过实地调查，认为袁崇焕的主张可行，于是采纳了他的建议，1622年9月，孙承宗派袁崇焕与副将满桂带兵驻守宁远。

宁远城三面环山，东临渤海，是通往关内的咽喉要地。袁崇焕到宁远后，马上着手加强防御。他见城墙只修了三分之一，且厚度和高度都不够，远远达不到防御的要求，立即下令修筑城墙。他亲自设计城墙，制定了标准：城墙高三丈二尺，城基宽三丈，城墙上宽二丈四尺，可拉车、跑马，并且在城墙头上修了六尺高的射箭护身墙。袁崇焕身先士卒，与将士同甘共苦。因此，人人尽力，百姓亦全力支援，次年即完工。经过他的整修之后，宁远成了一座牢不可摧的堡垒，坚固的军事重镇。1624年，取得了孙承宗批准,袁崇焕又把防线向前推进二百里,形成了以宁远、锦州为重点的宁—锦防线。

而此时,明朝内部已经腐败不堪。天启皇帝朱由校昏庸透顶,在内忧外患的关头置天下百姓生死于不顾,竟然沉迷于木匠活儿,朝中大权落入宦官魏忠贤手中。魏忠贤出身无赖,年轻时与人赌钱,欠了一屁股赌债,被人侮辱追讨,只好自己阉割,进宫做了太监。他虽大字不识,但善于投机钻营,到天启皇帝时,居然成了集军政大权于一身的"九千岁"。魏忠贤卖官鬻爵,打击异己。孙承宗不买阉党的账,自然受到迫害。就在袁崇焕加强辽东防御的关键时刻,魏忠贤派了党羽高弟取代孙承宗为辽东经略,接替了孙承宗的职务。高弟是个怕死之徒,畏敌如虎,刚一到任,便不顾袁崇焕的坚决反对,要关外的军队统统撤回关内。袁崇焕虽然抗死不从,但关外锦州、右屯、大小凌河、松山、杏山一带的守军,在高弟的淫威下,纷纷撤回关内,沿途丢弃军粮十万余石。努尔哈赤得知明辽东前线换了主帅,前线防务自动撤离,立即调十三万大军,浩浩荡荡地杀了过来,结果不费一兵一卒,便侵占了辽东大片土地。孙承宗与袁崇焕数年的苦心,将士的血汗,全都付诸东流。宁远成了一座孤城。

天启六年(1626)正月,金兵集十三万之众,进攻宁远。努尔哈赤兵临城下,宁远城共有一万多兵马,袁崇焕只好让百姓全部退入城中,烧掉所有民房,坚壁清野,不给敌人留下任何可以利用的东西。1月24日,努尔哈赤开始攻城。袁崇焕早已命人用水泼在城墙上,结了一层冰。金兵虽然惯于爬城,但无论如何也爬不上这光溜溜的城墙。努尔哈赤亲自督战,金兵又搬来云梯、撞车,前仆后继,加强攻势。袁崇焕在城头上指挥明军用石头、弓箭、各种火器狠狠打击,又令炮手对准金兵密集的地方轰击,金军伤亡惨重,努尔哈赤只好收兵。第二天,努尔哈赤又调集铁甲军顶着盾牌,分十几处登城。袁崇焕沉着镇定,直等大批金兵接近城下,他才下令开炮。霎时炮声震动天地,金兵死伤不计其数,努尔哈赤也受了重伤,只得退兵,明军出城追杀金兵,大胜而归。

出其所不趋,趋其所不意①。行千里而不劳者,行于无人之地也②;攻而必取者③,攻其所不守也④;守而必固者⑤,守其所不攻也⑥。故善攻者,敌不知其所守;善守者,敌不知其所攻⑦。微乎微乎⑧,至于无形⑨,神乎神乎⑩,至于无声,故能为敌之司命⑪。

【注释】

①出其所不趋,趋其所不意:《御览》卷二七〇所引作"出其所必趋也",卷三〇六所引作"出其所必趣",《长短经·格形》所引作"攻其所必趋",且此句下均无"趋其所不意"一句,汉简本中亦无此句。因此,《孙子校释》和《〈孙子〉会笺》均认为应从汉简本和《御览》,作"出其所必趋",并将此句归属上段。"此句似为以上诸句之结语,即'故敌佚能劳之、饱能饥之者,出于其所必趋也';如此则与以下各节(即'行千里而不劳者,行于无人之地也;攻而必取者,攻其所不守也;守而必固者,守其所不攻也')句式全同。故此句文字与句式,均以汉简为胜。如依旧文,止以此句观之,则合'攻其无备,出其不意'之旨。然就本节各句文意综合观之,则矛盾立见。若出兵向敌所'不趋'之处,焉能使敌'劳之'、'饥之'、'动之'?欲使'劳之'、'饥之'、'动之',则必出其所'必趋'而后可。曹注此句云:

'使敌不得不(原本脱此不字)相往而救之也。'其'安能动之'句下又注云:'攻其所必爱,出其所必趋,则使敌不得不相救也。'曹注此句甚确。而由此观之,亦可知其所据本,必作'必趋',故应依汉简、曹注与孙校改。"也有人认为此句合于"攻其不备,出其不意"之旨,所以不必改(如《孙子全译》),这里仍依原本。出:出击,出兵。不:这里当作"无法、无从"之意解。②行于无人之地:汉简本无"于"字。曹操曰:"出空击虚,避其所守,击其不意。"李筌曰:"出敌无备,从孤击虚,何人之有!" ③取:原意为捕获到野兽或战俘时割下其左耳。这里指容易地征服别国或打败敌军。 ④不守:意谓防守松懈之地。李筌曰:"无虞易取。" ⑤固:稳固,安定。 ⑥守其所不攻:汉简本作"守其所必(下缺)",《御览》卷三一七所引作"守其所必攻"。《孙子校释》认为,应从汉简本和《御览》。"守敌所不攻之地,固可守而必固,上下文意亦似畅通,然敌既不攻,则何须加强守备?且如此守备,何益于战胜攻取?故传本有疑。如作'必攻',连接上句,其意即为:防御之所以牢不可破者,乃因防御力量皆配置于敌人必攻之地也。换言之,亦即:唯其料敌之所必攻,故能加强守备使之牢固也。此句杜牧云:'不攻尚守,何况其所攻乎?'后人或因杜牧不攻之语而改原文,实际上杜牧意重在下句'况其所攻乎'。故应依汉简本、《御览》作'必攻'。"但也有人仍认为应为"不攻"。"此句意为敌人可能不攻的地方也必防守。杜牧曰:'不攻尚守,何况其攻乎!'梅尧臣曰:'贼击我卫西,亦备乎东。'"《御览》作'必攻',误。若守敌所必攻,则求守'必固',岂可得耶?"按:若较之前据"不守"之意,及孙子的"出其不意,攻其不备"、"奇正"等思想,应作"不攻"为确。 ⑦故善攻者,敌不知其所守;善守者,敌不知其所攻:汉简本作"故善攻者,敌不知所守;善守者,敌不知所攻"。曹操曰:"情不泄也。"杜牧曰:"攻取备御之情不泄也。"梅尧臣曰:"善攻者机密不泄,善守者周备不隙。"王晢曰:"善攻者待敌有可乘之隙,速而攻之,则使其不能守也;善守者常为不可胜,则使其不能攻也。"意思都是说:善于进攻的人,敌人不知道防守哪里好;善于防守的人,敌人不知道向哪里进攻才行。而李筌注曰:"善攻者,器械多也;东魏高欢攻邺是也。善守,谨备也;周韦孝宽守晋州是也。"则理解有误,以此二句反观上句"必攻"、"不攻"之争,也当以"不攻"为确。　　⑧微:精深,奥妙,微妙。　　⑨至于:达到……程度。　　⑩神:神奇,深奥。　　⑪司命:掌握命运者,关系命运者。张预注:"故敌人死生之命,皆主于我也。"李筌曰:"言二遁用兵之奇正,攻守微妙,不可形于言说也。微妙神乎,敌之死生,悬形于我,故曰司命。"

【译文】

在敌人无法紧急救援的地方出击,在敌人意料不到的地方和时间进攻。走千里长途却不至于人马劳顿,是因为走在没有敌人设防的地方;进攻就必然能得手,因为攻击的是敌人防守不坚固的地方;防守就必然能牢固的,是在正常情况下敌人不可能进攻的地方都设置防守。所以,善于进攻的人,敌人不知道该在哪里防守;善于防守的人,敌人不知道该向哪里进攻。精妙呀!精妙呀!精妙到敌人无形可窥的程度;神奇呀!神奇呀!神奇到不露一丝声息的程度。这样才能成为敌人命运的主宰者。

【战例】

刘邦坚守宛、叶

楚汉战争中,项羽围刘邦于荥阳,汉将纪信采用诈降的办法,才使刘邦得以解围逃脱,回到关中。刘邦打算再引兵东进,与项羽一决高下。袁生建议刘邦说:"汉与楚相距荥阳数岁,汉常中困。愿君王出武关,项羽必引兵南走,王深壁,令荥阳、成皋闲且得休息。使韩信等平河北赵地,连燕、齐,君王乃复走荥阳,未晚也。如此,则楚所备者多,力分,汉将得休息,复与之战,破楚必矣。"意思是说,汉与楚在荥阳相持不下好几年,汉军常陷于不利的困境。所以这次希望汉王刘邦派兵出武关,这样项羽一定率军南下,那时汉军只要加高壁垒,不出战,荥阳、成皋一带就能得以休息。然后再派韩信等去安抚河北赵地,把燕国、齐国联结起来,那时汉军再兵进荥阳也不晚。这样,由于楚军多方防备,力量分散,而汉军得到了休整,再跟楚军作战,打败楚军,就确定无疑了。刘邦听从了他的计策,出兵于宛县、叶县之间,与黥布一路行进,一路收罗人马。项羽听说刘邦在宛县,果然率军南下。刘邦于是加固壁垒,不跟他交战。

进而不可御者①,冲其虚也②;退而不可追者,速而不可及也③。故我欲战,敌虽高垒深沟,不得不与我战者,攻其所必救也④;我不欲战,画地而守之⑤,敌不得与我战者,乖其所之也⑥。

【注释】

①御:抵御,抵抗。　②冲:突袭,冲击。《六韬·敌武》:"敌人逐我,发我车骑冲其左右。"又指撞击,敲击。《晏子春秋·外篇下九》:"景公为大钟,将县之。晏子、仲尼、柏常骞三人朝,俱曰:'钟将毁。'冲之,果毁。"虚:防守虚懈之处。曹操曰:

"卒往进攻其虚懈。"李筌曰:"进者袭空虚懈怠。"　　③速:迅速,快。及:追上,赶上。　　④敌虽高垒深沟,不得不与我战者,攻其所必救也:因为我方已把握了战争的主动权,当我欲与敌人进行决战时,敌人不得不从命。之所以如此,是因为我所选择的攻击点,是敌之要害之处。汉简本无"虽高垒深沟"五字。垒:阵地上的防御工事。沟:护城河或人工挖掘的战壕。必救:指敌人的要害之处或薄弱环节。曹操和李筌均曰:"绝其粮道,守其归路,攻其君主也。"　　⑤画地而守之:即据地而守,喻防守颇易。画,界线,指画出界线。画地,在地上画界线。　　⑥乖其所之也:调动敌人,将其引往他处。乖,违,相反,此处有改变、调动的意思。之:往,去。

【译文】

进攻而使敌人无法抵御的,是冲击它的薄弱环节;后退而使敌人无法追到的,是行动迅速而使它来不及追赶。所以,如果我军想要决战,尽管敌人高垒深沟,也不得不同我军作战,这是由于进攻了它的要害的地方;我军不想与敌决战,即使仅仅在地上画一道界线也能守得住,敌人无法来同我军交锋,这是因为设计把它调动到别的方向去了。

【战例】

高欢破尔朱兆

南朝时,控制北魏朝政的尔朱兆被高欢击败,尔朱兆率领一部人马逃往秀容。高欢立元脩为魏孝武帝,自己做了丞相,并亲率大军进驻晋阳,准备征讨尔朱兆。而尔朱兆逃到秀容后,立即着手整顿军马,聚草屯粮,筹划把守关隘,准备抵御高欢的进攻。

一天,探马突然来报:"高欢率领大军已经离开晋阳,正在向我们开进,不日即可到达。"尔朱兆此时已是惊弓之鸟,一听高欢真的来进攻了，更加恐慌，连忙命令所属各部作好迎敌准备。可是许多天过去了，竟然毫无动静，派人打听，才知道高欢已经收兵回营，尔朱兆原来只是虚惊了一场。

过了一段时间，又有探马报告说高欢马上就要攻过来了，但事后才发觉又是故弄玄虚。如此反复四次。尔朱兆认为：高欢现在正集中精力对付关中及朝廷内部的反对派，这样做只不过是故意虚张声势来以攻代守罢了。于是，他也就放松了戒备。

高欢得知尔朱兆已放松了戒备，便秘密集结军队，筹备军用物资，利用新春岁首，士兵放假休息的机会，发起了进攻。533年大年初一，尔朱兆和部将们正在饮酒作乐，欢度新年，突然杀声四起，一个个惊慌失措。高欢军乘势追杀，尔朱兆军溃败，最后他在赤洪岭自尽了。

高欢用"虚虚实实"的方法来麻痹敌人，使敌人放松戒备，然后自己乘虚而入，大败敌军。这也是采用了"避实击虚"的策略。

田忌赛马

战国时期，齐威王很喜欢赛马，经常与大将军田忌进行比赛。他们的方法是把马分为上、中、下三等分别进行比赛，虽然马力相差不远，但田忌经常是赛三场输三场。后来，孙膑向田忌献策，他说，就马的力气而论，你们双方相差不多，都有上、中、下之分。但是，大王的马都是从天下搜集来的，比你的要好一些。因此你每次用良马对大王的良马，劣马对大王的劣马，这样依次角逐，自然会输掉。不如这样，你用下等马对齐威王的上等马，用上等马对齐威王的中等马，用中等马对齐威王的下等马，用这个方法也许能从总体上胜过他。

田忌采用了孙膑所说的办法。结果再比赛时，田忌虽然输了一场,但有两场取得了胜利,终于以二比一赢了齐威王。

在这里,孙膑所采取的也是"避实就虚"的策略。他放弃了与齐威王最好的马的争夺,用自己实力最强的马去与他的实力稍弱的马比赛,因此最终赢得了胜利。

但是,采用这种方法并不能生搬硬套,应该根据活动的目的灵活运用。在后来的齐魏桂陵之战中,孙膑就又向田忌证明了这个道理。

在桂陵之战中,魏军分左、中、右三路回救魏国的都城大梁。其中,左军力量最强,中军次之,右军最弱。齐军主将田忌从赛马中得到启示,准备也将自己的军队按战斗力的强弱分为上中下三等,以自己力量最弱的下军迎击敌军最强的左军,再以上军击其中军,以中军击其右军。孙膑对他说,作战不是争个二胜一负就能获胜,而是要大量消灭敌人。他经过分析双方的实力后提出,要用自己的下军对敌人最强的左军,用自己的中军对敌人的中军。前者敌强我弱,后者势均力敌。这两军要依托有利地形,尽量缠住敌人,拖延时间,钳制敌人而不要死打硬拼。同时,以自己最强的上军攻击敌人最弱的右军,采取速战速决的办法,得胜后再与中军协同合击敌人中军。消灭敌人的中军后,再把所有的军队集中起来,共击敌人最强的左军。采取这种策略,在每一个局部都形成了我强敌弱的局面,这样,齐军一举击败了魏军,取得了全胜。

故形人而我无形①,则我专而敌分②;我专为一,敌分为十,是以十攻其一也③,则我众而敌寡,能以众击寡者④,则吾之所与战者约矣⑤。

【注释】

①形人:使敌人现形,形,此处作动词,显露的意思。梅尧臣注

曰:"他人有形,我形不见。故敌分兵以备我。"一说为示伪形于敌,即用假象欺骗敌人。张预注:"吾之正,使敌视之以为奇;吾之奇,使敌视以为正,形人者也。以奇为正,以正为奇,变化纷纭,使敌莫测,无形者也。"无形:即隐蔽真形。
②专:专一,这里是集中的意思。分:分散,分开。　　③以十攻其一:指我军在局部上对敌拥有以十击一的绝对优势。
④则我众而敌寡,能以众击寡者:《〈孙子〉会笺》中认为:"依传本作'我众'、'敌寡'、'以众击寡',承仁'以十攻其一',文意贯下,自可通。唯详味简文,句首既无'则'字,则此句自不宜属上为读,而应属下为读,亦即此句非上节之结语,而为本节之首句。上节与本节所言,为两种情况。上节言'我专为一、敌分为十'、'以十攻其一',即言我众敌寡,而本节则言我寡敌众。因属两种情况,文意并非一直贯下,故前后文意并无矛盾。简本注云:'简本之意似谓虽敌众而我寡,若能以十击一,则寡可胜众',有理。以十击一,乃策略原则,此原则,无论敌我众寡如何,均应坚持。就整体而言,我虽寡弱,然若善于'形人而我无形',能做到'我专而敌分',亦同样可使吾之所与战者'约'而败之。再,查此节下文有云:'以吾度之,越人之兵虽多,亦奚益于胜哉',又云:'敌虽众,可使无斗',此皆明言我寡敌众,可视为此节文意之引申;况孙子之世,较之楚、越,吴国亦确较弱小,故依汉简,或更符合孙子原意和当时情况。今两存之。"　　⑤约:少,寡。

【译文】

所以,使敌人暴露它的形迹却不让敌人察明我军的真相,那么,我军的兵力就可以集中而敌人就势必要分散;我军集中在一处,敌人分散在十处,这就是以十攻一的态势,那么,我军就显得兵力多而敌人就显得兵力少了。我军能够用众多的兵力去攻打敌人寡少的兵力,那么同我军作战的敌人,就显得相对少了。

【战例】

红军第一次反围剿

毛泽东在《中国革命战争的战略问题》中曾经说:"对于人,伤其十指不如断其一指;对于敌人,击溃其十个师,不如歼灭其一个师。"同时,他又认为:"集中兵力看来容易,实行颇难。人人皆知以多胜少是最好的办法,然而很多人不能做,相反地每每分散兵力,原因就在于指导者缺乏战略头脑,为复杂的环境所迷惑,因而被环境所支配,失掉自主能力,采取了应付主义。"毛泽东这里所说的,就是集中优势兵力打击敌人的思想,也就是《孙子兵法》中的"以众击寡"。

中央苏区红军第一次反"围剿"中,就成功地运用了这一军事原则。1930年10月,蒋介石在湘、鄂、赣、闽等省陆续调集十万余人的兵力,任命江西省主席兼第九路军总指挥鲁涤平为"围剿"军总司令、第18师师长张辉瓒为前线总指挥,气势汹汹地对中央苏区发动了第一次"围剿"。当时,红一方面军约四万余人,由总司令朱德、总前委书记兼总政委毛泽东领导和指挥。面对强大的敌人,从10月下旬起,中央苏区党内和红军内部,对于应该采取什么方针战胜敌人的问题发生了分歧。红一方面军总前委通过对敌情的分析,经过多次讨论,终于在新喻县境的罗坊会议上通过了毛泽东的主张,即根据当时红军和苏区还不巩固和敌强我弱的形势,面对国民党军的大规模"围剿",应当避免脱离苏区贸然攻打大城市的做法,而是应主动退却,将敌引进苏区内,红军依托苏区熟悉的地形和人民群众的支援配合等有利条件,发现和造成敌人的弱点,使敌我态势发生有利于我不利于敌的变化,然后集中兵力实施反攻,各个歼敌于运动之中。

11月初,红一方面军总部下达命令:"诱敌深入赤色区域,待其疲惫而消灭之",命令分布在袁水流域的红军立即收拢,东渡赣江,向赣南苏区北部边境转移,使敌人在袁水流域与我主力决战的计划破灭。接着红军又向苏区中部转移,先后集结在黄陂、小布、洛口等地,隐蔽集结待机,抓紧临战训练,准备反攻。总前委12月下旬在小布召开苏区军民歼敌誓师大会的时候,毛泽东为大会写了一副对联:"敌进我退,敌驻我扰,敌疲我打,敌退我追,游击战里操胜算;大步进退,诱敌深入,集中兵力,各个击破,运动战中歼敌人。"这副对联生动地反映了红军所确立的反"围剿"作战的指导思想。

11月5日,国民党军队开始向袁水流域推进,扑空后又向赣江东岸逼进。12月初,蒋介石到南昌,召集党政军高级官员,举行"剿共军事会议",亲自组织军队向赣西南苏区和毛泽东、朱德领导的红一方面军进攻,确定于中旬开始,各路"围剿"军以东固地区为合攻目标,分进合击。国民党军开始向中央苏区中心地区进攻,至28日,虽然进至富田、东固、源头、洛口等地,但找不到红军的主力进行决战。他们深入苏区腹地,已是疲惫不堪。

面对敌人的进攻,红一方面军总前委再次研究反"围剿"作战方案。鉴于国民党军"围剿"布势及战线过长,间隙过大,兵力分散,且"围剿"军均非蒋介石嫡系部队,派系复杂,难于协调等情况,毛泽东、朱德确定实行"中间突破"的战术,先打敌主力谭道源师或张辉瓒师,分敌为远距离的两群,以便各个击破。28日,鲁涤平令其深入苏区的5个师向红军发起总攻。其中张辉瓒率的第18师第52、第53旅和师直属队,于29日由东固孤军冒进龙冈。方面军总前委立即决定部队西进,首先歼灭深入龙冈的张辉瓒部。

龙冈是一个山区小圩镇,接近红军主力集中的地方,且群山环绕,中间是一条狭长的峡谷,宽处四五里,窄处仅一二百米,是红军设伏的好场所。红军利用地形掩护,悄悄地接近了敌人。30日凌晨,细雨浓雾,几十米外难看清人。张辉瓒率部由龙冈向五门岭推进,刚进到狭窄山路时,突然遭到设伏的红3军的迎头痛击。张辉瓒自恃兵力武器占优势,遂组织部队向红军阵地反扑。红3军顽强抗击,战斗十分激烈。下午3时,红军大部队及时赶到,隔绝了敌师与东固之敌的联系,切断了龙冈敌人向西北方向突围的道路,至16时,完成了对敌第18师主力的合围。红军发起总攻击令,顿时杀声震天,刀舞弹飞,敌人溃不成军,四处逃窜。红军利用熟悉的地形,勇猛穿插,全歼第18师师部和两个旅近一万人,活捉敌前线总指挥张辉瓒,缴获各种武器九千余件,子弹一百万发,电台一部。红一方面军乘胜挥师东进,直取谭道元师。1931年1月3日晨,红军进抵东韶附近,向第50师发起进攻,经过激烈战斗,共歼该师三千余人,残敌逃回临川。红军缴获长短枪二千余支,子弹十三万发,电台一部。五天之内,红军连打两个胜仗,胜利地打破了国民党军队的第一次"围剿"。

红军利用"以众击寡"的战术思想,成功打败了国民党军队的"围剿"。关于如何才能做到"以众击寡",孙子提出了"形人而我无形"、"我专敌分"的思想。"形人而我无形"是成功做到避实击虚的一个关键。《草庐经略·虚实》中说:"善兵者,必使我常实而不虚,然后以我之实,击彼之虚,如破竹压卵,无不摧矣。虚实在敌,必审知之,然后能避实而击虚。虚实在我,贵我能误敌,或虚示之以实,或实而示之以虚,或虚而虚之,使敌转疑我为实,或实而实之,使敌转疑我为虚。玄之又玄,令不可测,乖其所之,诱之无不来,动之无不从者,深知虚实之妙而巧投之也。"意思是说,善于用兵的人,应当使我方常处于实的状态而不要处于虚的状态,然后以我军的实攻击敌军的虚,就像剖开竹子和压碎鸡蛋一样简单,就能够战无不克。敌人的虚实问题我们必须摸清,然后才能做到避实击虚。而我方在虚实问题上所要做的,最主要的就是能够误导敌人,或者将虚伪装成实,或者将实伪装成虚;或者将虚伪装得更虚,使敌人产生怀疑,误认为我是实;或者将实伪装得更实,使敌人产生怀疑,误认为我是虚。虚实变化,深奥莫测,使敌人无法捉摸,使其行动产生错误,引诱它就没有不来上钩的,调动它就没有不来就范的,这就是深知虚实变化的奥妙并针对不同的敌情巧妙运用。总之,只有深刻了解虚实变化的原则,做到"形人而我无形",才能使敌人防不胜防,分散兵力疲于应付,从而达到"我专而敌分",造成我军局部上的优势,以集中兵力打击敌人。

吾所与战之地不可知①,不可知,则敌所备者多;敌所备者多,则吾所与战者寡矣②。故备前则后寡,备后则前寡,备左则右寡,备右则左寡,无所不备,则无所不寡③。寡者,备人者也④;众者,使人备己者也⑤。故知战之地,知战之日,则可千里而会战⑥;不知战地,不知战日,则左不能救右,右不能救左,前不能救后,后不能救前⑦。而况远者数十里,近者数里乎⑧?

【注释】

①吾所与战之地不可知:即我准备与敌作战的战场地点敌人无从知晓。 ②不可知,则敌所备者多;敌所备者多,则吾所与战者寡矣:此句意为,我与敌欲战之地敌人既无从知晓,就不得不多方防备,这样,敌人兵力势必分散;敌人兵力既已分散,那么与我交战的敌人就相对较少且容易战胜了。曹操曰:

"形藏敌疑,则分离其众以备我也。"李筌曰:"陈兵之地,不可令敌人知之;彼疑,则谓众离而备我也。"　③无所不备,则无所不寡:此句意思是,如果处处设防,必然是处处兵力寡弱,处处陷入被动。　④寡者,备人者也:言兵力之所以相对薄弱,是由于分兵备敌的缘故。　⑤众者,使人备己者也:言己方兵力之所以占有相对优势,是因为迫使对方分兵备战的缘故。　⑥故知战之地,知战之日,则可千里而会战:曹操曰:"以度量知空虚会战之日。"李筌曰:"知战之地,则舟车步骑之所便也。魏武以北土未案,舍鞍马,仗舟楫,与吴越争强,是以有黄盖之败。吴王濞驱吴楚之众,奔驰于梁郑之间,此不知战地日者。"孟氏注:"先知战地之形,又审战地之日,则可千里期会,先往以待之。"　⑦救:援救,支援。　⑧而况远者数十里,近者数里乎:汉简本无"而"字,"况"作"皇"。曹允儒《孙子·握机纬》"数十里"作"数千里",易培基《杂说》亦谓"十"乃"千"之误,说:"数十里乌可言远也?"《孙子校释》和《〈孙子〉会笺》均认为"十"不可作"千"。"'数十里'非指赴战所行路程之远近;如指此,乌可言'不知战地、不知战日'哉?故'数里'、'数十里'乃指战阵间部伍兵力之分配部署,亦即所谓'前'、'后'、'左'、'右'之大体方圆。故此言如不知战地、战日,纵可千里赴战,亦必因被动接应而前后左右不能配合协同;近者数里尚且如此,况远者数十里乎?张注:'不知敌人何地会兵、何日接战,则所备者不专、所守者不固;忽遇劲敌,则仓遽而与之战,左右前后犹不相援,又况首尾相去之辽乎',是,故作'数千里'者误。"况:何况,况且。

【译文】

我军所要进行决战的地方敌人没有办法知道,敌人既然不可能知道,那么,它要设防的地方必然就多;它要设防的地方多,每一个地方能同我军打仗的敌人就少。所以,防备前面,后面的兵力就薄弱;防备后面,前面的兵力就薄弱;防备左翼,右翼就薄弱;防备右翼,左翼就薄弱;到处都设防,就到处都薄弱。造成兵力薄弱的原因就是被动地处处设防;形成兵力集中的优势就是因为使敌人被动地来防备我军。所以能判断出在什么地方打仗,在什么时间打仗,那么,就是远隔千里也可以去同敌人会战。如果不知道在什么地方打仗,在什么时间打仗,那么,就算左翼也不能救援右翼,右翼也不能救援左翼,前面也不能救援后面,后面也不能救援前面。更何况远者相隔数十里,近的也要相隔数里地呢?

【战例】

陈霸先破侯景

南北朝时期,梁将王僧辩、陈霸先攻打叛将侯景,陈军于张公洲,高旗巨舰,遏江蔽日,乘潮顺流,非常壮观。侯景登上南京城头观察敌人,看到这种阵势,忧虑地说:"敌军的气势好像长堤一样,恐怕无法撼动呀。"虽然力量悬殊,但他还是率铁骑万人,呐喊而出,摆出一副决战的架势。

陈霸先对王僧辩说:"善于用兵的人,就像常山之蛇一样,首尾呼应。敌人如今前来送死,想要决一死战,我众彼寡,应当分他的阵势。"王僧辩同意了他的主张。于是梁军以强弩攻其前,轻锐蹂其后,大军径冲其中,侯景于是大败而逃。

以吾度之①,越人之兵虽多②,亦奚益于胜败哉③? 故曰:胜可为也④。敌虽众,可使无斗⑤。故策之而知得失之计⑥,作之而知动静之理⑦,形之而知死生之地⑧,角之而知有余不足之处⑨。

【注释】

①度：推断，推测，估计。　②越人之兵：一说为越国的军队，"越"指越国。如曹操曰："越人相聚，纷然无知也。或曰：吴越，雠国也。"一说为"过人之兵"，"越"意为"过"。
③奚：疑问词，何、什么。益：补益，帮助。　④为：造成，创造，争取。胜可为也：即言胜利可以积极创造。　⑤敌虽众，可使无斗：张预注曰："分散其势，不得齐力同进，则焉能与我争。"无斗：指无法有效投入战斗。　⑥策：策度，筹算。得失之计：一说为敌计之得失优劣。一说为优劣好坏之各种条件。　⑦作：兴起，此处指挑动。动静之理：指敌人的活动规律。动静：情况。　⑧形：显露，这里引申为侦察。一说形之之示敌以伪形。死生之地：指敌之优势所在或薄弱环节、致命环节。　⑨角之而知有余不足之处：此句意为要通过对敌作试探性较量，来掌握敌人虚实强弱情况。角，音 jué，量、较量。曹操曰："角，量也。"有余，指充足。这里指充实、强大之处。不足，不充足，不够，这里指空虚、软弱之处。

【译文】

据我推测，越国的兵力尽管多，但又于打胜仗有何帮助呢？所以说，胜利是可以通过努力而达到的。敌人的兵力尽管多，但可以使它无法有效地同我较量。所以，精确而详实地去估计敌情，以求能够推知它作战计划的优劣；用诱调动一下敌人，以求能够了解它活动的规律；侦察一下敌人的基本情况，以求能够了解它哪里有优势哪里薄弱；与敌进行一下小的较量，以求能够了解它的虚实情况。

【战例】

宇文宪疑兵退高纬

北周建德五年,周武帝宇文邕率军东进讨伐北齐,以齐王宇文宪所部为前锋,进驻雀鼠谷。周武帝亲临前线指挥部队围攻晋州,北齐后主高纬获悉晋州被围的消息后,也亲自率军前来救援。当时,北周军的部署是:陈王宇文纯所部屯驻千里径,大将军永昌公宇文椿屯驻鸡栖原,大将军宇文盛所部屯驻汾水关,以上各路兵马都受齐王宇文宪统一指挥。宇文宪秘密地对宇文椿说:"用兵打仗,是一种以诡诈为指导的行动。你现在设置营垒,不必张设军帐帷幕,可以砍伐柏树搭成草屋,伪示有兵驻守的样子。一旦使部队撤离该地,敌人见到草屋仍会产生疑惑而不敢前进。"这时,齐后主高纬派遣兵力万人向千里径进攻,又派一部兵力进击汾水关,他自己则亲率主力进至鸡栖原与宇文椿部对抗。宇文椿把齐军来攻的紧急消息报告给宇文宪,宇文宪亲自率军前来增援。但当他赶到鸡栖原时,恰值宇文椿奉周武帝命令率兵连夜退还。追击中的齐军,当其看到以柏树枝搭设的草屋时,果然误认为是周军设伏备敌之所,于是望而生怯不敢继续前进了。到了第二天,齐军才明白自己上了周军的"疑兵"之当。

故形兵之极①,至于无形;无形,则深间不能窥②,智者不能谋。因形而错胜于众③,众不能知。人皆知我所以胜之形④,而莫知吾所以制胜之形⑤。故其战胜不复⑥,而应形于无穷⑦。

【注释】

①形兵:指军队部署过程中的伪装佯动。极:最高的状态。
②深间:指深藏的间谍。间,间谍。窥:刺探,窥视。表示伪装达到最高境界,则敌之深间也无从推测底细,聪明的敌人也束手无策。　③因:由,依据。因形:即根据敌情而灵活应变。错:同"措",放置、安置之意。　④人皆知我所以胜之形:《孙子校释》认为,"所以胜之形"应为"所胜之形","'人皆知我所胜之形,而莫知我所以制胜之形',即言人皆知我胜敌之状,而莫知我所以克敌制胜之理。故下句'所'下'以'字不可无,而此句'所'下'以'字不可有,上下若均言'所以',则逻辑层次浑然不明矣。故以无'以'字为是。"有理,存之。
⑤而莫知吾所以制胜之形:可是无从得知如何克敌取胜的内在奥妙。曹操曰:"不以一形胜万形。或曰:不备知也。制胜者,人皆知吾所以胜,莫知吾因敌形而制胜也。"李筌曰:"战胜,人知之;制胜之法幽密,人莫知。"梅尧臣曰:"知得胜之迹而不知作胜之象。"张预曰:"立胜之迹人皆知之,但莫测吾因敌形而制此胜也。"　⑥复:重复。曹操注:"不重复动而应之也。"
⑦应:适应。形:形状,形态,客观情形。此处特指敌情。

【译文】

所以佯装伪动运用假象迷惑敌人的用兵方法做到极点,就看不出虚实的形迹;既然看不出虚实的形迹,那么即使有深藏的间谍也窥探不出我军的虚实,聪明的敌人也想不出对付我军的办法来。根据敌形而灵活运用战术所取得的胜利,尽管把胜利摆在众人面前,众人也还是看不出其中的奥妙;一般人只知道我军战胜敌人的情形,却没有人知道我军所以克敌制胜的内在原因。所以,每次胜利都不是用重复的战法,而是随着敌情的变化而变化无穷。

【战例】
康熙智擒鳌拜

顺治皇帝去世时,因为康熙皇帝年龄还小,所以遗诏要索尼、苏克萨哈、遏必隆和鳌拜等四位大臣辅政,协助处理国家大事,稳定朝中的局面。

四位辅政大臣中,鳌拜虽然列于最后,但实际上最有实权。当时,索尼已经年老,虽列首位,但不能制约他人;遏必隆怯弱,追随依附鳌拜;苏克萨哈资历浅、威望轻,虽有心与鳌拜争权,但力不从心。鳌拜自以为战功最多,专横跋扈,言行无所顾忌,上欺幼帝康熙,下压朝中文武,军国大事由他一人独断,广植私党,残害异己。就连康熙也怨愤地叹道,鳌拜"上违君父生托,下则残害生民,种种劣迹,难以极举",决心除掉他。

康熙即位时年仅 8 岁,但他十分聪明,对朝中的各种事情看得很清楚。他知道,鳌拜遍植党羽,控制着朝中大权,如果自己表现得聪明睿智,就可能引起鳌拜的不安,甚至有生命危险。只有故作软弱,麻痹鳌拜,使他放松警惕,自己才能在暗中积蓄力量,等待时机,铲除鳌拜。

1667 年,康熙已经 14 岁,依照规定,应当可以开始亲政了。这时候,他对鳌拜采取欲擒故纵的计策,给鳌拜父子分别加封为"一等公"、"二等公",以后又分别加了"太师"、"少师"的封号。

然而,对于康熙来说,加封鳌拜父子仅仅是一时的权宜之计,不过是一种假象,他是不甘做傀儡皇帝的。到 1669 年,鳌拜自恃位高权重,经常借口有病不上朝,康熙就亲自去探望他。有一次,御前侍卫发现鳌拜神色反常,便迅速走到鳌拜床前,揭开席子发现一把匕首。鳌拜见此情景十分紧张,康熙却故作天真,若无其事地笑笑说:"刀不离身是满人的习惯,不值得大惊小怪!"当场稳住了鳌拜。

在对待鳌拜的问题上,康熙表现出很大的忍耐心。有时候,还做出一些出色的表演,以显示自己无能。

其中,最典型的一件事就是"圈地事件"。

圈地制度源于入关前太祖、太宗把战争中掠夺的土地、人口分给王公贵族的惯例。诸王、勋臣、兵丁任意圈占,圈到哪里,田主被逐出,就连室内的所有物品,都被圈地者抢占。这种制度不利于经济的发展及社会的稳定,破坏了农业生产的正常进行。顺治四年,清政府就下令废止圈地制度。

多尔衮摄政时,曾把镶黄旗应分得的土地,给了正白旗,把保定、涿州等地较为贫瘠的土地分给了镶黄旗。现在镶黄旗的鳌拜掌权,不顾禁令,要求将两旗土地重新更换过来。

鳌拜这种倒行逆施的行径,不得人心。辅政大臣苏克萨哈、户部尚书苏纳海、直隶总督朱昌祚、保定巡抚王登联等大臣都认为这样做违犯禁令,就是鳌拜所在的镶黄旗的旗民也不愿意离开生活了二十多年的故地。

但是,鳌拜不顾大家的反对,倚仗权势,强行换地,结果使大批人民失去土地,生活无着,很多土地被抛弃撂荒。

负责圈换土地的户部尚书苏纳海和朱昌祚、王登联因反对换地,引起鳌拜不满。鳌拜决心拔掉这几颗眼中钉,就对康熙说,这几个人"阻挠国事,统是目无君上,照例应一律处斩"。康熙于是在征求了其他辅政大臣的意见后,将三人交刑部议罪。鳌拜又矫旨将苏、朱、王三人斩首。

苏、朱、王三人是忠臣,他们的意见正确,康熙帝对此是知道的。但此时鳌拜势力大,康熙不能与他反目,只能强忍,使忠臣含冤。

在对待苏克萨哈的问题上,康熙同样采取了故示暗弱的策略。

第六章　虚实篇　153

索尼死后,遏必隆追随鳌拜,四大辅臣中只有苏克萨哈与鳌拜政见不合。鳌拜决心整倒苏克萨哈。

为了达到目的,鳌拜首先到议政王处活动。当时议政王中,以康亲王杰书威望较高,但他对鳌拜也非常惧怕。鳌拜见了杰书,要他听自己的命令办事,康亲王杰书唯唯听命,马上给皇帝写了奏书。在奏书中,杰书写道:苏克萨哈身为辅政大臣,却欺藐主上,心怀奸诈,存蓄异心,按律应将官职尽行革去,凌迟处死,株连九族。

按清朝惯例,凌迟处死,是大逆不道的处分,苏克萨哈有何罪可以凌迟处死,并且还要灭族呢?

康熙帝看了,十分惊异,他召康亲王杰书及遏必隆、鳌拜等人入内计议。康熙帝表示不准奏。鳌拜大怒,攘臂向前,欲以老拳相向。康熙吓得惊恐失色,便支吾道:"就是要办他,也不应凌迟处死。"

鳌拜说:"即使不凌迟,也应斩首。"

康熙帝战栗不答,杰书同遏必隆参而未议,最后定了绞决。

这是一次很好的表演,鳌拜看康熙帝如此软弱无能,吓得惊恐失色,浑身战栗,觉得这个少年太容易控制了。因此使康熙帝生命受威胁的危险性小了。

按理说,像康熙帝这样的人,看惯了上层斗争的刀光剑影,即使鳌拜攘臂向前,他也不会惊恐失色。只能说明,为了除掉鳌拜,他早已做好了准备,胸有成竹。

事实正是如此,不久,康熙帝就加封鳌拜为一等公,鳌拜更加放心了。康熙的计谋取得了成功,上上下下都认为康熙太软弱,难以与鳌拜抗衡。

康熙知道,如今政权已被鳌拜控制,御林军也被鳌拜掌握,因此,康熙必须慎重。于是,他从侍卫中选取了一批身强力壮者,以练习摔跤的名义组织了一支能为皇帝拼死效忠的少年亲信卫队,每天在宫中进行练习,在鳌拜入朝奏事时也不回避。鳌拜不但没有起疑心,反而认为康熙贪玩,没什么大志,心里更加坦然,不加戒备了。

康熙八年的一天,康熙以下棋为名,召索尼的儿子吏部侍郎索额图入宫,谋划擒拿鳌拜之计。这时,练习摔跤的侍卫武艺日渐进步,已有足够的力量擒拿鳌拜。

于是,康熙帝单独召鳌拜入见,事先已将侍卫埋伏在两侧。

鳌拜毫无戒备,欣然前往,到了内廷,见了康熙皇帝,依然挺胸昂首、盛气凌人地走到康熙帝面前。

康熙厉声喝道:"左右与我拿下!"

一班少年侍卫一拥而上,将鳌拜擒获,押入大狱。

皇帝命康亲王杰书等勘问,列出鳌拜主要罪行三十款,并经康熙帝亲自过问,逐一落实。朝廷大臣议决,将鳌拜及其亲子兄弟革职、立斩,妻并孙为奴,家产籍没,其族人有官职及在护军者,均应遣退,各鞭一百。康熙帝则考虑到,鳌拜是顾命辅臣,且有战功又效力多年,不忍加诛。最后定为革职没籍,与其子俱予终身禁锢,后来鳌拜死于狱中,儿子纳穆福获释放。

《鬼谷子》中说:要想排挤一个人,就要先纵容他为所欲为,然后再擒之灭之。分析康熙与鳌拜的较量我们可以发现:鳌拜虽出身将门,青年时代即驰骋沙场,技艺超群,勇武善战,多有战功,但他的确只不过是一介武夫,并不善于政治斗争。武夫出身的人,往往比较直爽,敢作敢为,但缺乏计谋,鳌拜正是这样的人。以他当时的势力,除去康熙易如反掌,但他没有这样做,他根本没把康熙放在眼里。与鳌拜相比,康熙少年天子,拼枪拼刀都不如鳌拜,鳌拜辅政八年,树大根深,要除掉他实在不易。中国传统哲学讲究以柔克刚,康熙正是利用这一道理。他利用自己年少,故意表现出好玩、政事无主见、胆怯等弱点,对鳌拜一再退让,以消除他的戒心,鳌拜果然上当受骗。

夫兵形象水①,水之形,避高而趋下②;兵之形,避实而击虚③。水因地而制流,兵因敌而制胜④。故兵无常势,水无常形⑤,能因敌变化而取胜者,谓之神⑥。故五行无常胜⑦,四时无常位⑧,日有短长,月有死生⑨。

【注释】

①兵形象水:意思是用兵的规律与水的运动规律相似。兵形:用兵打仗的方式方法,可理解为用兵的规律。　②水之形,避高而趋下:《孙子校释》和《〈孙子〉会笺》均认为作"水之行"义长。"水之形"也可通,指水的运动规律。　③兵之形,避实而击虚:即言用兵的原则是避开敌人坚实之处,攻击其空虚薄弱的地方。　④水因地而制流,兵因敌而制胜:李筌曰:"不因敌之势,吾何以制哉? 夫轻兵不能持久,守之必败;重兵挑之必胜。"　⑤常:固定不变的。势:态势。常势:固定永恒的态势。常形:一成不变的形态。　⑥神:甚妙,高明。　⑦五行:木、火、土、金、水,我国古代称构成各种物质的五种元素,古人常以此说明宇宙万物的起源和变化。古代的五行学说认为这五种元素彼此相生又相克:木生火,火生土,土生金,金生水,水生木;金克木,火克金,水克火,土克水,木克土。　⑧四时:指春夏秋冬四季。常位:指固定的位置。这句话是说春、夏、秋、冬四季推移变换永无止息。　⑨日:指白昼。死生:指盈亏和消长。曹操曰:"兵常无势,盈缩随敌。"李筌曰:"日月者,周天三百六十五度四分度之一。百刻

者,春秋二分则日夜均,夏至之日昼六十刻、夜四十刻,冬至之日昼四十刻、夜六十刻,长短不均也。月初为朔,八日为上弦,十五日为望,二十四日为下弦,三十日为晦,则死生义也。孙子以为五行、四时、日月盈缩无常,况于兵之形变,安常定也?"梅尧臣曰:"皆所以象兵之随敌也。"

【译文】

用兵的规律好似流水的规律,流水的规律,是避开高处而向低处奔流;用兵的规律,是避开敌人坚实的地方而攻击敌人的空虚之处。流水因地形而制约它奔流的方向;战斗因敌情来决定不同的作战方式。所以,用兵作战没有长久不变的战场态势,就如同流水没有长久不变的形态。能根据敌情变化而取胜的,才称得上高明。所以,五行相生相克,没有哪一种元素会永远常胜;四时相互更代,也没有哪一个季节常住不移。白天有短也有长,月亮有缺也有圆。

【战例】

周亚夫平七国之乱

汉景帝时,吴王刘濞等七国叛乱,条侯周亚夫奉命征剿。他到荥阳会兵的时候,在洛阳见到了剧孟,高兴地说:"七国反叛,我乘轻车来到这里,没想到这样安全。我还以为诸侯已经得到了剧孟,结果剧孟今天还没动。这样看来,我据守荥阳,荥阳以东就没有担忧的人了。"到了淮阳的时候,他又见到了他的父亲绛侯周勃过去的门客邓都尉,于是向他请教。门客说:"吴国的军队锐气很盛,难以和他争锋。楚军轻佻,不能持久,现在在我看来,将军您所能做的,没有比率兵向东北坚守昌邑更好的策略了。您把梁国放弃,吴军就一定会用全部精锐部队去攻打它。这样,将军您就深沟高垒,派轻兵去断绝淮泗口,堵塞吴军的粮道。吴、梁两军都疲惫而且粮食也用完的时候,您就用全部军力来对付他们疲惫的军队,这样一定会打败吴军。"周亚夫于是按照他的计策,坚守在昌邑以南,派轻兵去切断吴军的粮道。

　　吴王刘濞渡过淮河与楚王西进攻破了棘壁,又乘胜前进,锐不可当。梁孝王感到非常恐惧,派出六个将军去迎击吴军。结果两个将军被击溃,士兵们逃回梁地。梁王不得不多次派遣使者向周亚夫求救,但周亚夫始终按兵不动。梁王以为周亚夫故意见死不救,就派人到皇帝那里说他的坏话,汉景帝派人去催促周亚夫援救梁国,周亚夫仍然坚守有利位置而不出兵。吴军在梁地没有占到便宜,打算西进,在下邑与周亚夫所部相会。吴军断绝了粮源,士兵们饥饿,所以想速战速决,多次挑战,周亚夫就是不应战。

　　刘濞没有办法,只得偷袭汉营。他们在夜间奔向汉营,在东南面骚扰。其实,刘濞采取了声东击西的战略,他表面上以大批部队进攻汉军营垒的东南面,实际上将最精锐的军队埋伏下来准备攻击壁垒的西北面,想等周亚夫为了加强东南面的守御而使西北面露出空当时,一举从西北攻入。但是,周亚夫识破了刘濞的计策,当吴军猛烈攻击东南面时,他不但不增兵,反而把主力全调到西北。吴军果然从西北攻进来,由于周亚夫已经做好了准备,吴军大败。刘濞带着儿子和几千亲兵逃往东越,不久就被东越王设计杀死。周亚夫乘胜进兵,把楚王、胶西王、胶东王、淄川王、济南王和越王一一打败,"七国之乱"被彻底平定了。

第七章　军争篇

【题解】

本篇讲的主要是战争的主动权应如何争取的问题。孙子认为，"军争"是一件非常不容易的事情。首先，将帅从接受命令开始，到动员民众组织军队，再到两军对垒，都需要认真地调度、组织和筹划。其次，"军争"还是一件很危险的事情：携带全部辎重去"争"，就不能及时到达，需要抛弃辎重；抛弃辎重，轻装前进，昼夜兼程，将帅就有被俘的危险。所以，"军争"必须要认真筹划。为了争得战争的主动权，孙子认为，应当采用灵活多变的战略战术，迷惑敌人，欺骗敌人，以造成敌人的错觉，抓住有利战机，争取自由和主动。在这一篇中，孙子提出了"治气"、"治心"、"治力"、"治变"等军争的方法，提出了"兵以诈立，以利动，以分合为变"和"避其锐气，击其惰归"等军事原则。该篇中详述了用兵的一些具体原则和方法，所以明代的茅元仪说："真实用兵，尽此一篇。"

孙子曰：凡用兵之法，将受命于君①，合军聚众②，交和而舍③，莫难于军争④。军争之难者，以迂为直⑤，以患为利⑥。故迂其途，而诱之以利⑦，后人发，先人至⑧，此知迂直之计者也⑨。

【注释】

①受命：指接受任务、命令，特指受君主之命。　②合军聚众：聚合军队，召集人马。合：会集，聚合。　③交和而舍：指在两军对垒的状态下扎营而处。交：两者相接触。和：一般旧注都认为是军门，而《〈孙子〉会笺》中认为不然。"历来各家多谓指'军门'，按此说未安。《韩非子·外储说左上》：'李悝警其两和曰：谨警敌人，旦暮且至击汝。如是者再三，而敌人不至，两和懈怠，不信李悝。'又云：'李悝与秦人战，谓左和曰：速上，右和已上矣。又驰而至右和曰：左和已上矣。左右和曰：上矣。于是皆争上。'此处所谓'和'即非指军门。《周礼·夏官》'以旌为左右和之门'郑注：'军门曰和。《国策·燕策》：齐、韩、魏攻燕，楚王使景阳将而救之……景阳乃开西和门。'按以旌为左右和之门，可称之谓'和门'，西和之门自可称'西和门'。然左、右、东、西之门，则未可直称为'和'。上《周礼·夏官》孙诒让引惠士奇说云：'军垒有左右和也。和者壁垒之名，因于其垒立旌门，是为左右和之门……树旌为和门，因谓其旌为和旌矣。'是'和'非指军门，而实系军垒甚明。又，上引《韩非子》陈其猷《集释》与梁启雄：《浅解》均谓'两和'指军之两翼。故以'军门'为说者非是。""和"在古代可指营垒，亦可指军门。曹操曰："军门为和门，左右门为旗门，以车为营曰辕门，以人为营曰人门。"杜注、张注、何注等亦以军门为"和"。除上述《周礼》郑注外，《文选·潘岳〈西征赋〉》："明戎政之果毅，距华盖于垒和。"李善注也是："和，军营之正门也。"可见，"和"既可指军门，也可指营垒或军之一翼。李筌

注:"交间和杂也。"非是。交和:指两军相对。曹操曰:"两军相对为交和。"舍:古代行军以三十里为一舍《左传·僖公二十八年》:"微楚之惠不及此,退三舍辟之,所以报也。"杜预注:"一舍,三十里。"《新五代史·杂传十二·王峻》:"峻军去晋州一舍,旻闻周兵大至,即解去。"因军行"三十里有宿"(《周礼·地官》),所以古代又称军队住宿一夜为舍。《左传·庄公三年》:"凡师,一宿为舍,再宿为信,过信为次。""舍"在这里即为止、止宿之意。　④莫难于军争:曹操曰:"从始受命,至于交和,军争为难也。"张预曰:"与人相对而争利,天下之至难也。"军争:指两军相对而争取战争的有利条件和制胜的主动权。　⑤以迂为直:变迂曲的道路为近直。迂:迂回,曲折。直:不弯曲,这里指近便的直路。曹操曰:"示以远,迩其道里,先敌至也。"　⑥患:祸患,灾难。利:利益,好处。　⑦故迂其途,而诱之以利:"'军争'中,我方固需善于'以迂为直'、'以患为利',然同时亦需善于使敌人不能'以迂为直'、'以患为利',换言之,亦即使其行迂趋患,处于不利地位。为达此目的,则需'诱之以利',使其趋之,如此则彼途必迂,而我则变迂为直矣,故'迂其途而诱之以利'亦即'诱之以利而迂其途'的倒装句式。'其'指敌,非指我。贾注:'敌途本近,我能迂之者,或以羸兵,或以小利,以他道诱之,使不得以军争赴也',是。"此说有理。　⑧后人发,先人至:指比敌人晚出发却比敌人先到达展开争夺的地方。后:晚于,落在后面。发:出发,起程。先:早于,超越,居前。　⑨知:了解,掌握。计:方法,策略。

【译文】

孙子说:用兵的一般原则是,将领从国君那里接受命令,征调人马,组织军队,一直到展开两军对垒,在这一过程中,没有比两军争夺决胜的主动权更难的事了。两军相对争夺有利条件的难处在于,要变迂回为直接,变患难为利益。所以,通过小的利益引诱敌人,以使敌人走弯路,自己比敌人行动虽晚,但却能比敌人更早到达,这就是真正知道以迂为直策略的人。

【战例】

二桃杀三士

春秋时期,齐国有三个勇士:田开疆、古冶子、公孙捷。这三人结成异姓兄弟,自诩为齐国三杰。他们依仗自己勇力过人,又立过一些功劳,所以十分傲慢,目中无人,对齐景公构成很大的威胁。齐相晏子想除掉他们,但考虑到他们武艺高强,派人去刺杀根本不可能,于是就想出了一个计策。

有一天,鲁国国君昭公来访,景公设宴相待。三位武士持剑侍立。席间,晏子说:"御园的桃子已经成熟,不如摘一些来,让两个国君尝尝。"

景公派人去摘桃子,晏子亲自前往,以示庄重。一会儿,桃子摘回来了,总共摘来了六枚桃子。两位国王各拿了一个吃起来。景公对鲁国的大臣叔孙诺说:"此桃可以称得上是人间仙物,得之不易,叔孙大夫贤名著于四方,请吃一枚吧!"

叔孙诺连忙推辞,说:"我哪能比得上贵国的贤相呢,仙桃还是赐予晏子相国吧。"

景公说:"既然叔孙大夫推让相国,那么你们二人各赐酒一杯,桃一枚。"二人急忙跪下领受。

现在盘子里还剩下两枚桃子了,晏子请示景公后,对两旁的文武说,每个人都说说自己的功劳,谁的功劳大就把桃子赐给谁。

公孙捷首先向前一步,开口说道:"有一次我随主公一起打猎,杀死一头猛虎,这功劳怎么样?"

晏子说:"保护圣驾,当然是大功一件,可赐酒一杯,食桃一枚。"公孙捷接过桃子,十分高兴。

这时古冶子又站出来,说:"打虎算得了什么? 我曾经随主公,在黄河的波涛之中,斩下了妖龟的头,危急之中救了主公,这一功劳怎么样?"

晏子说:"在波涛汹涌之中,如果不是勇士斩断妖龟之头,船一翻,一船人都有生命危险,这也是盖世之功,应当食桃饮酒。"说罢,立即给古冶子赏桃赐酒。

盘子中已没有桃子了,这时田开疆又撩起衣服,大步走了上来,说:"我奉命征伐徐国,斩杀敌将,俘获敌兵五百多人,令徐国国君万分惊恐,纳款而降,威震邻邦,为主公奠定了盟主之位,这样的功劳怎么样?"

晏子说:"您有这样的功劳,的确比刚才二位的大十倍也不止,但桃子已经赏赐完了,先请饮酒一杯,等待明年再赐桃吧!"

齐景公也说:"卿的功劳最大,只是话说得迟了些。"

田开疆一听这话,不由大怒,他按剑大声说,"斩龟打虎,算是什么功劳? 我跋涉千里,血战成功,反而不能吃上一只桃子,受辱于两国君臣面前,为天下人世世代代所耻笑,还有何面目立于朝廷之上?"说完之后,挥剑自刎而死。

公孙捷一看大惊,扔下桃子拔出宝剑,说,"我们功劳小却吃桃子,他人功大,反而吃不上。拿了桃子而不知谦让,是不廉;看到别人死而不跟从,是不勇。"说完,也挥剑自刎而死。

古冶子一见二人都自杀了,大呼道:"我们三人情同骨肉,同生共死,如今二人已亡,我苟活于世,于心何安?"说完,也挥剑自刎而死。

片刻之间,三个勇士都死在了朝堂上。

这就是著名的"二桃杀三士"的故事。晏子充分利用了三人争功自傲、看重信义的心理特点,故意用两个桃子激起他们的矛盾,没费吹灰之力,一举杀了三人。

故军争为利,军争为危①。举军而争利则不及②,委军而争利则辎重捐③。是故卷甲而趋④,日夜不处⑤,倍道兼行⑥,百里而争利,则擒三将军⑦,劲者先,疲者后,其法十一而至⑧;五十里而争利,则蹶上将军⑨,其法半至⑩;三十里而争利,则三分之二至⑪。是故军无辎重则亡,无粮食则亡,无委积则亡⑫。

【注释】

①为:有。　②举军而争利则不及:指全军携带辎重去争取先机之利,则不可能完成预定计划。曹操曰:"迟不及也。"李筌曰:"辎重行迟。"梅尧臣曰:"举军中所有而行,则迟缓。"张预曰:"竭军而前则行缓而不能及利。"举:全。　③委军而争利则辎重捐:指丢弃军用物资,轻装急进去争取先机,则会使辎重受到损失。曹操曰:"置辎重,则恐捐弃也。"李筌曰:"委弃辎重,则军资阙也。"梅尧臣曰:"委军中所有而行则辎重弃。"委:舍弃,丢弃。辎:古代装有帷盖的载重车。辎重:外出时携带的物资,一般特指随军运载的军用器械、粮秣等。捐:放弃,舍弃。　④卷:收,收起。　⑤处:停止,止歇。⑥倍道:兼程,加倍速度。兼行:以加倍速度赶路,或说昼夜不停地赶路。　⑦百里而争利,则擒三将军:《菁华录》认为,

"三将军"应为"三军将"之误。古代军队分上、中、下三军,"三军将"指三军的主帅,此说有理,但言"三将军"也可讲通,故存之。杜佑、梅尧臣、张预等人都注"三将军"为"三军之将"或"三军之帅"。杜佑曰:"若不虑上二事,欲从速疾,卷甲束仗,潜军夜行。若敌知其情,邀而击之,则三军之将为敌所擒也。如秦伯袭郑,三帅皆获是也。"梅尧臣曰:"军日行三十里而舍,今乃昼夜不休行百里,故三将军为其擒也,何则涉途既远,劲者少,罢者多,十中得一至耳。三将军者,三军之帅也。"张预曰:"凡军日行三十里则止,过六十里已上为倍道,昼夜不息为兼行。言百里之远,与人争利,轻兵在前,辎重在后,人罢马倦,渴者不得饮,饥者不得食。忽遇敌,则以劳对佚,以饥敌饱,又复首尾不相及,故三军之帅必皆为敌所擒。"此句意为,昼夜兼程日行百里去争利,必然会导致全军覆没的结果。曹操曰:"百里争利,非也;三将军皆以为擒。" ⑧劲者先,疲者后,其法十一而至:劲,强健有力。劲者,指强壮有力的士卒。疲者,指疲弱老幼的士卒。法,常规,一般规律。十一,十分之一,表示可能性很小或很小的一部分。 ⑨蹶:原意为颠仆,跌倒。这里指挫败,失败。上将军:指上军之主帅。
⑩其法半至:根据一般规律,只有一般士卒能按期到达。李筌曰:"百里则十人一人至,五十里十人五人至,挫军之威,不至擒也。言道近不至疲。"梅尧臣曰:"十中得五,犹远不能胜。"
⑪三十里而争利,则三分之二至:曹操曰:"道近至者多,故无死败也。"李筌曰:"近不疲也,故无死亡。" ⑫是故军无辎重则亡,无粮食则亡,无委积则亡:委,储积,聚积。李善注:"委,积也。"积,指贮存起来的钱物等。委积,指储备粮草或储备之粮草,泛指财物,货财。杜牧注:"委积,财货也。"此句意

思是说，如果部队没有了粮草、辎重和其他军需物资的接济和补充，必然灭亡。曹操曰："无此三者，亡之道也。"李筌曰："无辎重者，阙所供也。袁绍有十万之众，魏武用荀攸计，焚烧绍辎重，而败绍于官渡。无粮食者，虽有金城，不重于食也。夫子曰：'足食足兵，民信之矣。'故汉赤眉百万众无食，而君臣面缚宜阳。是以善用兵者，先耕而后战。无委积者，财乏阙也。汉高祖无关中，光武无河内，魏武无兖州，军北身遁，岂能复振也？"张预曰："无辎重则器用不供，无粮食则军饷不足，无委积则财货不充，皆亡覆之道。"

【译文】

所以，军队争夺有利条件的时候既有有利的一面，但也有危险的一面。全军带着所有的辎重去争利则不可能按时到达预定目的地，而如果抛弃辎重去争利，则辎重装备就会有所损失。因此，卷起盔甲白天黑夜不休息地快速前进，奔跑一百里去争利，则三军之将有被擒的危险。身体强壮的士兵先到，身体疲弱的士兵后到，一般情况下是只有十分之一的人马能按预定计划到达；行军五十里去争利，先头部队的将领就会遭受失败，一般只有一半的人马能够赶到；行军三十里去争利，只有三分之二的人马能够赶到。因此，部队没有辎重装备就无法维持生存，没有粮食就无法维持生存，没有物资储备也无法维持生存。

【战例】

孙庞斗智

战国时期，孙武的后代孙膑年轻的时候和庞涓一起在鬼谷子门下学习兵法，并成为好友。有一年，魏国国君以优厚的待遇招求天下贤才，贪恋富贵的庞涓听到这个消息，再也耐不住深山学艺的艰苦与寂寞，决定下山谋求富贵。庞涓本身从鬼谷子那里学了些真本事,加之自己天生能说会道,到达魏国之后,很快取得了魏惠王的赏识和重用,被委以大将军的重任,掌管魏国兵权。

后来,魏王在与庞涓闲谈时,无意中提到了孙膑,并表现出对孙膑的才能很感兴趣的样子,有意把孙膑也收罗到魏国来。庞涓自知才能不及孙膑,担心孙膑到了魏国,将对自己在魏国的地位构成有力的挑战。于是,庞涓就给孙膑写了一封信,把孙膑骗到魏国。孙膑到了魏国之后,庞涓表面上对孙膑特别客气,朝夕相处,还像从前一样亲热,背地里却在谋划着陷害孙膑的办法,最后竟残忍地剔去了孙膑的膝盖骨,这是古代的一种酷刑,称为"膑"。孙膑其实原来不叫这个名字,因曾受过这种刑罚,"孙膑"二字,是后人对他的称呼。

孙膑终于明白了庞涓请自己来魏国的用意,但是后悔已经晚了。为了逃脱庞涓进一步的迫害,留下性命日后报仇雪恨,他佯作疯狂,并在齐国使者的帮助下逃回齐国,被齐威王封为军师。

除掉孙膑之后,庞涓在魏国仍旧受到魏王的宠信,自己的儿子和侄子也都受到了重用,非常风光。

几年之后,魏王派庞涓去打赵国,并包围了赵国的都城邯郸。赵国招架不住,派人到齐国求救。齐威王派田忌为大将,孙膑为军师,发兵救赵。

孙膑向田忌献计说:"我们如果直接去救赵国,不免会有一场硬仗,不如采取'围魏救赵'的方法。我们去攻打魏国,庞涓必然会撤邯郸之围回来守卫他的老巢。这样,我们派人在路上伏击,一定可大获全胜。"田忌听从了孙膑的计策,下令攻魏,庞涓便急忙退兵,在桂陵遇到齐军的伏击,大败而回。

又过了十多年,魏王派庞涓率大军攻韩。韩国向齐国告急。齐威王又派田忌和孙膑分别为大将和军师,发兵前去救韩。孙膑故技重施,带兵径奔魏国而去。庞涓听到消息,急忙班师回救。孙膑又向田忌献"减灶"之策,诱敌深入。庞涓果然上当,带领精锐日夜兼程追赶齐军。孙膑推算庞涓在日暮时分可到马陵。马陵道处于两山之间,十分险要。孙膑指挥齐军在路两旁埋伏好,并把一棵大树的树皮刮去,在上面写下了"庞涓死于此树下"几个大字。庞涓看到大树上的字,方知中计,但为时已晚。庞涓刚看完树上的字,山上伏兵四起,万箭齐发,魏军全军覆没。庞涓知道逃不掉了,自杀身亡。自杀时,庞涓还不无遗恨地说:"我成全你小子的美名!"

故不知诸侯之谋者①,不能豫交②;不知山林、险阻、沮泽之形者③,不能行军;不用乡导者④,不能得地利。

【注释】

①谋:谋划,意图。　②豫交:一说"豫"通"与",参与。"豫交",结交诸侯。曹操注:"不知敌情谋者,不能结交也。"一说"豫"通"预"。李筌注:"豫,备也。知敌之情,必备其交矣。"一说"豫"即先,"豫交"即准备交兵。杜牧注:"豫,先也;交,交兵也。言诸侯之谋先须知之,然后可交兵合战,若不知其谋,固不可与交兵也。"相较各说,以曹注为善。　③沮泽:指水草丛生的沼泽地带。沮:潮湿。曹操注:"水草渐洳者为沮,众水所归而不流者为泽。"　④乡导:即向导,带路的人。"乡"通"向"。

【译文】

所以,不知道其他诸侯国的图谋,不要和他们结成联盟;不知道山林、险阻和沼泽的地形分布,不能行军;不借助向导的指引,不能得到地利。

【战例】

管宁割席

《鬼谷子》中说,要结交朋友,首先要全面了解对方,掌握对方的品行、爱好、技能、性格等。但是,了解一个人是很难的,因为有的人非常善于伪装,往往以假面孔出现在人们面前,所以了解必须通过长期观察。因此,"可知者,可用也;不可知者,谋者所不用也。"

三国时期的管宁和华歆在年轻的时候共同在著名学者陈实门下学习,二人非常要好。

有一次,他俩一块儿在菜地里锄草。管宁一锄下去,"当"的一声,从黑黝黝的泥土中翻出一块黄澄澄的金子。管宁看了一眼,就不再理会了,继续锄他的草。不远处的华歆一看,赶紧丢下锄头,跑了过来,拾起金子捧在手里仔细端详。管宁装做没看见他,一边挥舞着锄头干活,一边自言自语地念叨说:"君子爱财,取之有道啊。不劳而获得到的财物,君子是不会去贪图的。"华歆听了,才不情愿地丢下金子回去干活。这虽然是一件小事,却被管宁记在心里。

又有一次,管宁和华歆坐在一张席子上读书。正看得入神的时候,忽然外面传来吵吵嚷嚷的声音。听各种声音就可判断出来,肯定是有一位达官显贵乘车从这里经过。管宁充耳不闻,只顾静坐在原处专心致志地读他的书。华歆听到之后,坐不住了,干脆把书一丢,跑到街上跟着人群看热闹去了。

管宁目睹了华歆的所作所为,又想起上次菜园中的事,终于抑制不住心中的失望。华歆回来之后,管宁就拿出一把刀子,痛心而决绝地对华歆说:"我们两个人的志趣不同。从现在起,我们的友谊就像这张草席。"说着,他举起刀子,把席子从中间一割两半,一半丢给华歆,一半放在自己屁股下面,继续读书。

故兵以诈立①,以利动,以分合为变者也②。故其疾如风③,其徐如林④,侵掠如火⑤,不动如山⑥,难知如阴⑦,动如雷震⑧。掠乡分众⑨,廓地分利⑩,悬权而动⑪。先知迂直之计者胜,此军争之法也⑫。

【注释】

①诈:特指用兵奇诡多变,诱使敌方判断错误的战术。杨炳安《〈孙子〉会笺》中郭化若注:"'兵以诈立',是说用兵作战要用奇异多变的办法,为胜敌之术。"《公羊传·哀公九年》:"其易奈何? 诈之也。"何休注:"诈,谓陷阱奇伏之类。" ②分:指兵力分散。合:指兵力集中。曹操曰:"兵一分一合,以敌为变也。"李筌曰:"以诡诈乘其利动;或合或分,以为变化之形。" ③其疾如风:意思是说行动迅速,像疾风一样迅速而猛烈。曹操曰:"击空虚也。"李筌曰:"进退也。其来无迹,其退至疾也。"张预曰:"其来疾暴,所向披靡。"疾:迅速而猛烈。 ④其徐如林:意思是说部队缓行的时候像树林一样整肃。李筌曰:"整陈而行。"杜牧注:"言缓行之时,须有行列如树木也。"徐:缓行。 ⑤侵掠如火:指进攻的时候像烈火一样猛烈。曹操曰:"疾也。"张预曰:"势如猛火之炽,谁敢御我。"一说为抄袭,袭扰。李筌曰:"如火燎原无遗草。"贾林曰:"侵掠敌国若火燎原,不可往复。"侵:越境进犯。掠:掳掠,夺取。侵掠:这里指出击,进攻。 ⑥不动如山:指防守的时候像大山一样稳固。曹操曰:"守也。"李筌曰:"驻车(军)也。"王晳曰:"坚守也。"杜佑曰:"守也。不信敌之诳惑,安固如山。"杜牧曰:"闭壁屹然,不可摇动。" ⑦难知如阴:指像阴云蔽日一

样难以被看透。李筌曰:"其势不测如阴,不能睹万象。"杜佑曰:"莫测如天之阴云,不见列宿之象。"梅尧臣曰:"幽隐莫测。"王晳曰:"形藏也。" ⑧动如雷震:指行动的时候要像迅雷一样猛烈迅疾。杜佑曰:"疾速不及应也。故太公曰:疾雷不及掩耳,疾电不及瞑目也。"杜牧曰:"如空中击下,不知所避也。"王晳曰:"不虞而至。" ⑨掠乡分众:指分兵数路掳掠敌国乡邑。曹操曰:"因敌而制胜也。"杜佑曰:"因敌而制胜也,旌旗之所指向,则分离其众。"李筌曰:"抄掠必分兵为数道,惧不虞也。"陈皞曰:"夫乡邑村落,因非一地,察其无备,分兵掠之。" ⑩廓地分利:指开疆拓土,分兵扼守有利地形。廓:扩张,开拓。曹操曰:"广地以分敌利也。"李筌曰:"得敌地必分守利害。"张预注:"开廓平易之地,必分兵守利,不使敌人得之。"皆近之,唯以"开廓平易之地"释"廓地"不妥。 ⑪悬权而动:指先权衡利弊得失再决定行动。悬:吊挂,系挂。权:秤或秤锤。悬权:指用秤称重量,这里指权衡利弊得失。曹操曰:"量敌而动也。"李筌曰:"权,量秤也。敌轻重与吾有铢镒之别,则动。夫先动为客,后动为主,客难而主易。" ⑫先知迂直之计者胜,此军争之法也:李筌曰:"迂直道路。劳佚馁寒,生于道路。"张预曰:"凡与人争利,必先量道路之迂直,审察而后动,则无劳烦寒馁之患,而且进退迟速,不失其机。故胜也。"

【译文】

所以,用兵作战是建立在诡诈的基础上,以是否有利作为行动的指南,以兵力分散与聚合的转化为变化战术。所以,军队疾行要像风一样快速,缓慢移动要像树林一样有条不紊,攻击要像烈火一样来势迅猛,防守要像山岳一样牢不可动,隐蔽要像阴云遮住星辰一样难以看透，采取行动要像迅雷一样快速而猛烈。掳掠乡村，要分兵掠取；开疆拓土，要分兵扼守有利地形；要先权衡利弊得失，然后见机行事。事先知道变迁为直方法的人将获得胜利，这就是军争的一般原则。

【战例】

司马懿诈病赚曹爽

三国时期，魏国的魏明帝去世之后，继位的曹芳年仅八岁，朝政落到了太尉司马懿和大将军曹爽手中，两个人明里共辅朝政，暗地里却在各施手段争权夺利。曹爽首先借助自己宗亲贵胄的身份，用明升暗降的手段剥夺了司马懿的兵权。司马懿战功赫赫，大权旁落自然心有不甘，但慑于曹爽势力强大，只好暂时忍让。于是，司马懿假装有病，在家休养，其实在暗中谋划怎样除掉曹爽。曹爽对司马懿仍然不放心，于是派亲信李胜去其家中探听虚实。

司马懿听说曹爽的亲信来看他，心里清楚他的用意，于是做好了精心的安排。李胜到了司马懿的卧室，见司马懿病容满面，神态憔悴地躺在床上。李胜说："好久没来拜望您，没想到您病得这么重。现在我被任命为荆州刺史，特来向您辞行。"司马懿躺在床上，说道："并州是军事要地，一定要抓好防务啊。"李胜以为他真的听错了，忙纠正说："我是荆州，不是并州。"司马懿还是装作听不明白。这时，有人把药端过来，侍女给司马懿喂药，他吞得很艰难，汤水流得到处都是。

李胜回去向曹爽作了汇报，曹爽非常高兴，只等着司马懿两腿一伸，他就可以高枕无忧了。公元249年2月15日，魏帝曹芳要去济阳城北扫墓，祭祀祖先。曹爽带着他的亲信护驾出行。司马懿听到这个消息，知道时机已到，马上调集家将和部下，迅速占据了曹氏兵营，并威逼太后废黜曹爽，接着又派人占据了武库。等到曹爽闻讯回城的时候,大势已去。司马懿以篡逆的罪名,诛杀曹爽一家,终于独揽大权,控制了曹魏政权。

朱元璋破陈友谅

元朝末年,陈友谅占据江州,为了争夺天下,他率所有兵力顺江而下,攻打朱元璋,先后攻占采石(今安徽省马鞍山市长江东岸)和太平(今安徽当涂),进逼应天(今江苏南京)。由于陈友谅的兵力数倍于己,大兵压境,朱元璋听取了刘基的建议,决定诱敌深入,打伏击战。

朱元璋召来元朝降将、陈友谅的老友康茂才,让他写一封诈降信给陈友谅。康茂才欣然答应,修书一封,信上建议陈友谅兵分三路进攻应天,并说自己所部把守应天城外江东桥,愿为内应,打开城门,活捉朱元璋。为了确保万一,康茂才派一名陈友谅熟识的老仆去送信。

陈友谅读了康茂才的信,虽然心里非常高兴,但也害怕康茂才诈降,于是反复盘问老仆人,老仆应对如流,言辞恳切,陈友谅深信不疑,并问老仆康茂才所守之桥是木桥还是石桥。老仆告诉他是木桥。他当即回信,决定第二天分兵三路取应天,并约定以"老康"为暗号。

第二天,陈友谅亲率数百艘战船顺江而下,直趋应天。前哨到达城外大胜港时,遭到朱元璋手下将领的抵御,无法登岸,又见航道狭窄不便行动,于是下令直奔江东桥,去和康茂才汇合。陈友谅到了江东桥,见此桥是一座石桥,心中不免起疑。其实,江东桥本来的确是一座木桥,朱元璋为了防备康茂才的假投降假戏真唱,借机真的投降了陈友谅,已于当天夜里连夜把木桥改造成石桥了。陈友谅急命部下高喊"老康",但喊了多时,竟无人答应,方知中计,急忙命令修筑工事，强攻应天城。此时，突然战鼓齐鸣，伏兵四起，朱元璋的大将徐达、常遇春率军分别从左右杀来，修筑工事的一万精兵顿时大乱，纷纷逃到江边，蜂拥登船。陈友谅急令开船，哪料正当退潮之际，战船全部搁浅。徐达与常遇春追上船来，陈友谅只好跳进小船逃跑了。

《军政》曰①："言不相闻②，故为金鼓③；视不相见，故为旌旗④。"夫金鼓旌旗者，所以一民之耳目也⑤。民既专一⑥，则勇者不得独进，怯者不得独退，此用众之法也⑦。故夜战多火鼓，昼战多旌旗⑧，所以变人之耳目也⑨。

【注释】

①《军政》：梅尧臣注曰："军之旧典。"王晢注曰："古军书。"相传《军政》是我国西周时期的古兵书，已亡佚。　②言：言语，这里指指挥号令。　③为：作，设置。金鼓：四金和六鼓。四金指錞、镯、铙、铎。六鼓指雷鼓、灵鼓、路鼓、鼖鼓、鼛鼓、晋鼓。金鼓用以节声乐，和军旅，正田役。见《周礼·地官·鼓人》。亦泛指金属制乐器和鼓。这里指指挥军队的号令器具，擂鼓则进，鸣金则退。　④旌旗：旗帜的总称。　⑤所以：用以，用来。一：统一。民：这里指三军士卒。耳目：犹视听。　⑥专一：同一，齐一。　⑦用众：这里指指挥人数众多的军队。用：使，驱使。　⑧故夜战多火鼓，昼战多旌旗：李筌曰："火鼓，夜之所视听；旌旗，昼之所指挥。"　⑨变人之耳目：适应将士们的视听。一说为迷惑敌人的视听。

【译文】

《军政》说:"战场上用语言指挥听不见,所以就设置了锣鼓;用动作指挥相互看不见,所以就设置了旗帜。"金鼓和旗帜这些工具都是用来统一军队的视听和行动的。行动统一之后,勇敢的人也不能独自前进,胆怯的人也不能独自退却,这就是指挥大部队作战的方法。所以,夜间作战,多使用火把和锣鼓,白天作战,多使用各种旗帜,这就是适应战士们的视听,把军令迅速贯彻下去的办法。

【战例】

鞌之战

春秋时,晋师伐齐,两军对阵于鞌。晋国的解张为主将郤克驾车,郑丘缓作为车右。两军交战的时候,郤克被齐军射伤,血流到了鞋子,进攻的鼓声一直没有停下来。郤克说:"我撑不住了!"解张说:"刚一开始交战的时候,就有一支箭射穿了我的手和肘,我把箭折断,仍然继续驾车,现在车的左轮都成为红色了,难道我敢说撑不住了吗?您还是忍住吧。"郑丘缓也说:"从交战开始,一遇到危险,我就一定下去推车,您难道没有看到吗?可是您却说您撑不住了!"解张说:"整个军队的行动,就在于我们的旗鼓的指挥,行动进退都看着我们。只要这辆车上有一人在这里镇抚,就可以使大家齐心协力来完成任务。您怎么能以撑不住来耽误国君的大事呢?从穿上盔甲拿起兵器的那一刻起,就要抱定必死的决心,如果痛苦没有达到死的地步,您还是打起精神来吧!"解张左手拉起马缰,右手拿起鼓槌,一边驾车一边擂鼓。马拉着车冲向敌阵,士兵们紧跟在后面。齐师大败。

故三军可夺气①,将军可夺心②。是故朝气锐,昼气惰,暮气归③。故善用兵者,避其锐气,击其惰归④,此治气者也⑤。以治待乱⑥,以静待哗⑦,此治心者也⑧。以近待远,以佚待劳,以饱待饥,此治力者也⑨。无邀正正之旗,无击堂堂之陈,此治变者也⑩。

【注释】

①夺:丧失,失去。气:特指勇气,豪气,锐气。 ②心:指决心、意志。李筌曰:"怒之令愤,挠之令乱,间之令疏,卑之令骄,则彼之心可夺也。"张预曰:"心者,将之所主也。夫治乱勇怯,皆主于心。故善制敌者,挠之而使乱,激之而使惑,迫之而使惧,故彼之心谋可以夺也。《传》曰:'先人有夺人之心。'谓夺其本心之计也。" ③朝气、昼气、暮气:分别指始战时的士气、经战既久时的士气和战斗之末时的士气。张预注云:"朝喻始,昼喻中,暮喻末,非以早晚为辞也。"孟氏注曰:"朝气,初气也;昼气,再作之气也;暮气,衰竭之气也。"梅尧臣曰:"朝言其始也,昼言其中也,暮言其终也。"锐:指士气旺盛。惰:懈怠,衰败。归:终、消亡、灭亡。《广雅》:"归,止息也。" ④故善用兵者,避其锐气,击其惰归:张预注曰:"善用兵者,当其锐盛则坚守以避之,待其惰归则出兵以击之。"毛泽东说:"孙子说的'避其锐气,击其惰归',就是指的使敌人疲劳沮丧,以求减杀其优势。"(《中国革命战争的战略问题》) ⑤治气:谓掌握利用军队士气变化的一般规律。 ⑥治:有规矩,严整。待:对付,防范。 ⑦哗:人声嘈杂,喧闹,躁动不安。 ⑧治心:谓掌握利用军队心理变化的一般规律。 ⑨治力:谓掌握利用军队战斗力的一般规律。 ⑩邀:阻

拦,截击。正正:整齐貌。曹操注:"正正,齐也。"张预注:"谓形名齐整也。"堂堂:形容盛大。陈:阵。治变:谓掌握利用机动应变的一般规律。

【译文】

敌人的军队,可以使其士气衰竭;敌人的将领,可以使其决心动摇。军队初战时气势锐利,作战久了就会逐渐懈怠,战至最后就士气衰竭了。所以,善于用兵的人,避开敌人初战时锐利的气势,待到其气势低迷衰竭时,再对其实施打击,这是懂得利用军队气势变化的一般规律。以我军的治理严整对付敌军的混乱,以我军的镇定对付敌军的喧哗轻躁,这是懂得利用军队心理变化的一般规律。用我军在近处的战场,对付远道而来的敌人;用我军的安逸休整精神饱满,对付疲劳困乏的敌人;用我军的粮食充足人马饱食,对付缺粮饥饿的敌人,这是懂得利用军队战斗力的一般规律。不要去攻打旗帜整齐的队伍,不要去攻击阵容强大的军队,这是懂得利用机动应变的一般规律。

【战例】

寇恂杀皇甫文

东汉初年,寇恂征讨隗嚣,隗嚣的部将高峻据守高平第一城(今固原市)。开战前,高峻派其军师皇甫文作为使节来到寇恂营中。皇甫文态度坚决,毫不退让,寇恂一怒之下,杀了他,派其随从回去对高峻说:"军师皇甫文无礼,已经被杀掉了。打算投降,就马上降;不打算投降,就在城上坚守吧。"高峻非常害怕,当天就开城投降了。事后,诸将都来向寇恂道贺,问他:"请问杀掉他们的使者他们整个城池都投降了,这是为什么呢?"寇恂说:"皇甫文是高峻的心腹,他的所有决定都听皇甫文的意见。今天皇甫文来,言语坚决,毫不退让,一定是没有投降的意思。如果让他平安回去,皇甫文的计划就将得逞,如果把他杀掉,高峻就一定胆战心惊,因此他就投降了。"诸将都佩服地说:"这可是我们所考虑不到的。"

故用兵之法,高陵勿向①,背丘勿逆②,佯北勿从③,锐卒勿攻④,饵兵勿食⑤,归师勿遏⑥,围师必阙⑦,穷寇勿迫⑧,此用兵之法也。

【注释】

①陵:高地,山头。向:仰攻。杜牧曰:"向者,仰也……言敌在高处,不可仰攻。"梅尧臣曰:"敌处高处,不可仰击。"
②背:背对,倚着。杜牧注曰:"背者,倚也。"丘:自然形成的小土山。逆:迎战,迎击。　③佯:假装。北:败,败逃。从:跟随,追击。　④锐卒勿攻:李筌曰:"避强气也。"杜牧曰:"避实也。"梅尧臣曰:"伺其气挫。"　⑤饵:钓鱼或诱捕其他禽兽的食物,这里指用以诱敌的小利。　⑥归师:返回的军队。遏:阻击,抵御。　⑦阙:空隙,缺口。　⑧穷寇勿迫:陷入绝境中的敌人,不可过分逼迫。陈暤曰:"鸟穷则搏,兽穷则噬。"梅尧臣曰:"困兽犹斗,物理然也。"穷:困窘,窘急。迫:困厄,窘迫。

【译文】

所以,用兵的原则是,高山上的敌人不要仰攻,背靠山冈的敌人不要迎击,假装逃跑的敌人不要追击,士气旺盛的敌人不要攻打,充当诱饵的敌人不要去消灭,回撤的部队不要去阻拦,包围敌人要网开一面,陷入绝境的敌人不要过分逼迫,这些都是用兵的基本原则。

【战例】

庾敳慷慨免祸

军事斗争不是为了小利的争夺,必须以最终的目的作为行动的依据。不要计较于一时一地的得失,也不要为了多歼灭几个敌人去犯险,更不要为小的利益所诱骗而上当。不为小利乱大谋,在任何领域内,都是一条必须遵守的原则。

西晋时,刘舆在东海王司马越府上任职时,喜欢诬陷别人,有很多人都受到他的陷害。只有庾敳纵心事外,没有什么把柄可抓。于是刘舆就想出一个坏主意,庾敳为人节俭而家产富有,刘舆就劝说东海王向他借钱一千万。一千万不是一个小数目,只要庾敳吝啬不肯借,就乘机找他的碴儿。

在一次宴会上,东海王向庾敳提出借钱。这时庾敳已经醉倒,头巾落在小桌上,他就低下头把帽子顶起来戴上,一边戴一边慢慢地说:"下官有家财两千万,您爱拿多少就拿多少吧。"后来,有人向庾敳说了东海王借钱的本意,庾敳淡淡地说:"真是以小人之心度君子之腹。"

庾敳虽然为人节俭吝啬,但他是明智的,他知道钱财终究没有生命重要。当东海王向他借钱时,他用自己的大方终于使刘舆的阴谋破产。汉朝时丞相田蚡向窦婴索要良田,窦婴不答应,结果被田蚡害死,正应了"人为财死,鸟为食亡"这句老话。

第八章　九变篇

【题解】

　　本篇讲的是将军根据不同情况采取不同的战略战术,灵活运用各种军事原则。孙子认为,要灵活地运用和变化战术,首先,要对各种条件权衡利弊,分别对待,根据实际情况决定自己的行动部署,要做到有所为有所不为,明白"涂有所不由,军有所不击,城有所不攻,地有所不争,君命有所不受"的道理。其次,在不同的条件下,要能够灵活地利用地形的优势,因地制宜,采取不同的战术。再次,为将者要避免"五危",即:鲁莽拼命,会被杀死;贪生怕死,会被俘虏;暴躁易怒,会被轻视而发怒上当;过度洁身自好,会因别人的侮辱而上当;过度爱护人民,会因保护百姓而使军队疲敝。因此,将领必须全面地考虑问题,思考问题时"必杂于利害",努力克服自身性格上的缺点,以权衡轻重,化险为夷。

　　孙子曰:凡用兵之法,将受命于君,合军聚众。圮地无舍①,衢地交合②,绝地无留③,围地则谋④,死地则战⑤。途有所不由⑥,军有所不击⑦,城有所不攻⑧,地有所不争⑨,君命有所不受⑩。

【注释】

①圮地无舍：圮，毁坏，坍塌。曹操注曰："水毁曰圮。"李筌注曰："地下曰圮。"陈皞注曰："圮，低下也。"圮地：指难于通行的地方。舍：止，此处指宿营。此句意为，难以通行之地不可扎营。曹操曰："无所依也。"孟氏曰："太下则为敌所囚。"杜佑曰："择地顿兵，当趋利而避害也。"梅尧臣曰："山林、险阻、沮泽之地，不可舍止，无所依也。"何氏曰："下篇言圮地，则吾将进其涂，谓必固之地，宜速去之也。"张预曰："山林、险阻、沮泽，凡难行之道，为圮地。以其无所依，故不可舍止。"

②衢：四通八达的道路。《说文》："四达谓之衢。"衢地：道路四通八达的地方，这里指各国相毗邻的要冲。交合：结交，交好，这里指结交诸侯。贾林注："结诸侯以为援。"何延锡注："言交结诸侯，使牢固也。"衢地交合：在各国相毗邻的交通要冲，要与旁边的诸侯国搞好关系，以相互援助。曹操曰："结诸侯也。衢地，四通之地。"李筌曰："四通曰衢，结诸侯之交地也。"梅尧臣曰："夫四通之地，与旁国相通，当结其交也。"张预曰："四通之地，旁有邻国，先往结之，以为交援。"　③绝地无留：在险恶而无法生存的地方不可长久逗留。绝：缺乏，贫困。绝地：指极险恶而无出路，难以生存的地方。留：停留。曹操曰："无久止也。"李筌曰："地无泉井畜牧采樵之处为绝地，不可留也。"贾林曰："溪谷坎险，前无通路曰绝，当速去无留。"张预曰："去国越境而师者，绝地也。危绝之地，过于重地，故不可淹留久止也。"　④围地则谋：在易被敌人围攻之地，应设奇计取胜。围地：指出入信道狭窄，易被敌人围攻之地。后文《九地篇》说："所由入者隘，所从归者迂，彼寡可以击吾之众者，为围地。"杜牧注："出入艰难，易设奇伏覆胜

也。"杜佑注:"所从入厄险,归道远也,持久则粮乏。故敌可以少击吾众者,为围地也。"曹操曰:"发奇谋也。"贾林曰:"居四险之中曰围地。敌可往来,我难出入,居此地者,可预设奇谋,使敌不为我患,乃可济也。" ⑤死地则战:当军队几近绝境的时候,就要拼死力战。死地:绝境,进退不便,容易被包围的地方。《九地篇》云:"疾战则存,不疾战则亡者,为死地。"又云:"无所往者,死地也。"曹操曰:"殊死战也。"李筌曰:"置兵于必死之地,人自为私斗,韩信破赵,此是也。" ⑥途:道路。由:经由,经过。途有所不由:此句意为,有些道路不要通过。孙子佚文《四变》释文:"徐(途)之所不由者,曰:浅入则前事不信,深入则后利不接。动则不利,立则囚。如此者,弗由也。"曹操曰:"隘难之地,所不当从;不得已从之,故为变。"李筌曰:"道有险狭,惧其邀伏,不可由也。"梅尧臣曰:"避其险厄也。" ⑦军有所不击:有些敌军不可攻击。孙子佚文《四变》释文:"军之所不击者,曰:两军交合而舍,计吾力足以破其军,獾其将。远计之,有奇势巧权于它,而军……如此者,军唯(虽)可击,弗击也。"曹操曰:"军虽可击,以地险难久留之,失前利,若得之则利薄,困穷之兵,必死战也。"张预曰:"纵之而无所损,克之而无所利,则不须击也。又若我弱彼强,我曲彼直,亦不可击。" ⑧城有所不攻:有些城池不应当攻取。孙子佚文《四变》释文云:"城之所不攻者,曰计吾力足以拔之,拔之而不及利于前,得之而后弗能守。若力□之,城必不取。及于前,利得而城自降,利不得而不为害于后。若此者,城唯(虽)可攻,弗攻也。"曹操曰:"城小而固,粮饶,不可攻也。操所以置华费而深入徐州,得十四县也。"张预曰:"拔之而不能守,委之而不为患,则不须攻也。又若深沟高垒,卒不能下,亦不可攻。" ⑨地有所不争:有些地区不可以争夺。孙子佚文《四变》释文:"地之所不争者,曰:山谷水□无能生者,□□□而□□……虚。如此者,弗争也。"曹操曰:"小利之地,方争得而失之,则不争也。"梅尧臣曰:"得之无益者。" ⑩君命有所不受:君主的命令有些也不必接受。孙子佚文《四变》释文:"君令有所不行者,君令有反此四变者,则弗行也。"曹操曰:"苟便于事,不拘于君命也。"贾林曰:"决必胜之机,不可推于君命,苟利社稷,专之可也。"

【译文】

孙子说:用兵的一般原则是,将领从国君那里接受命令,征调人马,组织军队。在难以通行之地不要驻扎,在各国相毗邻的交通要冲要与旁边的诸侯国结交,在险恶而无法生存的地方不可长久逗留,在易被敌人围攻之地应设奇计取胜,陷入死地则要坚决作战以求生。有些道路不要走,有些敌军不要攻击,有些城池不要攻打,有些地域不要争夺,有些国君的命令可以不必接受。

【战例】

崤之战

周襄王二十四年(公元前628年),秦穆公趁郑、晋国君新丧,有人又提出要做内应,于是欲出兵越晋境偷袭郑国。秦国的老臣蹇叔、百里傒等不同意出兵,他们认为:"穿过好几个国家千里迢迢去偷袭别人,很少有能占到什么便宜的。况且郑国有人出卖郑国,焉知我国就不会有人把我国的情况也告知郑国呢?"但秦穆公不听,还是执意袭郑,并派百里傒之子孟明视和蹇叔之子西乞术和白乙丙率兵。出兵的那天,百里傒、蹇叔二人哭着去送他们。秦穆公听见了,认为这样不吉利,非常生气,说:"我发兵的时候你们这样哭哭啼啼的,令我军沮丧,这是什么意思?"蹇叔和百里傒说:"我们绝不敢令您的军队沮丧。只是因为军队出发,我们的孩子将随军前往,我们年已老迈,恐怕就再也见不到他们了,所以才哭。"然后他们又提醒自己的孩子说:"你们的军队如果被打败,必定是在崤山险隘之处。"

十二月,孟明视、西乞术、白乙丙率军从雍都(今陕西凤翔南)出发,穿越崤山隘道,偷越晋国南境,于次年二月抵达晋国的边邑滑(今河南偃师东南)。恰遇郑国商人弦高带了十二头牛赴周贩牛,弦高断定秦军必是袭郑,就献上他的牛说:"听说大国将要征讨我郑国,郑君正恭谨地加强守备,派我用这十二头牛来犒赏士兵。"孟明视等见弦高犒师,以为郑已有备,便相互商量说:"原打算偷袭郑国,但郑国现已觉察,去也来不及了。"便灭了滑,准备回师。

这时候晋文公去世之后尚未埋葬。太子襄公听到消息后大怒说,"秦国竟然趁我举丧攻破我的滑邑。"于是穿上黑色丧服,并联络当地姜戎,发兵在崤山埋伏于隘道两侧堵截秦军,先轸率晋军为主力,击秦军前部;姜戎断其退路。秦军径入崤山,晋军等秦军全部进入设伏地域,突然发起猛攻,秦军陷于隘道,惊恐大乱,进退不能,抵抗无力,全部被歼,孟明视、西乞术、白乙丙三位主将被俘。

故将通于九变之利者[①],知用兵矣[②];将不通于九变之利者,虽知地形,不能得地之利矣[③];治兵不知九变之术[④],虽知五利[⑤],不能得人之用矣[⑥]。

【注释】

①通:懂得,通晓。九变:历代注家对此理解不同。曹操曰:"变其正,得其所用有九也。"以"九"为实指,意为九种变化,然而文中所列:圮地、衢地、绝地、围地、死地、途、军、城、地、

君命,共十种,非九之数。以致贾林、何氏与张预等皆意为"君命"在此"昭然不类",故应"去而不数",如此则"正合九之数"。然而,"昭然不类"的并非"君命"这一条,前后五事各不相类。此说有些牵强。赵本学又认为,"自上篇'高陵勿向'、'背丘勿逆'、'佯北勿从'、'锐卒勿攻'、'饵兵勿食'、'归师勿遏'、'围师必阙'、'穷寇勿迫'八句,以合于'绝地无留'一句为九变"。意思是说上篇的这八句本应属于本篇,因错简入上篇,应移于本段之首,与本篇原有的"绝地无留"一句,合为"九变"。同时,"圮地"、"衢地"、"围地"、"死地"四句乃《九地篇》错简入本篇。此说无所依据,文意也不好贯通,因此何守法《孙子音义》说:"用上篇八句并'绝地'一句固为九矣,恐难免移易割裂之弊",所以"不敢附会佞从"。另查汉简本《孙子》原文,与传本一致,并无错简。因此拼凑"九"变没有根据。张预曰:"凡与人争利,必知九地之变,故次军争。"以"九"为"九地",意为在"九地"上的不同权变。此说亦未妥。赵本学说:"九地在后,九变在先,见于前者或举其大略于后,安有见于后者而举其大略于先耶?"有理。另据本篇内容所言,亦不可理解为"九变"为"九地之变"。王晳曰:"九者,数之极。用兵之法,当极其变耳。"以"九"为"数之极",非实指,而是"多"的意思。"九变"即无穷之机变,是说作战方式与策略原则的掌握,应当根据具体情况的不同而灵活机动运用。此说最善。"变",改变,机变。曹操注曰:"变其正。"张预注曰:"变者,不拘常法,临时适变,从宜而行之之谓也。" ②知用兵矣:将帅通晓各种机变的运用,就是懂得如何用兵。贾林曰:"遇势则变,因利则制,不拘常道,然后得其变通之利。"张预曰:"更变常道,而得其利者,知用兵之道矣。" ③将不通于九变之利者,虽知地形,不能得地之利矣:张预注:"凡地有形有变,知形而不晓变,岂能得地之利?"贾林注:"虽知地形,心无通变,岂惟不得其利?亦恐反受害也。将贵适变也。"梅尧臣曰:"知地利不知变,安得地之利。" ④治兵不知九变之术:曹操曰:"九变,一云五变。"贾林则直说:"五利、五变亦在九变之中",并认为所谓"五变"即上文所说的"途"、"军"、"城"、"地"和"君"。术:方法,手段。 ⑤五利:即上文所说的"途"、"军"、"城"、"地"和"君令"。 ⑥不能得人之用矣:意思是不能把军队的战斗力充分发挥出来。梅尧臣曰:"知利不知变,安得人而用。"张预曰:"虽知五地之利,不通其变,如胶柱鼓瑟耳。"

【译文】

所以,将领能够懂得各种机变的灵活运用,就是懂得用兵;将帅不懂得各种机变的灵活运用,即使了解地形,也不能得到地形对他的益处;指挥部队而不知道各种变通的方法,就算知道"五利",也不能把部队的战斗力充分发挥出来。

【战例】

陈家岛战役

这场战役发生在绍兴三十一年(1161年)。金兵占领了中国北部的大片地区,还不断挥兵南侵,完颜亮分兵数万围攻海州。这时,正锚泊东海(今江苏连云港市东南)的南宋李宝舰队得知这一消息,指挥军队登陆支援,大败金军。随后,李宝率领舰队继续北上。十月下旬,舰队驶抵石臼山(今山东日照附近),获得可靠情报,得知金舰队正停泊于唐岛(又名陈家岛,在今山东灵山卫附近),距离石臼山只有三十多里。得知这一情报后,宋军手下意见不一。裨将曹洋请求出战,知朐山县高敞却认为敌众我寡,不能出战,应当趁金人尚未发觉宋军舰队的行动赶紧避开。曹洋据理力争,说:"彼虽众,皆不谙海道。且降人云女真在船中惟匍匐而睡,略不能动,虽众何为?况我深入至此,前逆大敌,欲退,其可得乎?"他认为金兵不谙海道,以为两军距离尚远,未作临战准备;金军虽数倍于宋军,但上下离心,不习水战,兵士因晕船多在舱中昏睡。应当趁其不备,抢先发起进攻。李宝也认为,"金人未觉",应当趁机给予其狠狠的打击。于是,他决定采取先发制人,出其不意,通过突袭的方法以弱小的舰队战胜强大的敌人。当天夜里,李宝就决定率领舰队迅速向唐岛进发。

十月二十七日清晨,风向转为南风,南宋军队乘风向前疾驶,士气高昂。金军不习惯海上风浪,都睡在船舱里,当李宝舰队迫近敌舰时,金人尚未发觉。李宝马上命令舰队全面出击。刹那间"鼓声震荡,海波腾跃"。金军遭到突袭,惊慌失措,仓促应战,舰只挤成一堆。李宝先以部分战船切断金军退路,随即命前锋船队借助风势,以火箭等火器,向金军船队猛攻。由于金船帆是用油布做成,见火即燃,霎时间金舰队烟焰冲天,几百艘战舰一下子陷入火海之中。一些幸免火箭攻击的敌舰,仍想负隅顽抗。李宝指挥舰队插入敌阵,命令士兵跳上敌舰,与金兵展开激烈的搏斗。这时,金舰队上的汉族水兵,纷纷倒戈起义。金军仅有数十艘战船向北逃遁。宋军乘风追杀百余里,金军除苏保衡等逃走外,其余几乎全军覆没。李宝以三千水军,全歼了兵力超过自己数十倍的金人的庞大舰队,粉碎了金从海上侵袭南宋都城临安的战略计划。

是故智者之虑,必杂于利害[①],杂于利而务可信也[②],杂于害而患可解也[③]。是故屈诸侯者以害[④],役诸侯以业⑤,趋诸侯者以利⑥。

【注释】

①是故智者之虑,必杂于利害:明智的将帅进行谋划时,必然有利的方面和有害的方面都考虑到。虑:思考,谋划。杂:兼及。曹操曰:"在利思害,在害思利,当难行权也。"李筌曰:"害彼利此之虑。"张预曰:"智者虑事,虽处利地,必思所以害,虽处害地,必思所以利。此亦通变之谓也。"　②杂于利而务可信也:考虑到有利的一方面,才能完成作战的任务。曹操曰:"计敌不能依五地为我害,所务可信也。"王晳曰:"曲尽其利,则可胜矣。"梅尧臣曰:"以害参利,则事可行。"张预曰:"以所害而参所利,可以伸己之事。"务:事业,工作。信:通"伸",伸张。　③杂于害而患可解也:考虑到不利的一方面,祸患就可以通过防范而解除。曹操曰:"既参于利,则亦计于害,虽有患可解也。"李筌曰:"智者为利害之事,必合于道,不至于极。"梅尧臣曰:"以利参害,则祸可脱。"王晳曰:"周知其害,则不败矣。"何氏曰:"利害相生,明者常虑。"张预曰:"以所利而参所害,可以解己之难。"患:祸患,灾难。解:免除,解除,消除。　④屈诸侯者以害:以危害之事相加使敌国屈服。屈:使屈服,屈服。诸侯:这里指敌对的国家。害:忧患,伤害其以所恶之事。曹操曰:"害其所恶也。"李筌曰:"害其政也。"杜牧曰:"敌人苟有其所恶之事,我能乘而害之,不失其机,则能屈敌也。"梅尧臣曰:"制之以害,则屈也。"王晳曰:"穷其于必害之地,勿使可解也。"张预曰:"致之于受害之地,则自屈服。或曰:间之使君臣相疑,劳之使民失业,所以害之

也。" ⑤役诸侯者以业：以烦劳之事使敌国受自己的驱使（使之疲敝）。役：役使。业：事。曹操注曰："业，事也。"曹操曰："使其烦劳，若彼入我出，彼出我入也。"李筌曰："烦其农也。"梅尧臣曰："挠之以事则劳。" ⑥趋诸侯者以利：用小利引诱敌国，使之为之奔走。曹操曰："令自来也。"李筌曰："诱之以利。"张预曰："动之以小利，使之必趋。"趋：奔走。

【译文】

所以，明智的将帅进行谋划时，必然有利的方面和有害的方面都考虑周全。考虑到有利的一面，才能完成作战的任务；考虑到不利的一面，祸患就可以通过防范而解除。因此，以危害之事相加能使敌国屈服，以烦劳之事相扰能使敌国疲敝，以小利相引诱能使敌国接受自己的调动。

【战例】

白登山之围

刘邦建立汉朝的时候，匈奴东破东胡，南并楼烦，全部收服了秦朝时被蒙恬所夺的匈奴故地，在汉朝的北方形成了一个能与之相抗衡的强大的政治军事力量。

公元前200年，即高祖七年，匈奴兵南下，围攻马邑。当时被封为代王的韩王信投降匈奴，匈奴人继续南下，围攻太原。消息传到长安，刘邦震怒，决定亲率二十余万大军北征匈奴，打算一举歼敌，消除北方的大患。

到了晋阳，刘邦先后派了几批人前去侦探敌情。此时，匈奴故意把精锐士兵和肥壮的马匹都隐匿起来，只把老弱病残留在外面活动。回来的人都报告说，匈奴营中只有一些老弱残兵，连马都瘦得不能行动，只要果断出击，一定能大获全胜。于是刘邦一面亲率大军浩浩荡荡向北进发，一面又派刘敬去侦探敌情。

当大军进至句注山时,到前方侦察的刘敬回来了。他向刘邦报告说:"赶快停止进军,千万不可轻易出兵。两军对阵,从来只有夸耀自己的长处的,以实力显示自己的军威,借以震慑敌人。可是我此次前往,看到的尽是些老弱残兵,跛驼瘦马,这一定是匈奴故意这么做,冒顿单于肯定在暗地里埋伏着士兵,诱我军上当,千万不要贸然进攻啊!"一向做事谨慎的刘邦这时候也犯了过于自信的毛病,他以为自己掌握的敌情是经过反复侦探得来的,不会有差错。即使其中有些出入,自己带领几十万大军,也不必有什么顾虑。因此,他不但没有听从刘敬的劝告,反而以扰乱军心的罪名令人把他押送广武。然后自己亲自率领先头部队,径自北上。

刘邦赶到平城,就到城外的白登山观察情况。这时,突然伏兵四起,杀声震天,匈奴兵将白登山团团围住。这时候后续部队早已被刘邦甩在了身后,先头部队被匈奴四十万大军分割包围。刘邦被围困在山上整整七天七夜,缺粮断水,几乎陷入绝境。无奈之下,刘邦只得依从陈平的计策,用重金买通冒顿的阏氏(妻子)。在阏氏的劝说下,以及先前的两名汉军降将未能如期而来,使得冒顿疑心他们与汉军私通,于是网开一面。在大雾的掩护下,刘邦仓皇冲出重围,逃回平城。

人们做事的时候,经常会只想着将要得到的利益,而忽略或者低估了行动中可能会出现的风险。刘邦正是犯了这样的错误,疏忽大意、轻易冒进,结果铸成大错,差一点命丧白登山。

故用兵之法,无恃其不来,恃吾有以待也[①];无恃其不攻,恃吾有所不可攻也[②]。

【注释】

①恃：依赖。有以待：有迎敌的准备。梅尧臣曰："所恃者，不懈也。"　②无恃其不攻，恃吾有所不可攻也：曹操曰："安不忘危，常设备也。"李筌曰："预备不可阙也。"杜佑曰："安则思危，存则思亡，常有备。"梅尧臣曰："所赖者，有备也。"王晳曰："备者，实也。"张预曰："言须思患而预防之。《传》曰：'不备不虞，不可以师。'"

【译文】

所以用兵的原则是：不要寄希望于敌人不会来，而要依靠我方做好充分的迎敌准备；不要寄希望于敌人不会攻击，而要依靠我方做好不能被攻破的稳固防御。

【战例】

子期破吴

春秋时期，楚国人攻伐陈国，陈国向吴国求救，吴国派军前去救援。吴军到达之后，两军相隔仅三十里，一连下了十天的雨，夜不见星。楚国的左史倚相对大将子期曰："大雨一连下了十日，大家知道不能出战，士兵都把盔甲兵器扔到一边，吴国人必然会来袭击，还是早点准备好吧。"于是子期就命令士兵摆开阵势，时刻做好应战的准备。阵势刚刚摆好，吴军果然来了，看到楚军已经做好了准备，知道占不到什么便宜，没有交战就返回了。左史又说："吴国军队往返军营六十里地，他们走到中途一定会休息、吃饭。我军随后尾随追击，一定能击败他们。"子期照他的意见去做了，果然不出所料，一举大破吴军。

故将有五危①，必死，可杀也②；必生，可虏也③；忿速，可侮也④;廉洁,可辱也⑤;爱民,可烦也⑥。凡此五者,将之过也,用兵之灾也⑦。覆军杀将⑧,必以五危⑨,不可不察也⑩。

【注释】

①五危:五种容易带来危险的弱点,即下文所说的五事。
②必死,可杀也:一味死斗,缺乏智谋,就有被诱杀的可能。曹操曰:"勇而无虑,必欲死斗,不可曲挠,可以奇伏中之。"李筌曰:"勇而无谋也。"必:坚持,坚决。　③必生,可虏也:贪生怕死,就有被俘获的可能。曹操曰:"见利畏怯不进也。"李筌曰:"疑怯可虏也。"张预曰:"临陈畏怯,必欲生返,当鼓噪乘之,可以虏也。"虏:俘获。　④忿速,可侮也:性情急躁易怒,就有被敌人侮慢的可能。忿:愤怒。速:指性情急躁。忿速:愤怒急躁。杜牧注:"忿者,刚怒也;速者,褊急也,性不厚重也。"俞樾则说:"忿速乃古语,亦作忿数。《大戴礼·子张问入官篇》:且夫忿数者,狱之所由生也。'速'与'数'声近义通。杜牧解忿为刚怒,速为偏急,分为二义,未达古语也。"侮:轻慢、轻贱。李筌曰:"急疾之人,性刚而可侮致也。太宗教宋老生而平霍邑。"曹操注:"疾急之人,可忿怒而侮致之也。"梅尧臣注:"狷急易动。"　⑤廉洁,可辱也:过于重视洁身清廉的名声,就有被侮辱的可能。曹操曰:"廉洁之人,可污辱致之也。"李筌曰:"矜疾之人,可辱也。"辱:羞辱,侮辱。　⑥爱民,可烦也:过度怀有爱民之心,就有被烦扰的可能。烦:烦劳,相烦。曹操曰:"出其所必趋,爱民者,必倍道兼行以救之,救之则烦劳也。"李筌曰:"攻其所爱,必卷甲而救;爱其人,乃

可以计疲。" ⑦凡此五者,将之过也,用兵之灾也:梅尧臣曰:"皆将之失,为兵之凶。"何氏曰:"将材古今难之,其性往往失于一偏尔。故孙子首篇言将者智信仁勇严,贵其全也。"张预曰:"庸常之将,守一而不知变,故取则于己,为凶于兵。智者则不然,虽勇而不必死,虽怯而不必生,虽刚而不可侮,虽廉而不可辱,虽仁而不可烦也。"于鬯曰:"必死者,勇将也;必生者,智将也;忿速者,严将也;廉洁者,名将也;爱民者,仁将也,而必之,即有授敌以可杀、可虏、可侮、可辱、可烦之道,故为过。"过:这里是过分、太甚的意思,而非过错。灾:指灾害,祸患。 ⑧覆:灭亡,覆灭。覆军:覆灭全军。 ⑨必:必然,一定。以:因为,由于。 ⑩不可不察也:梅尧臣注曰:"当慎重焉。"张预注曰:"言须识权变,不可执一道也。"察:知道,理解。

【译文】

将领有五种可能带来危险的性格上的偏执:一味死斗,缺乏智谋,就有被诱杀的可能;贪生怕死,就有被俘获的可能;性情急躁易怒,就有被敌人侮慢的可能;过于重视洁身清廉的名声,就有被侮辱的可能;过度怀有爱民之心,就有被烦扰的可能。所有这五种情况,都是将领在某一方面做得太过分,会给军事行动带来灾难性的后果。军队覆没,将领阵亡,必定是由这"五危"引起,将帅对此一定要有充分的认识。

【战例】

姜子牙杀狂士

姜子牙因辅佐周武王平定天下有功,被封在了齐国。当时,齐国有两个隐士,一个名叫狂裔,另一个名叫华士。他们二人都自称德行高洁,不臣服于天子,不结交诸侯,自己耕田吃饭,自己挖井喝水,人们都称赞他们很贤明。

姜子牙听别人都称赞二人是贤才,就派人去请他们,但一连请了三次,他们都不肯到。他们自称宁愿过自食其力的隐士生活,也不食天子的俸禄。于是,姜子牙就命人杀了他们。

周公不明白姜子牙为什么要这样做,就立刻派人来问:"他们都是齐国的贤士,为什么一把你封到齐国你就杀了他们呢?"

姜子牙说:"现在如果有一匹千里马,被公认为是天下最好的。但是,即使用马鞭子抽它,它也不走,用上好的饲料喂它,它也不吃。对于这匹马,再笨的奴仆也不会把它作为脚力。这二人就是这样的马匹。他们不愿做天子的臣子,我无法驾驭他们;不愿结交诸侯,我无法驱使他们;他们自己种田来吃,自己掘井来喝,完全不同别人打交道,我就无法用赏罚来打动他们。他们不求名誉,不要禄位,虽说是贤哲,也一点用处都没有。既然不能为国效力,为国尽忠,有他们和没有他们又有什么不同呢?因此,我必须将这两个人杀掉。凡是国君无法臣服、诸侯不得结交的人,就是上天要遗弃的人。召他们三次而不来,则是叛逆之民。如果我称赞或者放纵他们,使他们成为天下人效法的对象,那么要我这个当国君的还有什么用呢?"

在中国历史上,清高的隐士都是受人尊敬的,但姜子牙却把这两位人们认为贤良的隐士给杀掉了,最根本的原因就在于他们追求清高的名声过了头。在人们的思维方式中,不论做什么,都要掌握一个度,既不能过火,也不能不及,过火和不及在人们看来都是不恰当的,这就是"过犹不及"的道理。也就是说,做任何事情,都有一个适度的问题,虽然有时候这个度把握起来并不容易,但正因其难把握,才能从分寸上区分出不同人处理问题、控制局面能力的差异。

第九章　行军篇

【题解】

本篇讲的内容包括如何行军、宿营、组织与指挥作战，如何利用地形与外在条件以及观察敌情等问题，重点论述的问题主要有三个：一、"处军"，即军队行军作战中在不同的地形应采取的不同战术处置方法和原则。军队行军宿营时，会遇到山岳、川泽、平原等不同的地形，经过的道路也有水陆、险易等区别，对于这些不同地理条件的判断和选择是重要的，以力争借"地之助"，取"兵之利"。二、"相敌"，即准确地查明敌情，掌握敌人的动静规律。军队所遇到的敌人，有动静、进退等不同的状态，有障蔽、疑似等诡计的使用，还有治乱、虚实等不同情形，对于这些，要注意侦察，采取不同的应对措施，以做好迎敌应战的准备。三、"令之以文，齐之以武"，即治理军队要赏罚得当、军纪严明。将帅要爱护兵卒，严明纪律，平时要有教育，战时要有威信，强调要用法令统一军队的行动。

孙子曰：凡处军相敌①，绝山依谷②，视生处高③，战隆无登④，此处山之军也⑤。绝水必远水⑥，客绝水而来⑦，勿迎之于水内⑧，令半济而击之⑨，利；欲战者，无附于水而迎客⑩,视生处高,无迎水流⑪,此处水上之军也。绝斥泽⑫,惟亟去无留⑬,若交军于斥泽之中,必依水草而背众树⑭,此处斥泽之军也。平陆处易⑮,而右背高,前死后生⑯,此处平陆之军也。凡此四军之利⑰,黄帝之所以胜四帝也⑱。

【注释】

①处:安顿,安排。处军:指在各种条件下行军、作战、驻扎的处置方法。相:看,观察。相敌:指观察敌情。李筌曰:"军,我;敌,彼也。相其依止,则胜败之数,彼我之势可知也。"
②绝:横跨,越过。杜牧曰:"绝,过也。"绝山:即通过山地。依:倚,靠。杜牧注:"依,近也。"王皙注:"依,附近耳。"依谷:指依傍溪谷。曹操曰:"近水草,便利也。"李筌曰:"绝山,守险也。谷近水草。夫列营垒,必先分卒守隘,纵畜牧,收樵采而后宁。"张预曰:"凡行军越过山险,必依附溪谷而居,一则利水草,一则负险固。"　③生:向阳的。曹操曰:"生者,阳也。"李筌曰:"向阳曰生。"视生:指面向朝阳的方向。处:居住,居于,处在。处高:指驻扎在地势高的地方。李筌曰:"生高之地可居也。"张预曰:"视生,谓面阳也,处军当在高阜。"
④战隆无登:如果敌人占据了高地,不要仰攻。　⑤此处山之军也:这是在高山地带的处军原则。张预:"凡高而崇者,皆谓之山,处山拒敌,以上三事为法。"　⑥绝水必远水:我军渡过江河后要远离江河驻扎。曹操、李筌曰:"引敌使渡。"梅尧臣曰:"前为水所隔,则远水以引敌。"张预曰:"凡行军过水,欲舍止者,必去水稍远,一则引敌使渡,一则进退无碍。"
⑦客:古代指战争中入侵的一方。　⑧水内:水边。杜牧认

为,"'水内'乃'汭'也,误为'内'耳。"王晳也说:"'内'当作'汭'。""汭"和"内"古通,此处应非字误。 ⑨济:渡河。曹操曰:"半渡,势不可并,故可败。" ⑩欲战者,无附于水而迎客:曹操曰:"附,近也。"李筌曰:"附水迎客,敌必不得渡而与我战。"张预曰:"我欲必战,勿近水迎敌,恐其不得渡;我不欲战,则阻水以拒之,使不能济。" ⑪无迎水流:即不要逆着水流,即不要处于水的下游。曹操曰:"恐溉我也。"李筌曰:"恐溉我也。智伯灌赵襄子,光武溃王寻,迎水处高乃败之。"贾林曰:"水流之地,可以溉吾军,可以流毒药。迎,逆也。一云,逆流而营军,兵家所忌。" ⑫斥:咸卤。斥泽:指盐碱沼泽地带。 ⑬亟:疾速。去:离开。 ⑭若交军于斥泽之中,必依水草而背众树:如果不得已一定要在盐碱沼泽地带与敌军交锋,就要依傍水草,背靠树林。背:背部对着或后面靠着。杜佑曰:"言不得已与敌战而会斥泽之中,当背稠树以为固守,盖地利,兵之助也。"李筌曰:"急过不得,战必依水背树。夫有水树,其地无陷溺也。"梅尧臣曰:"不得已而会敌,则依近水草,背倚众木。"王晳曰:"猝与敌遇于此,亦必就利而背固也。"张预曰:"不得已会兵于此地,必依水草以便樵汲,背倚林木以为险阻。" ⑮平陆:平原,陆地。易:平坦。⑯而右背高,前死后生:古人以"右"为上,"右"指军队的主要侧翼。意思是主要侧翼要背靠高地。一说以背靠高地为上,存之。前死后生,指前低后高。 ⑰四军之利:指上文处山、处水、处斥泽、处平陆等四种处军原则的好处。 ⑱黄帝:古帝名,传说是华夏民族的共同祖先。少典之子,姓公孙,居轩辕之丘,故号轩辕氏。又居姬水,因改姓姬。国于有熊,亦称有熊氏。以土德称王,土色为黄,故曰黄帝。四帝:历代注家众说纷纭,梅尧臣和王晳都认为"四帝"为"四军"之误,赵本学认为"帝"乃"方"之误,于鬯认为"四帝"乃"炎帝"之误。曹操曰:"黄帝始立,四方诸侯亦称帝,以此四地胜之也。"李筌曰:"黄帝始受兵法于风后,而灭四方,故曰胜四帝也。"都以四方诸侯为"四帝",意即,"四"并非实指。汉简《黄帝伐赤帝》中有:"(黄帝南伐赤帝,)……东伐口(青)帝……北伐黑帝……西伐白帝……已胜四帝,大有天下……"可见"四帝"不误,并且是实指赤、青、黑、白四帝。

【译文】

孙子说:将领处置军队和观察判断敌情时,应该知道以下四个原则:军队通过山地,必须临近溪谷,在居高向阳的地方驻扎;如果敌人占领高地,不要仰攻,这是在山地上处置军队的原则。渡过江河,要在远离水流的地方驻扎;敌人渡水而来,不要在水边迎击,而要等它的军队渡过一半时再攻击,这样才较为有利。如果要同敌人交战,不要紧靠水边迎战敌人。在江河边扎营也要选择居高向阳的地方,并且不要在江河下游逆着水流,这是在江河地区处置军队的原则。通过盐碱沼泽地带,一定要迅速离开,不要逗留;如果不得已同敌军在盐碱沼泽地带交战,必须靠近水草而背靠树林,这是在盐碱沼泽地区处置军队的原则。在平原地区,军队应驻扎在开阔平坦的地域,右翼要依托高地,前低后高,这是在平原地区处置军队的原则。以上这四种"处军"原则的好处,就是当初黄帝能够战胜其他四帝的原因。

【战例】

泓水之战

公元前638年10月底,楚军进攻宋国。宋襄公为阻击敌军深入,屯军于两国交界处的泓水以北,等待楚军到来。11月1日,楚军已经全部集结到泓水南岸,并开始渡河。

宋国的大司马公孙固见楚军力量强大,两军众寡悬殊,建议宋襄公说,趁楚军正在渡河,大部队到达河的中间时,宋军予以掩杀,一定能大获全胜。

宋襄公听罢,皱起眉头想了想,说:"这个办法好。可是我们的军队是仁义之师,怎么能乘人之危而图侥幸获胜呢?"宋襄公失去了痛击楚军的绝佳机会,楚军于是全部从容地渡过了泓水。

楚军过河后,需要重新组织队伍,布开阵势。正在布阵时,宋国的公子目夷又劝宋襄公说,现在楚军列阵未毕,组织混乱,正好乘机发动攻击。宋襄公仍然没有接受他的建议,说:"不行,讲仁义的人怎么能攻击不成阵列的队伍呢?"于是第二次可以出击获胜的时机又白白浪费了。

等楚军布好阵势后,宋襄公才下令击鼓向楚军进攻,而且身先士卒,亲自领兵冲杀。然而,正当宋军向楚军中军突进时,楚军的左右两翼突然向宋军包抄过来,宋军虽然奋勇反击,但无奈力量悬殊,宋军大败。在大司马公孙固的拼死掩护下,遭受重伤的宋襄公才突出重围,仓皇逃回宋国。

回到宋国后,许多大臣分析失利的原因时都埋怨宋襄公太糊涂,不该白白丧失战机。宋襄公不但没有吸取教训,反而振振有词地说:"我们做君子要讲仁义道德,不能在敌人身处险境时去偷袭他们,不能捕捉头发花白的老兵作为俘虏,不能在敌人没有整顿好队伍之前就发起攻击。"

公子目夷反驳他说:"我方的国君不懂得战争,强大的敌人处于不利地形,这是老天爷在帮助我们,趁此机会发起进攻,不是最恰当的吗?何况即使抓住了机会,还怕不能取得胜利呢?对方的老兵即使头发花白了也是敌人,为什么不能俘虏呢?让强大的敌人摆好阵势后再和他们硬拼,简直就是自寻失败!"但是,宋襄公还是执迷不悟,并且对楚军的不讲道理耿耿于怀。

宋楚泓水之战,宋襄公由于迂腐至极而丧失战机,令自己的军队大败而归,成为战争史上的笑话。《孙子兵法》中说:用兵作战,要趁敌混乱之机战胜它,即乘敌之危,就势取胜。机不可失,时不再来,如果让机会白白溜走了,后悔也就没有用了。

凡军好高而恶下①,贵阳而贱阴②,养生而处实③,军无百疾,是谓必胜④。丘陵堤防,必处其阳而右背之,此兵之利,地之助也。上雨,水沫至,欲涉者,待其定也⑤。凡地有绝涧、天井、天牢、天罗、天陷、天隙⑥,必亟去之,勿近也。吾远之,敌近之;吾迎之,敌背之。⑦

【注释】

①好高而恶下:喜好并且选择地势高的地方,厌恶并且避开地势低的地方。张预注:"居高则便于觇望,利于驱逐,处下则难以为固,易以生疾。" ②贵:崇尚,重视。阳:山的南面或水的北面。贱:轻视,鄙视。阴:水的南面或山的北面。"贵阳而贱阴"是说,军队驻扎重视向阳的地方,避开阴湿的地方。张预注曰:"贵阳者,以其光明气舒,疾病难于滋蔓也;贱阴者,晦逆非养生之道也。" ③养生:得到休养生息。处实:处于物资丰实之地。曹操曰:"恃满实也。养生,向水草,可放牧养畜乘。实,犹高也。"梅尧臣曰:"养生便水草,处实利粮道。" ④军无百疾,是谓必胜:李筌曰:"夫人处卑下必疠疾,惟高阳之地可居也。" ⑤上雨,水沫至,欲涉者,待其定也:曹操

曰:"恐半渡而水遽涨也。"李筌曰:"恐水暴涨。"梅尧臣曰:"流沫未定,恐有暴涨。"沫:水中的泡沫。张预注曰:"沫谓水上泡沤。"涉:徒步渡水,泛指渡水。　⑥凡地有绝涧、天井、天牢、天罗、天陷、天隙:曹操曰:"山深水大者为绝涧,四方高、中央下者为天井,深山所过若蒙笼者为天牢,可以罗绝人者为天罗,地形陷者为天陷,涧道迫狭、深数丈者为天隙。"绝涧:高山陡壁之下的溪涧。梅尧臣注:"前后险峻,水横其中。"天井:称四周为山,中间低洼的地形。梅尧臣注:"四面峻坂,涧壑所归。"天牢:指群山环绕、形势险峻、易入难出之地。梅尧臣注:"三面环绝。易入难出。"张预注:"山险环绕,所入者隘为天牢。"天罗:谓林木纵横的地形。梅尧臣注:"草木蒙密,锋镝莫施。"王皙注:"罗谓如网罗也。"天陷:指地势低洼、泥泞易陷的地带。梅尧臣注:"卑下污泞,车骑不通。"天隙:指两山之间狭窄的谷地。梅尧臣注:"两山相向,涧道狭恶。"

⑦吾远之,敌近之;吾迎之,敌背之:曹操曰:"用兵常远六害,令敌近背之,则我利敌凶。"李筌曰:"善用兵者,致敌之受害之地也。"

【译文】

驻军一般都是喜欢高处避开洼地,选择向阳之处而避开阴湿之地;靠近水草地区利于军队休养,驻扎在干燥的高处便于物资供应。军需供应充足,将士百病不生,这样的军队就有了胜利的保障。在丘陵堤防,必须占据向阳的一面,并把右翼背靠着它。这些方法都有利于用兵,借助于地形作为辅助条件。上游下雨,河中有水沫漂浮,如果想要过河,应等到水面平缓之后。遇到"绝涧"、"天井"、"天牢"、"天罗"、"天陷"、"天隙"这几种地形,一定要迅速离开,不要接近。我军应该远离这些地形,而让敌人去接近它;我们应对着这些地形，而让敌人去背靠它。

【战例】

冯异栒邑破敌

后汉初年征伐隗嚣的时候，汉军屡次被隗嚣击败。汉光武帝刘秀命令所有部队都屯扎栒邑，汉军还未及至，隗嚣乘胜派其将领王元、行巡带领二万余人从陇地出发，并派行巡部进攻栒邑。汉将冯异得知后，决定火速前往，先占据它。诸将都说："敌人势力强大并且刚刚得胜士气正旺，恐怕无法与他们抗衡。应当先找个地方驻扎军队，慢慢地考虑对策。"冯异说："敌人以强大的兵力来侵犯我们的防地，是他们习惯了夺取小利，所以才要纵兵深入。他们如果占领了栒邑，三辅将为之动摇，这才是我们要担心的。兵法上说：'攻者不足，守者有余。'我们先占领这座城池，是为了以逸待劳，不是要与他们一争高下。"于是，冯异率兵偷偷地进入了栒邑城，紧闭城门，偃旗息鼓。行巡不知道情况，也昼夜兼程赶来。冯异出其不意，率军突然杀出，行巡的军队惊乱逃走，冯异追击了数十里，大获全胜。

军行有险阻、潢井、葭苇、山林、翳荟者①，必谨复索之②，此伏奸之所处也③。

【注释】

①军行有险阻、潢井、葭苇、山林、翳荟者：曹操曰："险者，一高一下之地；阻者，多水也。潢者，池也；井者，下也。葭苇者，众草所聚也；林木者，众木所居也。翳荟者，可屏蔽之处也。此以上论地形，以下相敌情也。"李筌曰："以下恐敌之可奇伏

诱诈也。"潢:积水池,港汊。潢井:谓沼泽低洼地带。葭:初生的芦苇。葭苇:指芦苇,这里指杂草丛生之地。蘙:草茂貌。荟:草木繁盛貌。蘙荟:草木丛密。　②复索:反复搜索。③伏:隐藏。奸:奸细,伏兵。

【译文】

军队遇到两旁有险峻的隘路、长满芦苇的湖沼低洼之地、山林以及其他草木茂盛的地方,都必须仔细地反复搜索,这些都是奸细可能隐伏的地方。

【战例】

宇文泰沙苑破高欢

公元537年,东魏高欢率军进击西魏的宇文泰。当时双方力量悬殊,高欢率领二十万大军,而宇文泰手下则不足万人。如果想以弱胜强,必须利用奇谋妙策。宇文泰经过认真考虑后认为,如果让高欢的二十万大军围城,势必非常被动,因此必须出城主动迎击。他初步决定把战场设在都城之外,但是在高欢进攻路途上,哪里设战场最好呢？最后,宇文泰决定在沙苑(今山西高陵)东背水列阵。他把自己的设想与部将们讨论,大家都大感不解,平日多智的宇文泰为何要冒险背水列阵呢？莫不是想仿效韩信的"背水一战"？但是现在的情势与韩信当初不同,根本用不着采取这种办法啊！最终还是宇文泰解开了大家的困惑,他解释道:"我今天想背水列阵,并不是像当初韩信一样为了激励士气,而是为了埋伏兵力,出奇兵击败高欢。此河东岸芦苇遍地,正是伏兵的好地方。我与高欢拼杀时,伏兵杀出,高欢一定会大惊败走。"大家都觉得这个办法可行,同意了他的计划。于是,宇文泰亲率部下来到沙苑,让六千名兵卒埋伏在芦苇丛中,自己则带三千人马背水列阵,等待高欢。

高欢大兵到来,见宇文泰亲自带了区区三千人马出战,并且还是背水布了个一字长蛇阵,既不便进攻又不便防守,把弱点全部暴露给对方,犯了兵家大忌中之大忌,心里不禁暗笑。高欢部将们也以为此战必胜,所以不等高欢下令,就呐喊着冲将过来。两军刚接战,宇文泰一声信号,埋伏在芦苇中的六千甲士一起杀出。高欢大军见了,不知芦苇丛中还有多少兵马,以为中了敌人埋伏,吓得回头便跑,而后面的人怕前面的人抢了功劳,正向前涌来杀敌争功。于是前军后军自相践踏,伤亡惨重,大败而逃。二十万大军收不住脚,一下子退出六十里方才停下。高欢清点人马,损失了八万兵马,只得撤兵而回。

敌近而静者,恃其险也;远而挑战者,欲人之进也;其所居易者,利也;众树动者,来也;众草多障者,疑也[1];鸟起者,伏也[2];兽骇者[3],覆也。尘高而锐者,车来也;卑而广者,徒来也[4];散而条达者,樵采也[5];少而往来者,营军也[6];辞卑而益备者[7],进也;辞强而进驱者,退也[8];轻车先出居其侧者,陈也[9];无约而请和者[10],谋也;奔走而陈兵车者,期也[11];半进半退者,诱也[12];杖而立者,饥也[13];汲而先饮者,渴也[14];见利而不进者,劳也[15];鸟集者,虚也[16];夜呼者,恐也[17];军扰者,将不重也[18];旌旗动者,乱也[19];吏怒者,倦也[20];粟马肉食,军无悬甑[21],不返其舍者,穷寇也;谆谆翕翕[22],徐与人言者,失众也;数赏者,窘也[23];数罚者,困也[24];先暴而后畏其众者,不精之至也[25];来委谢者,欲休息也[26]。兵怒而相迎,久而不合[27],又不相去,必谨察之。

【注释】

①众树动者,来也;众草多障者,疑也:曹操曰:"斩伐树木,除道也。结草为障,欲使我疑也。"贾林注:"结草多为障蔽者,欲使我疑之。"　②鸟起者,伏也:曹操曰:"鸟起其上,下有伏兵。"伏:指伏兵。李筌曰:"藏兵曰伏。"　③骇:原指马受惊,这里泛指惊起。　④尘高而锐者,车来也;卑而广者,徒来也:张预注:"车马行疾而势重,又辙迹相次而进,故尘埃高起而锐直也。徒步行缓而迹轻,又行列疏远,故尘低而来。"⑤散而条达者,樵采也:李筌曰:"烟尘之候,晋师伐齐,曳柴从之。齐人登山,望而畏其众,乃夜遁。薪来即其义也。此筌以樵采二字为薪来字。"杜牧曰:"樵采者,各随所向,故尘埃散衍。条达,纵横断绝貌也。"王晳曰:"条达,纤微断续之貌。"⑥少而往来者,营军也:梅尧臣注:"轻兵定营,往来尘少。"赵本学曰:"军欲下营,必有轻兵视地。"　⑦辞:言词。卑:谦恭,谦卑。益:加强。　⑧辞强而进驱者,退也:曹操曰:"诡诈也。"驱:逼迫。　⑨轻车先出居其侧者,陈也:曹操曰:"陈兵欲战也。"杜牧曰:"出轻车,先定战陈疆界也。"⑩约:困曲,窘迫。陈皞注曰:"两国之师,或侵或伐,彼我皆未屈弱,而无故请和好者,此必敌人国内有忧危之事,欲为苟且暂安之计,不然,则知我有可图之势,欲使不疑,先求和好,然后乘我不备,而来取也。"一说"约"为质盟之约。李筌曰:"无质盟之约请和者,必有谋于人。田单诈骑劫,纪信诳项羽,即其义也。"　⑪期:邀约,约定。　⑫半进半退者,诱也:李筌曰:"散于前不一,欲以诱我。"张预曰:"诈为乱形,是诱我也。"　⑬杖而立者,饥也:梅尧臣注:"倚兵而立者,足见饥疲之色。"杖:兵器。　⑭汲而先饮者,渴也:李筌曰:"汲

未至先饮者,士卒之渴。"张预注:"汲者未及归营而先饮水,是三军渴也。" ⑮劳:疲劳,劳苦。曹操曰:"士卒疲劳也。"梅尧臣曰:"人其困乏,何利之趋!" ⑯鸟集者,虚也:李筌曰:"城上有鸟,师其遁也。"张预曰:"凡敌潜退,必存营幕,禽鸟见空,鸣集其上。" ⑰夜呼者,恐也:曹操曰:"军士夜呼,将不勇也。"李筌曰:"士卒怯而将懦,故惊恐相呼。"杜牧曰:"恐惧不安,故夜呼以自壮。" ⑱军扰者,将不重也:李筌曰:"将无威重则军扰。"陈皞曰:"将法令不严,威容不重,士因以扰乱也。" ⑲旌旗动者,乱也:张预注曰:"旌旗所以齐众也,而动摇无定,是部伍杂乱也。" ⑳吏怒者,倦也:梅尧臣曰:"吏士倦烦,怒不畏避也。" ㉑粟马:用粮食喂马。瓿:汲水或盛水的瓦器。 ㉒谆谆翕翕:曹操曰:"谆谆,语貌;翕翕,失志貌。"谆:忠诚,诚恳。谆谆:反复告诫、再三叮咛貌。翕翕:失意不满貌。 ㉓窘:困迫。 ㉔数罚者,困也:李筌曰:"困则数罚以励士。"梅尧臣曰:"弊不堪命,屡罚以立威。" ㉕先暴而后畏其众者,不精之至也:李筌曰:"先轻后畏,是勇而无刚者,不精之甚也。"梅尧臣曰:"先行乎严暴,后畏其众离,训罚不精之极也。" ㉖委谢:谓委质谢罪。梅尧臣注:"力屈欲休兵,委质以来谢。"休息:休养生息,这里指停止战争。张预曰:"以所亲爱委质来谢,是势力穷极,欲休兵息战也。" ㉗合:交锋,交战。曹操曰:"备奇伏也。"

【译文】

敌人很近却很安静,是依仗它有险要的地形的表现;敌人离我很远却前来挑战不休,是企图诱我前往的表现;敌人驻扎在平坦的地方,是必定对它有某种好处。许多树木摇动,是敌人前来偷袭;草丛中设置许多遮障物,是敌人企图迷惑我军;群鸟惊飞,是下面必有伏兵;野兽惊骇奔逃,是敌人大举前来突袭;尘土飞扬得高而尖,是敌人的战车驶来了;尘土飞扬得低而宽广,是敌人的步兵来了;尘土零散飞扬,是有人正在曳柴而行;尘土少而时起时落,是敌人正在察看地形准备扎营。敌人使者言辞谦卑军队却又在加紧战备的,是准备向我进攻;敌人使者措辞强硬而军队又在向前逼进的,是在准备撤退;战车先出动位于军营两翼的,是在布列阵势;敌人陷入困境而来讲和的,是另有阴谋;敌人往来快速奔跑并排开兵车的,是企图约期同我决战;敌人似进非进,似退非退的,是企图引诱我军。敌兵倚着兵器而站立的,是三军饥饿的表现;敌兵打水后自己先饮的,是敌军干渴的表现;敌人见到利益而不前往争夺的,是过于疲劳的表现;敌营上方聚集鸟雀的,下面必定已是空营;敌人夜间喊叫的,是军心恐慌的表现;敌营惊扰纷乱的,是敌将没有威严的表现;敌人旌旗不整齐地摇动的,是队伍已经混乱的表现。敌人军官易怒的,是全军已经疲倦的表现;敌人用粮食喂马,杀牲畜吃肉,营中没有挂着汲水器具,士卒不再返回营房的,是处于穷途末路的敌寇;敌将低声下气同部下交谈的,是将领失去人心的表现;不断犒赏士卒的,是敌军已经窘迫的表现;不断惩罚部属的,是敌人陷入困境的表现;先对士兵粗暴然后又害怕部下叛乱的,是最不精明的将领;敌方来送礼致谢的,是想休兵息战的表现;敌人盛怒与我对阵,却久不交战又不撤退的,必须仔细地观察以弄清他的企图。

【战例】

鄢陵之战

公元前575年4月,晋厉公以郑国叛晋附楚为由,联合齐、宋、鲁、卫四国,以栾书为中军帅率军伐郑。楚国是郑国的盟友,楚共王为援救郑国,亲统楚军及夷兵,以司马子反为中军帅,立即出兵支援。双方的军队在郑地鄢陵(今河南鄢陵西北)相遇。

当时,楚郑联军共有兵车五百三十乘,将士九万三千人;晋军有兵车五百乘,将士五万余人,而宋、齐、鲁、卫的军队还没有到达鄢陵。晋军先到,但到达时四国的盟军援兵并未抵达,加之营垒前方有泥沼,兵车无法出营列阵,处于不利的地位。楚共王见与晋国同盟的诸侯各军未到,就想乘机击溃晋军。为此,楚军于古代用兵所忌的晦日六月二十九日,利用晨雾作为掩护,突然迫近晋军营垒列阵,想同晋军速决速胜。

在这种形势下,晋军中许多将领惧于楚郑联军的兵力优势,主张固守待援。主帅栾书认为,"楚军轻窕,固垒而待之,三日必退,退而击之,必获胜焉"。然而新军统帅郤至则认为应当主动出击。他分析说:"楚有六间,不可失也。其二卿相恶,王卒以旧,郑陈而不整,蛮军而不陈,陈不违晦,在陈而嚣,合而加嚣。各顾其后,莫有斗心;旧不必良,以犯天忌,我必克之。"楚郑联军有六个致命的弱点,应当抓住这个时机,立即出击,定能获胜。具体说来,这六个弱点是:第一,楚军中军帅子反和左军帅子重关系不好,内部不和;第二,楚军虽然人数不少,但老兵多,行动迟缓,没有什么战斗力;第三,郑军列阵不整,说明他们缺乏训练,不堪一击;第四,随楚出征的蛮军不懂得阵法,不足为虑;第五,楚军布阵于无月光之夜,犯了兵家之大忌,实不吉利;第六,楚军在布阵过程中和布阵后,士卒喧哗不静,秩序混乱,丝毫没有临战的紧张气氛。如此杂乱无章的军队一旦投入战斗,必然会互相观望,没有斗志,晋军如果乘机发动进攻,一定能够把他们击败。晋厉公采纳了他的建议,决心与楚军决战。随后,他又接受了熟悉楚军内情的楚旧臣苗贲皇的建议,命令晋军先以精锐部队分击楚力量相对较弱的左右军,得手合军集中攻击楚军的精锐中军。通过悉心的准备和谋划,结果,晋军鄢陵之战中大败楚军,楚军伤亡惨重,楚共王中箭负伤,被射瞎一只眼,公子茂被俘,中军帅子反自杀。晋国重新夺得了诸侯霸主的地位。

兵非益多也,惟无武进①,足以并力料敌取人而已②。夫惟无虑而易敌者③,必擒于人。

【注释】

①惟无武进:惟,只是。武进,谓恃武冒进。王晳注:"不可但恃武也,当以计智料敌而行。""无武进",曹操曰:"未见便也。"此句一般都理解为兵不在于多,重要的是军队不要恃武轻进,梅尧臣认为此句应为"兵虽不足以继进",贾林说应是"虽无勇武之力以轻进",均将"惟"解为"虽"。存之。　②并力:合力,戮力。料敌:估量、判断敌情。取人:一说为克敌制胜,取胜于敌。贾林曰:"虽我勇武之力而轻进,足以智谋料敌,并力而取敌人也。"王晳曰:"善分合之变者,足以并力乘敌间取胜人而已。"一说为选拔人才。杜牧曰:"言我与敌人兵力皆均,惟未能用武前进者,盖未得见其人也。但能于厮养之中拣择其材,亦足并力料敌而取胜,不假求于他也。"张预曰:"兵力既均又未见便,虽未足刚进,足以取人于厮养之中,以并兵合力察敌而取胜,不必假他兵以助己。"一说为善待士卒,争取人心。李筌曰:"兵众武,用力均,惟得人者胜也。"结合下文"令之以文,齐之以武,是谓必取",应以李说为胜。　③易:轻视。易敌:即轻敌。

【译文】

军事行动中,兵力并不是越多越好,只是不能恃武冒进,能够做到同心协力、明察敌情,取得将士们的信任和支持,就可以战胜敌人了。那些既没有谋略而又轻敌的人,必定会被敌人所俘虏。

【战例】

陆逊白帝城退兵

三国时期,刘备为了给关羽报仇,不顾诸葛亮等人的劝告,仓促发起伐吴战役。猇亭一役,陆逊指挥吴军火烧蜀军连营七百里,大获全胜。陆逊战胜刘备后,乘胜追击蜀军,在白帝城外遇到诸葛亮布下的"八阵图"遗迹,于是下令班师。

陆逊手下的将军们都感到非常奇怪,问道:"刘备已经兵败势穷了,现在困守一城,正好乘势消灭他;今天看见一个石阵就下令退兵,这是为什么呢?"

陆逊说:"我不是惧怕石阵才退兵的。因为我想到,魏主曹丕的奸诈程度,与他父亲曹操比起来,有过之而无不及。如果他一旦得到我率军追赶蜀兵的消息,一定会乘虚来偷袭我们。我们如果深入西川,到时候想退兵恐怕也退不出来了。"于是,他令一将断后,急忙率领大军返回。

果然不出陆逊所料,撤兵不到两天,魏军的三路人马、数十万大军就星夜杀奔吴国的边境。

其实,当时即使不顾及魏军偷袭,陆逊收兵回师也是一个正确的决策。因为东吴虽然在猇亭大败了刘备,但力量还不足以灭亡西蜀,如果贸然深入西川,胜利之师也会变为强弩之末,可能重蹈刘备猇亭失败的覆辙。

卒未亲附而罚之①,则不服,不服则难用②。卒已亲附而罚不行,则不可用也③。故令之以文④,齐之以武⑤,是谓必取⑥。令素行以教其民⑦,则民服;令不素行以教其民,则民不服。令素行者,与众相得也⑧。

【注释】
①亲附:亲近依附。　②用:出力,效命。　③卒已亲附而罚不行,则不可用也:曹操曰:"恩信已洽,若无刑罚,则骄惰难用也。"　④令:教令,教育。文:文德,恩信。曹操注曰:"文,仁也。"李筌曰:"文,仁恩。"梅尧臣注:"令以仁恩。"　⑤齐:整治。武:刑罚。曹操注:"武,法也。"李筌曰:"武,威则。"梅尧臣注:"齐以威刑。"　⑥必取:指必然能够取得士卒的亲附。一说为必然能够取胜。　⑦令:指法令。素:平素,向来。素行:一贯认真执行。民:这里指士卒。　⑧得:亲悦,融洽。相得:指彼此投合,关系融洽。陈皞注曰:"法令简当,议在必行,然后可以与众相得。"

【译文】
士卒还没有亲近依附就施行惩罚,那么他们就必然会不服,士卒不服就很难使用。士卒已经亲近依附而不执行军纪军法,这样士卒也不能用来作战。所以,要用仁信恩德来教育他们,用军纪军法来统一他们的行动,这样必然能够取得部下的信任和拥戴。军令在平素就严格贯彻,并以此来教育引导士卒,士卒就能服从;平常从来不严格贯彻命令,教育士卒,士卒就不会服从。军法军纪一贯能严格执行,将帅就能够同士卒相处融洽。

【战例】

郭威禁酒

五代十国时,后汉的李守贞、赵思绾、王景崇发动了"三镇之乱",朝廷派郭威统兵征伐。郭威率兵抵达李守贞所盘踞的河中城(今山西永济市蒲州镇)外,断绝了河中城与外界的联系,想通过困守逼迫李守贞投降。李守贞陷入重围,几次想派人突围与赵思绾取得联系,都被郭威击退。几乎在一筹莫展的时候,他想出了一条计来:让一批精明的将士扮作普通百姓,潜出河中城,在郭威驻军营地附近开设了多家酒店,酒店不仅价格低廉,甚至可以赊欠。

郭威临行前,曾经去向冯道求教,冯道告诉他要厚待士卒,郭威对此谨记在心,对部下仁爱备至,有功即赏,犯了错误则轻罚甚至不罚,将士受伤患病即亲自去探望,时间长了,果然赢得了军心,但因为赏重罚轻,这种爱护在很大程度上也成了姑息养奸。郭威的士卒们见军营附近有这么多便宜又方便的酒店之后,便经常三五成群地入酒店喝酒,将领们也不加约束。李守贞见妙计奏效,悄悄地遣部将王继勋率千余精兵趁夜色突袭后汉军大营,后汉军毫无戒备,巡逻兵都喝得不省人事,王继勋人马杀来,顿时陷入一片混乱。郭威急忙遣将增援,但将士们竟畏缩不前,互相推诿。裨将李韬舍命冲出,众将士才发一声呐喊,鼓起勇气跟了上去。王继勋兵力太少,只得退回河中城。

这一事件使郭威看到了军纪松弛的危险,于是严令禁止将士私自饮酒,违者军法论处。谁知,军令刚刚颁布的第二天清早,郭威的爱将李审就违令饮酒。郭威思索再三,令人将李审推出营门,斩首示众。众将士见郭威的爱将李审都因违反军令被斩,才又重新认识到军令的重要,纪律顿时好了许多。不久,郭威发起攻击,相继平定了李守贞、赵思绾和王景崇,结束了"三镇之乱"。

第十章　地形篇

【题解】

本篇主要论述不同种类的地形与作战的关系，以及不同地形下的行动原则和相应的战术要求。在这一篇中，孙子主要分析了六种地形地貌，即"通者"（我可以驻，敌也可以来的地形）、"挂者"（容易前往而难以返回的地形）、"支者"（我出击不利，敌出击亦不利，敌我相持难下的地形）、"隘者"（两山间的峡谷地带）、"险者"（地形险要狭窄的地方）和"远者"（敌我相隔遥远，运输和行军都不便的地形），并提出了不同地形的不同作战原则，要求将领要正确了解和掌握六种地形的不同特点，以期灵活自如地利用和处置它们。在这一篇中，孙子还根据官兵的不同素质和状态，提出了"六败"的思想。所谓"六败"，即"走"（以一击十）、"弛"（兵强将弱）、"陷"（将强兵弱）、"崩"（小头目被主帅激怒，不服从指挥，遭遇敌人时，因心存怨愤而擅自为战，将领不了解他们的本领又不能加以控制）、"乱"（将帅软弱，治军不严，教导不明，军队没有纪律，部署杂乱无章）、"北"（将帅不能判断情况，以寡敌众，以弱击强，指挥作战不会组织突击力量），孙子认为，造成这些军事上不利局面的原因，并不是"天之灾"，而是为将者的过错，因此提出要善待士兵，"视卒如婴儿"，"视卒如爱子"。

孙子曰：地形有通者，有挂者，有支者，有隘者，有险者，有远者。我可以往，彼可以来，曰通①；通形者，先居高阳，利粮道，以战则利②。可以往，难以返，曰挂③；挂形者，敌无备，出而胜之；敌若有备，出而不胜，难以返，不利④。我出而不利，彼出而不利，曰支⑤；支形者，敌虽利我，我无出也；引而去之，令敌半出而击之，利⑥。隘形者，我先居之，必盈之以待敌⑦，若敌先居之，盈而勿从，不盈而从之⑧。险形者⑨，我先居之，必居高阳以待敌，若敌先居之，引而去之，勿从也⑩。远形者，势均，难以挑战，战而不利⑪。凡此六者，地之道也⑫；将之至任⑬，不可不察也。

【注释】

①我可以往，彼可以来，曰通：往，去。通，通达，四通八达的地区。《易·系辞》："往来无穷谓之通。"梅尧臣注："道路交达。"杜佑注："谓俱在平陆，往来通利也。"张预注："俱在平陆，往来通达。"　②通形者，先居高阳，利粮道，以战则利：这一句意思是说，在道路通达的平陆地区，应当率先占据居高向阳的区域，保持粮道的畅通，这样，进行战斗就会有利。曹操曰："宁致人，无致于人。"李筌曰："先之以待敌。"张预曰："先处战地以待敌，则致人而不致于人。我虽居高面阳，坐以致敌，亦虑敌人不来赴战，故须使粮饷不绝，然后为利。"高阳：指高而向阳之地。粮道：运粮的道路。　③挂：碍，阻碍。这里指易入难出的地区。杜佑注："挂者，牵挂也。"李筌曰："往不宜返曰挂。"杜牧注："挂者，险阻之地，与敌共有，犬牙相错，动有挂碍也。"梅尧臣注："网罗之地，往必挂缀。"赵本学曰：

"往则顺而下,返则逆而上,前高后低,如物挂者然也。" ④挂形者,敌无备,出而胜之;敌若有备,出而不胜,难以返,不利:在易入难出的挂形地区,敌人如果没有防备,我们就能出击战胜他;敌人如果有防备,出击不能取胜,我军又难以返回,这就不利了。张预注曰:"察知敌情,果为无备,一举而胜之,则可矣,若其有备,出而弗克,欲战则不可留,欲归则不得返,非所利也。" ⑤支:持,相持,这里指对彼我双方出兵均不利的地区。杜预注:"支,持也。"李筌曰:"支者,两俱不利,如挂之形,故各分其势。"赵本学曰:"各守高隘,垒壁相望,其中有可战之地,险阻倾测,不利分合,不便救应,彼此皆然,两相支持而已,故曰支形。"郭化若注:"支,敌我相隔处于隘路两端。" ⑥支形者,敌虽利我,我无出也;引而去之,令敌半出而击之,利:在敌我双方出兵都不利的支形地区,敌人即使以利引诱我军,我们也不要主动出击,应该率军假装退避,诱使敌人来追赶我们,等他们出击到一半的时候,再回师乘机反击,这样就有利了。张预注曰:"敌若来追,伺其半出,行列未定,锐卒攻之,必获利焉。"利:以利引诱。引:收敛,退避。去:离开。 ⑦隘形者,我先居之,必盈之以待敌:隘,狭窄,狭小,这里指狭窄险要的地区。曹操曰:"隘,两山之间通谷也。"梅尧臣曰:"两山通谷之间。"盈,满,充满。这里指以足够兵力堵塞隘口。杜佑曰:"盈,满也,以兵陈满隘形,欲使敌不得进退也。"杜牧注:"盈者,满也。言遇两山之间,中有通谷,则须当山口为营,与两山口齐,如水之在器而盈满也。"皆是。李筌曰:"盈,平也。敌先守隘,我去之。"失之。 ⑧若敌先居之,盈而勿从,不盈而从之:在狭窄险要的隘形地区,我军必须率先以重兵占领隘口以等待敌军到来,如果敌军先占据并且封锁了隘口,我们不要随敌意去进攻,如果敌人没有封锁隘口,我军就可以进攻。曹操曰:"隘,两山之间通谷也,敌势不得挠我也。我先居之,必前齐隘口,陈而守之,以出奇也。敌若先居此地,齐口陈,勿从也。即半隘陈者从之,而与敌共此利也。"张预曰:"左右高山中有平谷,我先至之,必齐满,由口意为陈,使敌不得进也。我可以出奇兵,彼不能以挠我。敌若先居此地,盈塞隘口而陈者,不可从也。若虽守隘口,俱不齐满者,入而从之,与敌共此险阻之利。"从:跟随。 ⑨险:险阻,阻塞,这里指高峻险要的地区。梅尧臣曰:"山川丘陵也。" ⑩若敌先居之,引而去之,勿从也:在高峻难行的险形地区,我军应先占据此险要之地,并在处高向阳的地方以待敌军。如果敌人率先占据了此地区,应当率军离开,不要与敌军交战。曹操曰:"地险隘,尤不可致于人。"李筌曰:"若险阻之地,不可后于人。"张预曰:"平陆之地,尚宜先居,况险厄之所,岂可以致于人?故先处高阳,以佚待劳,则胜矣。若敌已居此地,宜速引去,不可与战。" ⑪远形者,势均,难以挑战,战而不利:在敌我营垒相距较远的远形地区,双方在地利上处于均势,都很难到对方营垒主动挑战,这种情况下出战就不利。远形:指敌我相距较远的地区。势均:一说为兵势相均。李筌曰:"力敌而挑,则利未可知也。"孟氏曰:"兵势既均。"张预曰:"势力又均。"一说地势相均,哪一方都没有优势。杜牧曰:"譬若我与敌垒相去三十里,若我来就敌垒而延敌欲战者,是我困敌锐,故战者不利。若敌来就我垒延我欲战者,是我佚敌劳,敌亦不利,故言势均。"杜说为善。挑战:激使敌方出战。曹操曰:"挑战者,延敌也。" ⑫道:一般原则,基本规律。 ⑬至:最,极。

【译文】

孙子说：地形有"通"、"挂"、"支"、"隘"、"险"、"远"等六种。我们可以去，敌人可以来的地区，叫做"通"；在这种地区，必须先抢占处高向阳的地方，并保持粮道畅通，这样，作战就有利。容易前进、难以返回的地区，称为"挂"；在这种地区，敌人如果没有防备，我们就能出击战胜他，敌人如果有防备，出击不能取胜，我军又难以返回，这就不利了。我军出击不利，敌人出击也不利的地区，叫做"支"；在这种地区，敌人即使以利引诱我军，我们也不要主动出击，应该率军假装退避，诱使敌人来追赶我们，等他们出击到一半的时候，再回师乘机反击，这样就有利了。在狭窄险要的"隘"形地区，我军必须率先以重兵占领隘口以等待敌军到来，如果敌军先占据并且封锁了隘口，我们不要随敌意去进攻，如果敌人没有封锁隘口，我军就可以进攻。在高峻难行的"险"形地区，我军应先占据此险要之地，并在处高向阳的地方以待敌军，如果敌人率先占据了此地区，应当率军离开，不要与敌军交战。在敌我营垒相距较远的"远"形地区，双方在地利上处于均势，都很难到对方营垒主动挑战，这种情况下出战就不利。以上这六条，就是利用地形的一般原则。掌握这些基本原则是将帅最重要的责任，不可不认真加以考察研究。

【战例】

李世民料敌获胜

唐王朝建立之后，李世民围王充于东都洛阳，王充形势危急，窦建德自河北前来救援。诸将和萧瑀等都主张暂且引兵退避，李世民不同意，说："王充粮尽，内外离心，我们现在不用攻击，就可以坐收渔利。窦建德刚刚打败孟海公，将骄卒惰。我们应当占据武牢，堵住他们前进的道路。如果敌人倚仗士气旺盛，冒险来与我们争锋,我们一定能打败他们;如果敌人不主动交战,旬日之间,王充一定会崩溃。王充失利我军获胜,现在形势有利于我,我们的兵力也足可以打败他们。因此,一举两得,就在于此举了。如果不马上行动,敌人通过了武牢,新占领的地区人心尚未归附,一定无法固守。如果两股敌人联合起来,我们还怎么能够对付他们?"薛收建议说:"王充据有东都洛阳,财物积蓄充足,所担心的只是缺粮,所以才被我们所压制。窦建德率领十余万兵马来抗拒我们,也应当是把所有精锐都带来了,希望能够速战速决。如果我们让两股敌人联合起来的话,河北的粮食就可以源源不断地供应洛阳,那样伊、洛地区的战斗就不是短期所能解决的了。大王您现在应当亲率猛锐之士,先占据成皋之险,迎击窦建德的疲敝之众,必定能够一战获胜。窦建德失败,则王充自然就无法抵抗了。这样用不了几十天,王充和窦建德就都要来您面前请降了。萧瑀等人为什么建议退兵呢?!"李世民说:"好。"采纳了他的建议,留下自己的弟弟齐王李元吉继续围王充,亲率三千五百人前往武牢,坚守不战,相持二十余日。五月,李世民听说窦建德正打算等唐军草料耗尽,到河北岸放牧战马的时候,乘机攻破武牢,于是故意让人赶着一千余匹战马出去放牧,引诱窦建德前来攻击。第二天一早,窦建德果然率大队人马而至,在汜水东岸布下阵势。李世民等到他们布阵布了很久士卒已经饥饿的时候,令宇文士及率一支骑兵经过敌阵的西部,纵马南上,敌阵一阵混乱,李世民乘机亲自指挥诸军奋击,一举击败窦建德军。最后的结果果然如李世民等人所料。

故兵有走者,有弛者,有陷者,有崩者,有乱者,有北者。凡此六者,非天之灾①,将之过也②。夫势均,以一击十,曰走③;卒强吏弱,曰弛④;吏强卒弱,曰陷⑤;大吏怒而不服,遇敌怼而自战,将不知其能,曰崩⑥;将弱不严,教道不明,吏卒无常,陈兵纵横,曰乱⑦;将不能料敌,以少合众,以弱击强,兵无选锋,曰北⑧。凡此六者,败之道也⑨,将之至任,不可不察也。

【注释】

①天:古人以天为万物主宰者。或指命运,天意。　②过:过失,错误。　③夫势均,以一击十,曰走:曹操曰:"不料力也。"李筌曰:"不量力也。若得形便之地,用奇伏之计,则可矣。"走:逃跑,逃奔。　④卒强吏弱,曰弛:曹操曰:"吏不能统卒,故弛坏。"张预曰:"士卒豪悍,将吏懦弱,不能统辖约束,故军政弛坏。"弛:松懈,放纵,松弛。　⑤吏强卒弱,曰陷:曹操曰:"吏强欲进,卒弱,辄陷败也。"李筌曰:"陷,败也。卒弱不一,则难以为战,是以强陷也。"陷:覆没,陷落。　⑥大吏怒而不服,遇敌怼而自战,将不知其能,曰崩:对于此句有不同的理解。一说为内部不团结必崩。曹操曰:"大吏,小将也。大将怒之,心不压服,忿而赴敌,不量轻重,则必崩坏。"张预曰:"大凡百将一心,三军同力,则能胜敌。今小将恚怒,而不服于大将之令,意欲俱败,逢敌便战,不量能否,故必崩覆。"一说将为敌所怒而失去理智不能正确衡量敌我力量对比则必崩。李筌曰:"将为敌所怒,不料强弱,驱士卒如命者,必崩坏。"一说为内部管理失序必崩。贾林曰:"大吏小将不想压伏,崩坏之道。将又不量己之能否,不知卒之勇怯,强与敌斗,自取贼害,岂非自上而崩乎?"以文意观之,以曹、张之说为

善。大吏:指部将。曹操曰:"大吏,小将也。"怼:怨恨。崩:溃散,溃败。　⑦将弱不严,教道不明,吏卒无常,陈兵纵横,曰乱:曹操曰:"为将若此,乱之道也。"李筌曰:"将或有一于此,乱之道也。"教道:指教训引导。无常:变化不定。这里指缺少法度,上下关系失序。纵横:杂乱貌。乱:无秩序,混乱。　⑧将不能料敌,以少合众,以弱击强,兵无选锋,曰北:曹操曰:"其势若此,必走之兵也。"李筌曰:"军败曰北,不料敌也。"料敌:分析敌情。合:交战,抵御。选锋:指挑选精锐的士兵组成的突击队。北:败,败逃。　⑨凡此六者,败之道也:陈皞注对这六种致败的原因总结说:"一曰不量众寡,二曰本乏刑德,三曰失于训练,四曰非理兴怒,五曰法令不行,六曰不择骁果,此名六败也。"

【译文】

军队致败有"走"、"弛"、"陷"、"崩"、"乱"、"北"六种情况。这六种情况都不是上天降下的灾难,而完全是将帅自身的过错所导致的。在双方地势均同的情况下却以一击十而导致失败的,叫做"走"。士卒强悍而军官懦弱而导致失败的,叫做"弛"。将帅强悍而士卒懦弱而导致失败的,叫做"陷"。偏将怨怒,不服从指挥,遇到敌人擅自愤然出战,主将又不了解他们的能力而采取措施,从而导致失败的,叫做"崩"。将帅懦弱缺乏威严,教导训练没有章法,官兵关系混乱失序,列兵布阵杂乱无章,从而导致失败的,叫做"乱"。将帅不能正确地判断敌情,却以少击众,以弱击强,作战又没有精锐的先锋部队,从而导致失败的,叫做"北"。以上这六种情况,都是军事行动导致失败的原因。掌握这些基本原则是将帅最重要的责任,不可不认真加以考察研究。

【战例】

齐威王以人为宝

据《史记》记载:齐威王与魏惠王在一起打猎。魏惠王问齐威王:"您一定也有宝贝吧?"齐威王回答道:"没有。"魏惠王说:"像我们小小的魏国,尚且有直径一寸,可以照亮前后各十二辆车子的珠子十枚,而你们齐国是拥有万辆战车的大国,怎么可能没有宝贝呢?"齐威王说:"我所认为的宝贝和您的不一样。我有个叫檀子的大臣,派他去把守南城,楚国就不敢侵犯我国南部边境,泗上十二诸侯都来朝拜;我有个叫盼子的大臣,让他把守高唐,赵国就不敢侵犯我国西部边境;我有个叫黔夫的大臣,让他把守徐州,燕国、赵国都怕被侵伐,分别在北门、西门祭祷;我有个叫种首的大臣,让他主持缉捕盗贼,我国的风气路不拾遗。这样的宝贝能够光照千里,区区十二辆车子算得上什么?"魏惠王听后深感惭愧,怏怏不乐地离开了。

在战争中,将领的素质和能力是决定战争成败的关键。虽然两千多年过去了,齐威王以人才为宝的议论至今仍振聋发聩。

夫地形者,兵之助也。料敌制胜,计险厄远近①,上将之道也②。知此而用战者必胜,不知此而用战者必败③。故战道必胜④,主曰无战⑤,必战可也⑥;战道不胜,主曰必战,无战可也。故进不求名,退不避罪,唯人是保⑦,而利合于主⑧,国之宝也。

【注释】

①厄:指险阻之处,险要之地。《吴子·应变》:"避之于易,邀之

于厄。"　　②上将：贤能之将，这里指主将，统帅。　　③用战：指挥作战。张预曰："既知敌情，又知地利，以战则胜，俱不知之，以战即败。"　　④战道：战争的规律。　　⑤主：指君主，国君。　　⑥可：是，对。　　⑦保：保全。　　⑧合：同，相同，一致。一说符合，适合。

【译文】

地形是用兵作战的辅助条件。正确判断敌情，制定制胜方案，考察地形的险易及远近，这是主帅必须掌握的方法。懂得这些道理而去指挥作战的，必定能够取得胜利；不懂这些道理就去指挥作战的，必定失败。因此，根据战争规律分析有必胜把握的情况下，即使国君主张不战，主将按照自己的判断打也可以；根据战争规律分析没有必胜把握的，即使国君主张战，主帅不打也可以。所以，前进不谋求名声，后退不害怕受罚，只是一心以保全百姓和符合国君利益为考虑问题的出发点，这样的将帅，才是国家难得的宝贵财富啊！

【战例】

曾国藩不受君命

太平天国起义爆发后，曾国藩请命回湖南老家组建湘军，以剿灭起义的烽火。湘军初建时，水陆两军加一起只有一万余人，曾国藩为了积蓄力量，壮大实力，曾经数次抗清廷要求他出兵的圣旨，拒不出兵。

1853年以后，在太平军迅速发展的形势下，虽然湘军船炮未齐，兵勇未精，咸丰皇帝就接连发来征调的谕旨。第一次是太平天国西征军进至蕲、黄一带，武汉告急，清廷下令曾国藩率炮船增援湖北；第二次是同年12月，太平军进攻庐州，清廷令曾国藩督带船炮兵勇速赴安徽救援；第三次是次年2月，太平军袭破清军黄州大营,清廷再次催促曾国藩赴援武汉。曾国藩深知,没有一支得力的炮船和熟练的水勇,是无法与风头正盛的太平军相抗衡的。因此,他打定主意:船要精工良木,坚固耐用!炮要不惜重金,全购洋炮。船炮不齐,决不出征。他一再申明,"剑戟不利不可以断割,毛羽不丰不可以高飞"。"此次募勇成军以出","此募成军以出,要须卧薪尝胆,勤操苦练,养成艰难百战之卒,预为东征不归之计。若草率从事,驱不教之士……行三千里之远,以当虎狼百万之贼,未与交锋而军士之气固已馁矣……庶与此剧贼一决死战,断不敢招集乌合,仓卒成行,又蹈六月援江之故辙。虽蒙糜饷之讥,获逗留之咎,亦不敢辞"。

　　曾国藩多次抗命的行为引起朝廷强烈的不满,当他在奏折中处处以四省合防为由,声言"事势所在,关系至重,有不能草草一出者"时,咸丰皇帝在奏折上批道:"今览你的奏章,简直以为数省军务一身承当,试问汝之才力能乎否乎?平日矜诩自夸,以为天下人才没有超过自己的,及至临事,果能尽符其言甚好,若稍涉张皇,岂不贻笑于天下!"咸丰皇帝再次催促他"赶紧赴援",对曾国藩说:"你能自担重任,当然不能与畏葸者比,言既出诸你口,必须尽如所言,办与朕看。"尽管皇帝措辞如此严厉,但曾国藩接到谕旨后,仍然拒绝出征,而是一再向朝廷陈述自己的打算。他在奏折中陈述了船炮未备、兵勇不齐的情况之后,激昂慷慨地表示:"臣自知才智浅薄,惟有愚诚不敢避死而已,至于成败利钝,一无可恃。皇上如果责臣以成效,则臣惶悚无地,与其将来毫无功绩受大言欺君之罪,不如此时据实陈明受畏葸不前之罪。""臣不娴习武事,既不能在籍服丧守孝贻讥于士林,又复以大言偾事贻笑于天下,臣亦何颜自立于天地之间乎!每到夜间焦思愁闷,只有痛哭而已。为臣请皇上垂鉴,怜臣之进退两难,诚臣以敬慎,不遽责臣以成效。臣自当殚

第十章　地形篇　223

尽血诚,断不敢妄自矜诩,亦不敢稍涉退缩。"看了奏折,咸丰皇帝终于明白了他的一片苦心,从此不再对其催促,并以"朱批"安慰他说:"成败利钝固不可逆睹,然汝之心可质天日,非独朕知。"

视卒如婴儿①,故可以与之赴深豀②;视卒如爱子,故可与之俱死。厚而不能使③,爱而不能令④,乱而不能治⑤,譬若骄子⑥,不可用也。

【注释】

①视:看待,对待。　②赴:投入,跳进。赴深豀:喻到极危险的地方去。李筌曰:"若抚之如此,得其死力也。故楚子一言,三军之士皆如挟纩也。"　③厚:厚待,优待。　④令:教育。　⑤治:整治,整理。　⑥譬若:譬如,像……一样。骄子:娇贵、宠爱之子。骄,通"娇"。

【译文】

对待士卒像对待婴儿一样细致,那么士卒就可以同将帅赴汤蹈火;对待士卒像对待自己最疼爱的儿子一样关心,士卒就可以跟将帅同生共死。如果对士卒只能厚待而不能使用,只会溺爱却不懂教育,士卒有乱行而不能治理,那么士卒将如同被宠坏了的子女一样,也是不堪使用的。

【战例】

苏轼结交吴味道

宋哲宗元祐年间,苏轼出任钱塘(杭州)的地方官。上任不久,掌管地方税务的官吏抓来一个人,是南剑州的举子吴味道。此人携带着两大卷物品,冒用苏东坡的名衔密封,上面写有"送京师苏侍郎宅"（苏侍郎即苏轼的弟弟苏辙，时任职门下侍郎）。显然是为了逃税。

苏轼把吴味道叫到跟前，问卷内是何物。

吴味道惶恐地上前说道："我今年秋天有幸得到推荐成为乡贡进士，同乡凑集了十万钱送给我，作为赴京师的路费。我用了其中的一部分钱买了二百匹建阳薄丝。但是考虑到沿途所有的地方都要抽税，到京城时恐怕剩不到一半了，于是私下想：当今天下名望最高，并且喜欢提携奖掖读书人的，只有先生您和苏侍郎了。即使这件事情败露了，也一定会得到宽恕。因此我就假借先生的名衔，封好了货物往京城而来。没想到先生您已经先来到这里任职，真是罪责难逃。"

苏轼仔细打量了一会儿，笑着叫来掌管文书的官吏，把旧封除去，另题自己的新官衔，附上"送至东京竹竿巷苏辙处"字样的字条，并亲自给弟弟写了封书信，一同交给吴味道，让他带到京城去。

第二年，吴味道考中进士，特地回来向苏轼表示感谢。苏轼很高兴，两人成了至交。

吴味道进京赶考，冒充苏轼之名携带物品以图逃税，按律本当问罪，但苏轼了解举子的艰辛，不但没有处罚他，反而真心地对他提供了帮助。吴味道考中之后，自然不会忘记苏轼的恩惠。苏轼是出于同情才这样做的，但客观上又多了一个官场上的好朋友。

知吾卒之可以击，而不知敌之不可击，胜之半也[①]；知敌之可击，而不知吾卒之不可以击，胜之半也；知敌之可击，知吾卒之可以击，而不知地形之不可以战，胜之半也。故知兵者，动而不迷[②]，举而不穷[③]。故曰：知彼知己，胜乃不殆;知天知地,胜乃不穷。

【注释】

①知吾卒之可以击,而不知敌之不可击,胜之半也:根据所掌握的情况只知道自己的军队可以打而不知道敌人不可以打,如果采取军事行动则可能成功也可能失败,没有必胜的把握。曹操、李筌曰:"胜之半者,未可知也"。　②迷:迷惑,辨别不清。　③举:兴起,发动。

【译文】

只知道自己的部队可以打,而不知道敌人不可以打,就没有胜利的把握;只知道敌人可以打,而不了解自己的部队不可以打,也没有胜利的把握;知道敌人可以打,也知道自己的部队可以打,但是不了解地形不利于我军作战,仍然没有胜利的把握。所以,真正懂得用兵的人,行动起来就不会迷惑,战术变化也不会穷尽。因此说,了解敌人也了解自己,胜利就永远不会落空;了解天时又了解地利,就可以无往而不胜。

【战例】

司马喜谋相位

战国时期,中山君的两个妃子阴姬和江姬争着要做王后。司马喜对阴姬的父亲说:"如果您的女儿能够当上王后,那么您就可以得到封地,管理万民,拥有使天下人羡慕的富贵;如果争当王侯不能成功,恐怕您连性命也保不住呀。如果您想要阴姬办成这件事,为什么不让她来找我呢?"阴姬的父亲一听,连忙请他设法帮助阴姬当上王后,并答应他说:"事成之后,我要好好地报答您。"司马喜于是向中山君上书说:"我已得知削弱赵国、强大中山的办法。"中山君很高兴地接见他说:"我想听听你的高见。"司马喜说:"我需要先到赵国去,仔细观察那里的地理形势,险要的关塞,人民的贫富,君臣的好坏,敌我力量的对比,考察之后才能作为凭据,眼下还不能具体陈述。"于是,中山君派他到赵国去。司马喜到赵国拜见赵王,对赵王说:"我听说赵国是音乐之邦,又是出产美女的地方。但这次我来到贵国考察,到了不少大都市,观赏人民的歌谣风俗,见过各种各样的人,却根本没有见到天姿国色的美女,更不用说像我们中山国阴姬那样的绝色美人了。我周游各地,无所不至,从没有见过像她那样漂亮的女子。不知道的,还以为是仙女下凡。她的艳丽用言语简直无法描画,她的容貌姿色实在非一般美女所能比,至于说她的眉眼、鼻子、脸蛋、额角,以及头形和天庭的骨相,那真是帝王之后,绝不是一般诸侯的嫔妃。"赵王的心早已被他说动了,连忙问:"我希望能得到她,怎么样?"司马喜说:"我私底下看她那么漂亮,嘴里就忍不住地说出来了。您如果要想得到她,这可不是我敢随便做主的,希望大王不要把我说的话泄露出去。"司马喜告辞而去,回来向中山君报告说:"赵王不是个贤明的君主。他不喜欢修养道德,却追求淫声美色;不喜欢仁德礼义,却追求勇武暴力。我听说他竟然还在打阴姬的主意呢!"中山君听后脸色大变,很不高兴。司马喜接着说道:"现在赵国比我们强大,他要得到阴姬,大王如果不答应,那么国家就有危险;大王若是同意,不免又要被诸侯们耻笑。"中山君问:"那该怎么办才好呢?"司马喜说:"现在只有一个办法可想,就是大王马上立阴姬为后,以此断了赵王的念头。世上还没有要人王后的道理。即使他想来要,邻国也不会答应。"中山君于是立阴姬为王后,赵王也就没有再提娶阴姬的事了。阴姬当上王后以后,在她的枕头风的协助下,司马喜不久坐上了相国之位。

第十一章　九地篇

【题解】

所谓"九地",是依"主客"形势和深入敌方的程度等划分的九种作战环境,在不同作战环境下要相应采取不同的战术要求。这九种地理环境是:"散地"(诸侯在自己的国境内作战)、"轻地"(进入别国境内不深的地区)、"争地"(我军占据它有利,敌军占据它也有利的地区)、"交地"(我军可以去,敌军也可以去的地区)、"衢地"(先到达并且能够得到他国援助的地区)、"重地"(深入敌人国境,背后又有许多敌人城镇的地区)、"圮地"(行军在高山、森林、险阻、潮湿、低洼等难以通过的地区)、"围地"(进军道路狭窄,返回道路绕远,敌人用少数兵力即可击败我大部队的地区)和"死地"(迅速奋勇作战就能生存,不迅速奋勇作战就会死亡的地区)。孙子认为,要取得战争的胜利,必须采用灵活主动的作战方法,进入不同的地理环境时要采取不同的方针和策略,遇到不同的情况时要应用不同的作战方针。在这一篇中,孙子提出了"始如处女"、"后如脱兔",攻其无备,出其不意的战略原则;"并敌一向",集中兵力,攻敌弱点,改变敌我态势的战术方法;主动灵活,"践墨随敌",根据敌情变化"以决战事"的指挥技巧;"佯顺敌意",诱使敌人进入我军圈套的诱敌计谋;"能愚士卒之耳目,使之无知"的统帅权术等。

孙子曰:用兵之法,有散地,有轻地,有争地,有交地,有衢地,有重地,有圮地,有围地,有死地①。诸侯自战其地,为散地②;入人之地不深者,为轻地③;我得则利,彼得亦利者,为争地④;我可以往,彼可以来者,为交地⑤;诸侯之地三属⑥,先至而得天下之众者⑦,为衢地⑧;入人之地深,背城邑多者⑨,为重地⑩;行山林、险阻、沮泽,凡难行之道者,为圮地⑪;所由入者隘,所从归者迂,彼寡可以击吾之众者,为围地⑫;疾战则存,不疾战则亡者,为死地⑬。是故散地则无战⑭,轻地则无止⑮,争地则无攻⑯,交地则无绝⑰,衢地则合交⑱,重地则掠⑲,圮地则行⑳,围地则谋㉑,死地则战㉒。

【注释】

①孙子曰:用兵之法,有散地,有轻地,有争地,有交地,有衢地,有重地,有圮地,有围地,有死地:这里总说九种不同的作战区域,下面再进行分别论述。曹操曰:"欲战之地有九。""此九地之名也。"李筌曰:"胜敌之地有九,故次《地形》之下。"　②散地:一说诸侯在自己领地内作战,其士卒在危急时容易逃亡离散,故名其地为"散地"。曹操曰:"士卒恋土,道近易散。"李筌注:"卒恃土,怀妻子,急则散,是为散地也。"杜牧曰:"士卒近家,进无必死之心,退有归投之处。"一说无险可守,士卒意志不坚,易于离散之地。何延锡注:"地远四平,更无要害,志意不坚而易离,故曰散地。"当以前说为善。
③深:深入。轻地:指进入敌人的领地较浅,士卒思返并可以

轻易返回的地区。曹操曰:"士卒皆轻返也。"李筌曰:"轻于退也。"梅尧臣曰:"入敌未远,道近轻返。"张预曰:"始入敌境,士卒思还,是轻返之地也。"　　④争地:指战争双方必然争夺的险要之地。曹操曰:"可以少胜众、弱击强。"李筌曰:"此厄喉守险地,先居者胜,是为争地。"杜牧注:"必争之地,乃险要也。"张预注:"险固之利,彼我得之,皆可以少胜众、弱胜强者,是必争之地也。"　　⑤交地:指道路交错,交通方便的地区。曹操注:"道正相交错也。"交:指交通要冲。⑥诸侯之地三属:指自己的国家、敌对国和第三国交界的地区。属:读为zhǔ,连接。三属:即三国相连接。曹操曰:"我与敌相当,而旁有他国也。"李筌曰:"对敌之旁,有一国为之属。"⑦得天下之众:指得到诸侯援助。杜牧曰:"天下,犹言诸侯也。"曹操曰:"先至得其国助也。"梅尧臣曰:"彼我相当,有旁国三面之会,先至则得诸侯之助也。"王晳曰:"曹公注:'先至得其国助。'谓:先至者,结交先至也。"　　⑧衢地:道路四通八达的地方,这里指各国相毗邻的要冲。张预注:"衢者,四通之地。我所敌者,当其一面,而旁有邻国,三面相连属,当往结之,以为己援。"另见《九变篇》注。　　⑨背城邑多者:此句指已经经过了敌国的许多城邑。背:经过。　　⑩重地:指敌国内部离自己的边境已经很远的地方。曹操曰:"难返之地。"杜佑注:"远去已城郭,深入敌地,心专意一,谓之重地也。"梅尧臣曰:"乘虚而入,涉地愈深,过城已多,津要绝塞,故曰重难之地。"　　⑪圮地:指通行困难的地方。曹操曰:"少固也。"清代顾福棠《孙子集解》曰:"地势不固,无可依凭,行军至此,易于倾覆而难于保全,故曰圮。何氏谓'不可为城垒沟隍',说最是。"另见《九变篇》注。　　⑫隘:狭窄。迂:迂回,曲折。

围地:指进入的道路狭窄,退回的道路迂远曲折,敌人容易设伏和以少击众的地方。李筌曰:"举动难也。"另见《九变篇》注。　⑬疾战则存,不疾战则亡者,为死地:李筌注:"阻山背水食尽,利速不利缓也。"梅尧臣注:"前不得进,后不得退,旁不得走,不得不速战也。"陈皞曰:"人在死地,如坐漏船,伏烧屋。"按:此说不确。所谓"疾战",应为力战、死战。"置之死地而后生"即言在"死地"应力战才能求生。疾:极力,尽力,努力。疾战:力战,死战。死地:绝境,进退不便,容易被包围的地方。曹操曰:"前有高山,后有大水;进则不得,退则有碍。"另见《九变篇》注。　⑭散地则无战:处于散地则不宜作战。李筌曰:"恐走散地。"张预曰:"士卒怀生,不可轻战。"《通典》卷一五九引《孙子》佚文曰:"敌人深入吾都,多背城邑,士卒以军为家,专志轻斗;吾兵在国,安土怀生,以阵则不坚,以斗则不胜。"　⑮轻地则无止:处于轻地则不宜停留。李筌曰:"恐逃。"《通典》卷一五九引《孙子》佚文曰:"军在轻地,士卒未专以入为务,无以战为。故无近其名城,无由其通路,设疑佯惑,示若将去。乃选骁骑,衔枚先入,掠其牛马六畜。三军见得进,乃不惧。分吾良卒,密有所伏,敌人若来,击之勿疑;若其不至,舍之而去。"　⑯争地则无攻:处于争地则不宜进攻。曹操曰:"不当攻,当先至为利也。"李筌曰:"敌先居地险,不可攻。"梅尧臣曰:"形胜之地,先据乎利,敌若已得其处,则不可攻。"《通典》卷一五九引《孙子》佚文曰:"争地之法,让之者得,求之者失。敌得其处,慎勿攻之。引而佯走,建旗鸣鼓,趣其所爱,曳柴扬尘,惑其耳目;分吾良卒,密有所伏,敌必出救,人欲我与,人弃吾取,此争先之道。若我先至,而敌用此术,则选吾锐卒,固守其所,轻兵追之,分伏险阻,敌人还斗,伏兵旁起,此全胜之道也。" ⑰交地则无绝:此句历来歧解甚多。曹操曰:"相及属也。"杜佑曰:"相及属也。俱可进退,不可以兵绝之。"杜牧曰:"川广地平,四面交战,须车骑部伍首尾联属,不可使断绝,恐敌人因而乘我。"梅尧臣曰:"道即交错,恐其邀截,当令部伍相及,不可断也。"皆谓"无绝"为不使我行军队伍从中隔绝。张预曰:"往来交通,不可以兵阻绝其路,当以奇伏胜也。"则谓"无绝"为不可断绝敌人的交通。贾林曰:"可以结交,不可杜绝,绝之致隙。"又谓不可轻易与诸侯断绝关系。以上诸说虽都可讲通,但"交地"既然以道路言之,当以杜、梅之说为善。 ⑱衢地则合交:处于衢地应当结交诸侯。曹操曰:"结诸侯也。"《通典》卷一五九引《孙子》佚文曰:"诸侯参属,其道四通,我与敌相当,而傍有国。所谓先者,必重币轻使,约和傍国,交亲结恩,兵虽后至,众以属矣。简兵练卒,阻利而处,亲吾军事,实吾资粮,令吾车骑,出入瞻候。我有众助,彼失其党,诸国掎角,震鼓齐攻,敌人惊恐,莫知所当。" ⑲重地则掠:处于重地应当掠取粮草以保证军队的供应。曹操曰:"蓄积粮食也。"梅尧臣曰:"去国既远,多背城邑,粮道必绝,则掠畜积以继食。"《通典》卷一五九引《孙子》佚文曰:"凡居重地,士卒轻勇,转输不通,则掠以继食。下得粟帛,皆贡于上,多者有赏,士无归意。若欲还出,切为戒备,深沟高垒,示敌且久。敌疑通途,私除要害之道,乃令轻车衔枚而行,尘埃气扬,以牛马为饵。敌人若出,鸣鼓随之,阴伏吾士,与之中期,内外相应,其败可知。"李筌认为"掠"应为"无掠",说:"深入敌境,不可非义失人心也。汉高祖入秦,无犯妇女,无取宝货,得人心如此。筌以掠字为无掠字。"按:此句正合孙子一贯主张的"因粮于敌"的思想,李笺之说恐不确。　⑳圮地则行：处于圮地应快速通过。曹操曰："无稽留也。"李筌曰："不可为沟隍，宜急去之。"张预曰："难行之地，不可稽留也。"　㉑围地则谋：处于围地则用谋略以取胜。曹操曰："发奇谋也。"李筌曰："智者不困。"《通典》卷一五九引《孙子》佚文曰："围地之宜，必塞其阙，示无所往，则以军为家，万人同心，三军齐力。并炊数日，无见火烟，故为毁乱寡弱之形。敌人见我，备之必轻。告励士卒，令其奋怒；陈伏良卒，左右险阻，击鼓而出。敌人若当，疾击务突，前斗后拓，左右掎角。"　㉒死地则战：处于死地应力战以求生。曹操曰："殊死战也。"《通典》卷一五九引《孙子》佚文曰："问曰：'吾在死地，粮道已绝，敌伏吾险，进退不得，则如之何？'武曰：'燔吾蓄积，尽我余财，激士励众，使无生虑。鼓呼而冲，进而勿顾，决命争强，死而须斗。若敌在死地，士卒气勇，欲击之法：顺而勿抗，阴守其利，绝其粮道，恐有奇伏，隐而不睹，使吾弓弩，俱守其所。'"

【译文】

孙子说：按照用兵的原则，地理条件有散地、轻地、争地、交地、衢地、重地、圮地、围地、死地等多种不同情况。诸侯在本国境内作战的，这种地理形势叫做散地。进入敌国浅近地区作战的，叫做轻地。我方先占领有利，敌人先得到也有利的地区，叫做争地。我军可以前往，敌军也可以进来的地区，叫做交地。与其他诸侯国相毗邻，先到就可以获得其他诸侯国支持的地区，叫做衢地。深入敌国境内，穿过敌人众多城邑的地区，叫做重地。山林、险阻、沼泽等难以通行的地区，叫做圮地。前行的道路狭窄，退兵的道路迂远，敌人可以用少量兵力抗击我方众多兵力的地区，叫做围地。努力奋战就能生存，不努力奋战就会覆灭的地区，叫做死地。因此，处于散地则不宜作战,处于轻地则不宜停留,处于争地则不宜进攻,处于交地行军不要断绝,处于衢地应该结交诸侯,处于重地应该掠取粮草,处于圮地必须迅速通过,处于围地就要设谋取胜,处于死地就要力战求生。

【战例】

马谡失街亭

三国时期,诸葛亮出兵伐魏,兵屯祁山。魏国都督司马懿除掉叛将孟达之后,立即率军赶往祁山,去抵御诸葛亮的进攻。诸葛亮在祁山寨中,听到司马懿倍道前来的消息,知道司马懿出关,必取街亭,以断其咽喉之路。于是便问:"谁敢引兵去守街亭?"言未毕,参军马谡自告奋勇地说:"某愿往。"诸葛亮有些不放心他,说:"街亭虽小,干系甚重:倘街亭有失,我大军皆休矣。你虽深通谋略,此地奈无城郭,又无险阻,守之极难。"马谡却不以为然地说:"某自幼熟读兵书,颇知兵法。岂一街亭不能守耶?"为了表示守住的决心,马谡以全家性命为赌注,与诸葛亮立下了军令状。诸葛亮还是不放心,就派一向谨慎的王平与他同去,并吩咐说:"我素知你平生谨慎,故特以此重任相托。你可小心谨守此地:下寨必当要道之处,使贼兵急切不能偷过。安营既毕,便画四至八道地理形状图本来我看。凡事商议停当而行,不可轻易。如所守无危,则是取长安第一功也。戒之!戒之!"二人拜辞引兵而去。二人走了之后,诸葛亮寻思半天,仍然恐二人有失,又把高翔叫过来,说:"街亭东北上有一城,名列柳城,乃山僻小路,此可以屯兵扎寨。与你一万兵,去此城屯扎。但街亭危,可引兵救之。"同时又命魏延引本部兵去街亭之后屯扎。至此,诸葛亮才稍稍有些心安。

马谡、王平二人兵到街亭,察看了一番地势。马谡笑着说:"丞相何故多心也?量此山僻之处,魏兵如何敢来!"王平说:"虽然魏兵不敢来，可就此五路总口下寨；却令军士伐木为栅，以图久计。"马谡却说："当道岂是下寨之地？此处侧边一山，四面皆不相连，且树木极广，此乃天赐之险也：可就山上屯军。"王平认为："若屯兵当道，筑起城垣，贼兵总有十万，不能偷过；今若弃此要路，屯兵于山上，倘魏兵骤至，四面围定，将何策保之？"马谡大笑道："你真是女子之见！兵法云：'凭高视下，势如破竹。'若魏兵到来，我教他片甲不回！"王平说："我累随丞相经阵，每到之处，丞相尽意指教。今观此山，乃绝地也：若魏兵断我汲水之道，军士不战自乱矣。"马谡说："不懂不要乱说！孙子云：'置之死地而后生。'若魏兵绝我汲水之道，蜀兵岂不死战？以一可当百也。我素读兵书，丞相诸事尚问于我，你奈何相阻耶！"王平无奈，只得说："若参军欲在山上下寨，可分兵与我，自于山西下一小寨，为掎角之势。倘魏兵至，可以相应。"王平引兵离山十里下寨，画成图本，星夜差人去禀告诸葛亮，具说马谡自于山上下寨之事。

司马懿大军杀到，命张郃引一军，拦住王平来路。又令申耽、申仪引两路兵围山，先断了汲水道路；待蜀兵自乱，然后乘势击之。当夜调度已定。次日天明，张郃引兵先往背后去了。司马懿大驱军马，一拥而进，把山四面围定。马谡在山上看时，只见魏兵漫山遍野，旌旗队伍，甚是严整。蜀兵见之，尽皆丧胆，不敢下山。马谡将红旗招动，想指挥军队冲杀，可是军将你我相推，无一人敢动。马谡大怒，自杀二将。众军惊惧，只得努力下山来冲向魏兵。魏兵端然不动。蜀兵又退上山去。马谡见事不谐，教军紧守寨门，只等外应。魏兵自辰时困至戌时，山上无水，军不得食，寨中大乱。闹到半夜时分，山南蜀兵大开寨门，下山降魏。马谡禁止不住。司马懿又令人于沿山放火，山上蜀兵愈乱。马谡料守不住，只得驱残兵杀下山西逃奔。街亭失守。

所谓古之善用兵者,能使敌人前后不相及[1],众寡不相恃[2],贵贱不相救[3],上下不相收[4],卒离而不集,兵合而不齐[5]。合于利而动,不合于利而止[6]。敢问[7]:敌众整而将来[8],待之若何?曰:先夺其所爱,则听矣[9]。兵之情主速,乘人之不及[10]。由不虞之道,攻其所不戒也[11]。

【注释】

[1]前后不相及:指前军与后军不能相互策应。及:涉及,牵连,这里指策应。　[2]众寡不相恃:指主力部队和小股部队不能相互依靠。恃:依赖,凭借。　[3]贵贱不相救:指将领和兵卒不能相互救援。　[4]上下不相收:指上级和下级不能相互聚合。收:聚集,聚合。　[5]卒离而不集,兵合而不齐:士卒如果分散就不能集合起来,如果集合也会阵形不整齐。离:整体分成若干部分,离散。集:集合,聚集。合:会集,聚合。齐:整齐,平齐。　[6]合于利而动,不合于利而止:此句重见于后文《火攻篇》,《〈孙子〉会笺》怀疑是后篇之文误录于此。"此二句与上下文意皆不相属,而《火攻》篇'主不可以怒而兴师,将不可以愠而致战'下正有此二句,疑即该篇之文而重录于此者。"曹操在本篇注曰:"暴之使离,乱之使不齐,动兵而战。"而在《火攻篇》则注曰:"不以己之喜怒用兵。"对两篇中同样的文字理解不同。可见这句在本篇原已有之。李筌曰:"挠之令见利乃动,不乱则止。"　[7]敢问:请问,试问。敢:谦辞,犹冒昧。　[8]将:副词,将要,打算。梅尧臣注曰:"言敌人甚众,将又严整,我何以待之耶?"于鬯认为此说不妥:"梅尧臣注云:'言敌人甚众,将又严整,我何以待之耶?'

似梅本'将'字在'整'字上。今作将来,则但当做'且将'来解,非'将军'之'将'。"是。　⑨先夺其所爱,则听矣:夺其所爱,即夺取敌人最重视的地方。曹操曰:"夺其所恃之利。"赵本学曰:"或积聚所居,或救援所恃,或心腹巢穴所本者,皆是所爱。"听:听从,接受。此句意为,先夺取敌人最关键或对其最有利的地方,敌人丧失了主动,战局的发展就只能听凭我军的意志了。曹操曰:"若先据利地,则我所欲必得也。"　⑩兵之情主速,乘人之不及:用兵的道理在于,军事行动要迅速,应当在敌人还来不及防备的时候打他个措手不及。情:道理,情实。主:崇尚,注重。　⑪由不虞之道,攻其所不戒也:从敌人意料不到的路线进军,攻击其没有戒备的地方。李筌曰:"不虞不戒,破敌之速。"不虞:意料不到。戒:防备,警戒。

【译文】

自古以来善于用兵的人,能使敌人前军和后军不能相互策应,主力部队和小股部队无法相互依靠,将领和兵卒之间不能相互救援,上级和下级之间不能互相聚合,士兵分散就不能集中,即使集中阵容也不严整。对我有利就发起行动,对我无利就停止行动。试问:敌人以众多的兵员和严整的阵势将要向我发起进攻,该用什么办法对付它呢？回答是:先夺取敌人最关键或对其最有利的地方,敌人就只能听凭我军的摆布了。用兵的道理在于,军事行动要迅速,应当在敌人还来不及防备的时候打他个措手不及。要从敌人意料不到的路线进军,攻击其没有戒备的地方。

【战例】

司马懿克日擒孟达

魏明帝太和元年(227年),投降魏国、任新城(今湖北房县)太守的蜀将孟达又暗地联合吴、蜀,密谋反曹,欲与兵出祁山的诸葛亮里应外合。消息传到驻守在宛城(今河南南阳)的司马懿那里,司马懿准备征讨,但又左右为难。因为一般情况下,诛除叛将这样的军事行动要获得朝廷的批准,得到皇帝诏书才能行动。但从宛城到朝廷所在的洛阳(今河南洛阳)来回有八百里地,快马往返需半个月。宛城距孟达起事地上庸城一千二百里,赶到也要走十多天。同时,魏军的兵力是孟达的四倍,但魏军的粮食不够吃一个月,孟达的粮食却足以支持一年。这样算来,魏军要一个月才能开到上庸,那时魏军粮草用尽,而孟达则做好了充分准备。再考虑到孙、刘兵可能会来相助,那就更难征讨了。思量再三,司马懿当机立断,以国家利益为重,一面写信安抚孟达,一面上疏向魏主报告情况,同时率军暗中向上庸疾进。为了达到打敌人一个措手不及的目的,司马懿让三军偃旗息鼓,分为八队齐头并进,昼夜兼程,一千二百里地仅用八天时间就兵临上庸城下了。司马懿兵一出现,马上在孟达军中引起一片惊慌。孟达闻知,惊讶不已:"我举事之日,而兵至城下,何其速也!"按原来的推算,孟达打算用一个月的时间加固好城墙,然后凭借新城内粮草充足,而司马懿劳师远进,粮草不可能带多的优势,坚壁不出战,打持久战,等司马懿粮草不济无奈退兵时,再突发袭击,定能取胜。司马懿的到来一下子打乱了孟达的部署,孟达因准备不足,工事未固,军心动摇。部将邓贤、李辅开门投降,魏军乘势杀入城中,斩杀孟达,俘虏万余,从而迅速平定了这场叛乱,受到朝廷嘉奖。

凡为客之道①,深入则专,主人不克②;掠于饶野,三军足食③。谨养而勿劳,并气积力④;运兵计谋,为不可测⑤。

投之无所往,死且不北⑥。死,焉不得士人尽力⑦。兵士甚陷则不惧⑧,无所往则固⑨,深入则拘⑩,不得已则斗⑪。是故其兵不修而戒⑫,不求而得,不约而亲,不令而信⑬,禁祥去疑⑭,至死无所之。吾士无余财,非恶货也;无余命,非恶寿也⑮。令发之日,士卒坐者涕沾襟⑯,偃卧者涕交颐⑰,投之无所往者,诸、刿之勇也⑱。

【注释】

①为客:指进入敌国境内作战。　②深入则专,主人不克:深入敌境之后,我军军心就坚定、专一,在本土作战的敌人就不能战胜我们。李筌曰:"夫为客,深入则志坚,主人不能御也。"主人:古代指战争中在自己土地上防守的一方。克:战胜。　③掠于饶野,三军足食:在敌国物产丰富的地方掠取粮草,军队就有足够的给养保证。饶:富裕,丰足。饶野:富饶的田野。杜预曰:"兵在重地,须掠粮于富饶之野,以丰吾食。"王晳曰:"饶野多稼穑。"　④谨养而勿劳,并气积力:要注意军队的休养,不要过度困乏,保持士气,积蓄实力。谨:慎重。　⑤运兵:用兵,指军队的调动、部署等。测:猜度。　⑥投之无所往,死且不北:把将士置于无路可走的地步,即使战死,他们也不会败退。李筌曰:"能得其力者,投之无往之地。"投:置,置于。往:去,引申为逃亡。且:尚且。　⑦死,焉不得士人尽力:历代注家多将此断"死焉不得,士人尽力",例如曹操注上句曰:"士死安不得也。"注下句曰:"在难地,心并也。"但也有人对此表示怀疑,赵本学认为:"'死焉不得'之'死'当为衍文……夫投之无所往之地,虽死且不北。"此说虽更接近

孙子的思想,但并无所据。宋郑友贤《孙子遗说》则认为:"诸家断为二句者,非武之本义也。"今天的注解者多采此说。《孙子全译》以为,"此说甚是","断为二句,于义未安,当连为一句,谓'死焉不得士人尽力'即置于死地士卒必人人尽力之意。若如此,上下文意乃顺。"因此将此八字连为完整的一句。《孙子校释》、《〈孙子〉会笺》把此句断为"死,焉不得士人尽力",并认为,"'焉不得士人尽力',言怎不得士人尽力,或怎得士人不尽力,换言之,亦即言士人必尽力;但若于'得'下断句,则非但语气中断,且'死焉不得'亦可解为焉得不死;如杜注以'得'为'得胜',或如张注以'得'为'得志',则觉增意为释,似有未当,且又与下'士人尽力'文意失属"。　⑧兵士甚陷则不惧:士卒在危险的境地陷得太深,就不会再有恐惧。张预曰:"陷在危亡之地,人持必死之志,岂复畏敌也?"陷:指陷入某一处境或地方无法脱身。　⑨固:军心稳固、专一。李筌曰:"固,坚也。"　⑩拘:束缚,这里指士卒依附而不敢离散。曹操注:"拘,缚也。"　⑪不得已则斗:曹操曰:"人穷则死战也。"李筌曰:"决命。"　⑫修:儆戒,警告。戒:警戒。　⑬不求而得,不约而亲,不令而信:不待征求而情自得,不待约束而相亲近,不待号令而自信从。曹操曰:"不求索其意,自得力也。"李筌曰:"投之必死,不令而得其用也。"　⑭禁祥去疑:禁止迷信之事,避免士卒疑虑。曹操曰:"禁妖祥之言,去疑惑之计。"李筌曰:"妖祥之言,疑惑之事而禁之。"梅尧臣曰:"妖祥之事不作,疑惑之言不入。"祥:吉凶的预兆。　⑮吾士无余财,非恶货也;无余命,非恶寿也:曹操曰:"皆烧焚财物,非恶货之多也;弃财致死者,不得已也。"梅尧臣曰:"不得已竭财货,不得已尽死战。"货:金钱珠玉布帛的总称,泛指财物,货物。寿:长寿,活得岁数大。 ⑯涕:眼泪。沾:浸润,浸湿。襟:古代指衣的交领,也指衣的前幅。 ⑰偃:仰卧,安卧。卧:趴伏。颐:下巴。 ⑱诸、刿:指春秋时期的勇士专诸、曹刿。专诸:春秋时吴国堂邑(今江苏六合西北)人。吴公子光欲杀吴王僚,伍子胥荐专诸于光。派专诸于太湖边学炙鱼,三月得其味。吴王僚十二年,光设宴请僚,专诸藏匕首于鱼腹中进献,刺杀僚,专诸亦为僚左右所杀。曹刿:又名曹沫,春秋前期鲁国人。著名的军事理论家。公元前684年,齐侵鲁,曹刿求见庄公,认为庄公对刑狱务求公正,能得人心,可以一战,并随庄公战于长勺(今莱芜东北),利用齐军三鼓气竭的机会,让庄公鸣鼓进攻,遂得胜利。公元前681年,鲁君于柯(今阳谷东)会见齐君,曹刿仗剑相从,劫持齐桓公订立盟约,收回被占土地。

【译文】

进入敌国境内作战的一般规律是:深入敌国腹地,士卒的军心就专一,敌人就不能战胜我们。掠取敌国的丰饶地区,部队给养就有了保障。要注意部队的休养,不要使其过于困乏;保持士气,继续积蓄实力。部署兵力,巧设计谋,要使敌人无法判断我军的虚实和意图。将士卒置于无路可走的绝境,士卒至死也不会败退。士卒能够宁死不退,那么他们怎么会不尽力作战呢?士卒在危险的境地陷得太深,就不再存在恐惧;士卒无路可走,军心就会稳固;军队深入敌境纵深,就会凝聚而不离散;在迫不得已的情况下,就会殊死奋战。因此,不待警戒就能注意戒备,不待征求而情自得,不待约束而相亲近,不待号令而自信从。迷信之事得以禁止,士卒疑虑得以避免,他们至死也不会逃逸。士卒不留多余的钱财,并不是厌恶财物;士卒不顾生命危险,也不是不想长寿。当作战命令发布的时候，士卒们坐着的眼泪浸透衣襟，躺着的泪流满面，一旦把他们置于无路可走的绝境时，他们便都会如同专诸、曹刿一样勇敢了。

【战例】

李渊无奈造反

隋朝末年，隋炀帝荒淫残暴，弄得民不聊生，遍地饥荒。各地不断爆发农民起义，地方上一些有实权的人，也拥兵自重，自立为王。到了隋炀帝十三年，各地反叛已达数十起，隋朝江山岌岌可危。

太原太守李渊的儿子李世民看到隋朝灭亡已是大势所趋，也想起兵造反，但要想反叛，就必须动员父亲李渊一起行动，这样才能借助他的兵权。李世民知道，李渊一向对隋朝忠心耿耿，如果直言相劝，不但无济于事，弄不好还会惹来杀身之祸。于是，李世民与裴寂密谋，要采用"置之死地"的方法，切断李渊的退路，逼李渊造反。

有一天，裴寂在晋阳宫设下宴席，请李渊饮酒。晋阳宫是隋炀帝的行宫之一，李渊为太原留守，兼领晋阳宫监，裴寂为副宫监。李渊身为宫监，到那里赴宴，也合情合理，所以丝毫没有怀疑，就高高兴兴地去了。

裴寂与李渊二人边喝边谈，开怀畅饮，十分快活。李渊一连喝了几大杯，已有了几分醉意。这时，门帘一动，环佩声响，走进两个美人，都长得如花似玉，美不胜收。俗话说："酒不醉人人自醉，色不迷人人自迷。"裴寂让两个美人分别坐于李渊两边，向李渊劝酒。李渊已有了几分醉意，来者不拒，一杯杯倒入肚中，喝了个七颠八倒。最后竟然也不管她们是哪来的美女，只管由两个美女扶着，到寝宫去了。

李渊酣睡多时，酒已醒了大半，揉开双眼，左右一瞧，竟有两个美人陪着，不由感到奇怪。李渊打起精神，问二人的来历，二人都说是宫眷。李渊当时吓得魂不附体,立即披衣跃起,出了寝宫。

李渊走了几步,正巧遇着裴寂。李渊一把拉住裴寂,叫着裴寂的字说:"玄真啊玄真!你难道要害死我吗?"

裴寂笑着说:"你为什么这么胆小呢?别说收纳一两个宫人,就是那隋室江山,只要你愿意要,也是唾手可得。"

裴寂又劝导他说道:"俗话说,识时务者为俊杰。现在隋主无道,百姓生活在水深火热之中,四方已经群雄并起,连晋阳城外差不多也要成为战场。明公手握重兵,令郎也在暗中招兵买马,为什么不趁机起义,吊民伐罪,经营帝业呢?"

这时,李渊虽然口中连说不敢变志,但无奈退路已断。他深知,炀帝如果知道了他与宫眷同寝,一定会借口杀死自己,甚至诛灭九族。现在只有反叛一条出路了。裴寂、李世民又趁机向他分析天下形势,讲清利害,终于坚定了李渊的反叛决心。后来李渊终于横扫中原,建立了大唐江山。

裴寂和李世民用的就是"置之死地而后生"的办法。人往往是这样,当面前有多条道路可以选择的时候,就会瞻前顾后、犹豫不决,而一旦其他道路都被斩断了,只剩下一条路可走的时候,就会爆发出难以想象的潜力,化险为夷,绝处逢生。

　　故善用兵者,譬如率然①。率然者,常山之蛇也②。击其首则尾至,击其尾则首至,击其中则首尾俱至。敢问:兵可使如率然乎?曰:可。夫吴人与越人相恶也③,当其同舟而济遇风,其相救也如左右手。是故方马埋轮,未足恃也④;齐勇若一,政之道也⑤;刚柔皆得,地之理也⑥。故善用兵者,携手若使一人,不得已也⑦。

【注释】

①率然:古代传说中的一种蛇。《神异经·西荒经》:"西方山中有蛇,头尾差大,有色五彩。人物触之者,中头则尾至,中尾则头至,中腰则头尾并至,名曰率然。"　②常山:即恒山,为避汉文帝刘恒讳而改名为常山。　③恶:憎恨仇视。　④方马埋轮,未足恃也:曹操曰:"方马,缚马也。埋轮,恃不动也。此言专难不如权巧。故曰:虽方马埋轮,不足恃也。"李筌曰:"投兵无所往之地,人自斗。如蛇之首尾,故吴越之人,同舟相救,虽缚马埋轮,未足恃也。"杜牧曰:"缚马使为方阵,埋轮使不动,虽如此,亦未足称为专固而足为恃。"　⑤齐勇若一,政之道也:梅尧臣曰:"使人齐勇如一心而无怯者,得军政之道也。"齐:同心协力。政:通"正",治理。　⑥刚柔皆得,地之理也:曹操曰:"强弱一势也。"李筌曰:"刚柔得者,因地之势也。"王晳曰:"刚柔,犹强弱也。言三军之士,强弱皆得其用者,地利使之然也。"　⑦携手若使一人,不得已也:曹操曰:"齐一貌也。"李筌曰:"理众如理寡也。"张预曰:"三军虽众,如提一人之手而使之,言齐一也。"

【译文】

善于用兵的人,他所指挥和部署的部队如同"率然"一样。"率然",是常山一带的一种蛇。打它的头部,尾巴就会来救应;打它的尾部,头部就会来救应;打它的中部,头尾都会来救应。试问:可以使军队像"率然"一样吗?回答是:可以。吴国人和越国人是互相仇视的,但当他们同船渡河而遇上大风时,也会如同人的左右手一样很自然地相互救援。所以,即使并车并马这种严整的方式列成的阵势也是不足恃的。要使三军齐心协力奋勇作战如同一人,依赖的是对军队的管理。要使强弱不同的士卒都能发挥战斗力,依靠的是巧妙地利用地形。所以,善于用兵的人,能使全军上下携手团结如同一人,这是将军队置于不得已的境地下的结果。

【战例】

背水一战

公元前204年,韩信奉刘邦之命于井陉口一带迎敌赵军。当时,敌我力量对比悬殊,形势极为严峻。韩信审时度势,打破常规,一面挑选精兵截断敌人后路,一面又派军队越过井陉口,到绵蔓水东岸背靠河水布阵。第二天,两军交战,背水结阵的汉军士兵看到前有强敌,后有水阻,无路可退,只能拼死一战。全军上下勇猛无比,一鼓作气杀败赵军,大获全胜。

胜利之后,有人问韩信:"将军令我们背水为阵,这显然犯了兵家之大忌,为什么竟然取得了胜利呢?"韩信说:"我这样做也是出自兵法的。兵法上说:'陷之死地而后生,置之死地而后存。'两军对垒之时,稍有不利,有的士兵就可能想到逃命。而置之死地之后,兵士们无路可退,便会拼死作战。这就是我们取胜的原因。"这场战役后,人们都称赞韩信很有谋略。

将军之事,静以幽,正以治①。能愚士卒之耳目,使之无知②;易其事,革其谋,使人无识③;易其居,迂其途,使民不得虑④。帅与之期,如登高而去其梯;帅与之深入诸侯之地,而发其机,焚舟破釜。若驱群羊,驱而往,驱而来,莫知所之。聚三军之众,投之于险,此谓将军之事也。九地之变,屈伸之利,人情之理,不可不察也⑤。

【注释】

①将军之事,静以幽,正以治:曹操曰:"谓清净幽深平正也。"张预曰:"其谋事则安静而幽深,人不能测;其御下,则公正而整治,人不敢慢。"将:主持,驾驭。静:沉着,冷静。幽:深邃,隐秘。正:公正合理,不偏颇。治:治理严明。　②能愚士卒之耳目,使之无知:李筌曰:"为谋未熟,不欲令士卒知之,可以乐成,不可与谋始。是以先愚其耳目,使无见知。"张预曰:"士卒懵然无所闻见,但从命而已。"梅尧臣曰:"军之权谋,使由之而不使知之。"愚:蒙蔽,欺骗。曹操曰:"愚,误也。民可与乐成,不可与虑始。"杜牧注:"言使军士非将军之令其他皆不知,如聋如瞽也。"　③易其事,革其谋,使人无识:李筌曰:"谋事或变,而不识其原。"梅尧臣曰:"改其所行之事,变其所为之谋,无使人能识也。"易:改变,更改。革:更改,变革。识:知道,了解。　④易其居,迁其途,使民不得虑:梅尧臣注:"更其所安之居,迁其所趋之途,无使人能虑也。"虑:思考,谋划。　⑤九地之变,屈伸之利,人情之理,不可不察也:曹操曰:"人情见利而进,遭害而退。"张预曰:"九地之法,不可拘泥,须识变通,可屈则屈,可伸则伸,审所利而已,此乃人情之常理,不可不察。"人情:人心,众人的情绪、愿望。

【译文】

统帅军队、主持军事行动,要沉着冷静而幽深莫测,公正严明而治理有方。要能蒙蔽士卒的耳目,使他们对于行动无所知;经常改变行事和计划,使人无法识破用意;不时变换驻地,故意迂回行进,使人无从捉摸意图。将帅向军队下达了作战任务,就要像登高而抽去梯子一样,使士卒没有退路。将帅率领士卒深入诸侯国土,就要像弩机发出的箭一样,让士卒一往无前。要指挥士卒如驱赶羊群一样，赶过去又赶过来，使他们不知道究竟要到哪里。集结全军之众，把他们置于危险的境地，这就是统帅军队要做的事情。各种地形的灵活处置，攻防进退的利害得失，官兵上下的心理变化，都是将帅不能不研究和考察的。

【战例】

破釜沉舟

公元前208年，秦将章邯在定陶大败项梁，随后率部渡过黄河北上，围攻原赵国宗室赵王歇，将赵王歇包围在巨鹿城内。

赵王歇面对强敌，忙派使者向各路义军求援。楚怀王任命宋义为上将军，项羽为副将，率军救赵。宋义率领大军来到安阳，见秦军势头强劲，竟没有引兵渡河，久留安阳不进，一连停留了四十六天。还不顾兵士们在野地里忍饥挨饿，天天饮酒聚会。项羽看到这种情况，心里非常着急，频频催促宋义进军。宋义不但不听，反而下令谁不服从命令，就要斩首示众。项羽一怒之下，杀了宋义，率军过河。

这时，其他各路义军已相继赶到巨鹿，但谁也不敢与秦军主动交锋。项羽率军渡过漳水后，下令将所有渡船凿沉，锅、碗全部砸烂，帐篷之类全部烧毁，命全军只带三日食粮，义无反顾，慷慨赴敌，以此来坚定士卒的必死、决战、必胜之心。结果楚军以迅雷不及掩耳之势，猛扑秦军，个个以一当十，奋勇决战，经过九场鏖战，终于大败秦军，解了巨鹿之围。随后，项羽又率军乘胜追击，击败二十万秦军，迫使章邯投降，秦军主力被消灭殆尽。

凡为客之道，深则专，浅则散。去国越境而师者，绝地也[①]；四达者，衢地也；入深者，重地也；入浅者，轻地也；

背固前隘者②,围地也;无所往者,死地也。是故散地吾将一其志③,轻地吾将使之属④,争地吾将趋其后⑤,交地吾将谨其守,衢地吾将固其结⑥,重地吾将继其食⑦,圮地吾将进其途⑧,围地吾将塞其阙⑨,死地吾将示之以不活。故兵之情:围则御,不得已则斗,过则从⑩。

【注释】

①去国:离开本国。师:指出兵征伐,进军。绝地:一说为除"散地"外越境作战的情况。赵本学曰:"去国去己之国,越境越人之境。绝,绝望之意。此篇无绝地之文,此特因上文诸侯自战其地为散地之句,而反审言之。"一说处于"轻地"和"散地"之间的一种情况。梅尧臣曰:"进不及轻,退不及散,在二地之间也。" ②背固前隘:背后险要,前面狭隘。 ③一:统一,专一。 ④属:连接。 ⑤争地吾将趋其后:曹操曰:"地利在前,当速进其后也。" ⑥固其结:即巩固与诸侯之间的结盟。 ⑦继其食:补充粮草。曹操曰:"掠彼也。"继:增益,接济。 ⑧进其途:迅速通过。曹操曰:"疾过也。"李筌曰:"不可留也。" ⑨塞其阙:堵塞缺口。曹操曰:"以一其心也。"于鬯曰:"围地者,谓地之围,非谓被兵围也。被兵围则是死地,非围地矣。故上文云:所由入者隘,所从归者迂,彼寡可以击吾之众者,为围地。又云:背固前隘者,围地也。是明指地言。且彼可以寡击我之众,若兵围我,岂能以寡围众乎?盖其地实亦险阻而少出路耳。塞其阙者,乃并其所有之出路而塞之,以示久居其地,如闭门守城之状,待敌懈而后出击之,所谓围地则谋也。杜牧引兵法围师必阙云

云……以及诸家说属兵围者,皆非围地之说也。" ⑩围则御,不得已则斗,过则从:历来对"过则从"一句歧见颇多,《〈孙子〉会笺》认为,当从曹注:"陷之甚过,则从计也。"即在陷入极其危险的境地时,士卒就听从指挥。"各家多宗曹注,谓陷之太甚,则从计听命之意,而李注则谓'过则审躅',赵《解》又谓'过'乃指'已过险地',于鬯则谓'破围而出,则逞此锐气以从敌',《菁华录》又以'过'为'责',言责之则听,钱基博《章句训义》则谓'过'乃'祸'之假。按本节所言乃处'亡地'、'死地'之心理状态,下文明言'投之亡地然后存,陷之死地然后生',结尾又为'陷于害',而本句又一言'围',再言'不得已',故'过则从'必非他指,而指陷之太甚,则士听命,曹注是。"

【译文】

进入敌国境内作战的规律是:深入敌境则军心坚定,越浅则军心越容易涣散。离开本国进入敌境进行作战的,称为绝地;四通八达的地方,叫做衢地;进入敌境纵深的地方,叫做重地;进入敌境很浅的地方,叫做轻地;后有险阻前路狭窄的地方,叫做围地;无路可走的地方,叫做死地。因此,在散地,要统一官兵的意志;在轻地,要保证队伍的前后连接;在争地,要催促后军迅速前进;在交地,要谨慎地加强防守;在衢地,要巩固与其他诸侯国的结盟;在重地,要保障粮草的供应;在圮地,要迅速率军通过;在围地,要堵塞所有的缺口;在死地,要向士卒显示必死的决心。所以,士卒的心理变化规律是:陷入包围时就会竭力抵御,迫不得已时就会拼死战斗,处于绝境时就会听从指挥。

【战例】

萧何自污求全

西汉初年,吕后用萧何的计谋杀掉了韩信。刘邦此时正在外平叛,听到韩信已被诛杀后,派使者回来,任命萧何为相国,同时加封五千户,并派五百士兵及一名都尉作为相国的侍卫。

诸位官员听说萧何加官进爵了,都来祝贺,只有召平为此忧心忡忡,他对萧何说:"您的祸害从此开始了。皇上奔波于外,而您一直驻守京城之内,没有风霜之苦,没有刀兵之险,却得到加封晋级,并且还为您专门设置了卫队,这恐怕不是为了保护您吧。因为淮阴侯韩信起来造反,皇上对您也产生了怀疑。现在希望您能把皇帝的封赏推辞掉,不要接受,把全部家财用以资助军队,以消除皇上的疑心。"萧何接受了召平的建议。刘邦见萧何这样做,非常高兴,也就没有什么可疑虑的了。

这年秋天,黥布反叛,刘邦又要亲自率军征讨,出征前后,刘邦曾数次派使者来,打听萧何在做什么。萧何说:"皇上亲征,我在内安抚和勉励百姓,尽其所有帮助军队,像皇上上次讨伐陈豨时所做的一样。"

不久,又有一个门客对萧何说:"现在您离灭族不远了。您处于相国的高位,功劳无与伦比,各方面都已经无以复加。进入关中以来,十余年来您一直深得民心,而且目前还在孜孜不倦地为老百姓做事。皇上之所以数次问您在做什么,是害怕您在老百姓中的威信太高,影响整个关中地带,威胁他的威望。现在您应该做的是多买一些田地,借此损污自己的名声,降低自己的口碑,这样皇上的心就安宁了。"萧何采纳了他的计谋,用低价强买了许多民田和民宅,老百姓都对他大为不满。刘邦还京时,还有百姓拦路喊冤,控诉萧何的行为。皇上听了,心中不但没有感到萧何做得过分,反而对他更放心了。

是故不知诸侯之谋者,不能预交;不知山林、险阻、沮

泽之形者,不能行军;不用乡导者,不能得地利。四五者①,不知一,非霸王之兵也②。夫霸王之兵,伐大国,则其众不得聚③;威加于敌,则其交不得合④。是故不争天下之交,不养天下之权,信己之私,威加于敌⑤,故其城可拔,其国可隳⑥。施无法之赏⑦,悬无政之令⑧。犯三军之众,若使一人⑨。犯之以事,勿告以言;犯之以利,勿告以害⑩。投之亡地然后存,陷之死地然后生⑪。夫众陷于害,然后能为胜败⑫。故为兵之事,在于顺详敌之意⑬,并敌一向⑭,千里杀将,此谓巧能成事者也。

【注释】

①四五者:曹操注曰:"四五者,谓九地之利害。" ②霸王:古称有天下者为王,诸侯之长为霸。 ③其:本句及下句"其"均指敌国,即所"伐"的"大国"。 ④威加于敌,则其交不得合:李筌曰:"夫并兵震威,则诸侯自顾,不敢预交。" ⑤不争天下之交,不养天下之权,信己之私,威加于敌:曹操曰:"交者,不结成天下诸侯之权也,绝天下之交,夺天下之权,故威得伸而自私。"李筌曰:"能绝天下之交;惟得伸己之私志,威而无外交者。"杜牧曰:"言不结邻援,不蓄养机权之计,但逞兵威加于敌国。" ⑥隳:毁坏,废弃。 ⑦无法:指超越常法。 ⑧悬:公布。 ⑨犯三军之众,若使一人:曹操曰:"犯,用也。言明赏罚,虽用众,若使一人也。"犯:用。
⑩犯之以利,勿告以害:杨炳安《〈孙子〉会笺》中说:"'犯之以害'亦即'投之于险'及下言'投之亡地'、'陷之死地'之义,下文明言'陷于害';若依旧文,则与此旨不合,故应依汉简改。

'犯之以害,勿告以利'者,使士卒无侥生之心,非拼命死斗则无以存活也。历来各家沿袭旧文,并以'人情见利则进,知害则避'为解,皆失之。若必言'勿告以害',则下文又何言'陷于害,然后能为胜败'?且既'陷于害',又何'利'之有?"

⑪投之亡地然后存,陷之死地然后生:曹操曰:"必殊死战,或在死亡之地,亦有败者。孙膑曰:'兵恐不投之死地也。'"李筌曰:"兵居死地。必决命而斗以求生。韩信水上军,则其义也。" ⑫能为胜败:杨炳安《〈孙子〉会笺》中说:"关于'能为胜败',众说不一。《直解》谓'为我之胜,而制敌之败。'按此说无义,岂有为我之败而制敌之胜乎?赵《解》或以'胜败'二字费解,而改'败'为'哉',《讲义》谓'胜于已败',梅注谓'胜败之事在人为'。查孙子前有'能为胜败之政',言若能充分发挥主观能动作用,则可掌握战争主动权而主宰战争之命运。此主观能动作用,在一般情况下固须发挥,在'陷于害'之不利情况下尤其重要,唯其如此,方能化害为利,转败为胜,变危亡为存活。孙子之意盖指此。" ⑬顺详:谨慎的审察。顺:通"慎",谨慎。详:审察,审理。 ⑭并敌一向:合力向敌。

【译文】

所以,不知道其他诸侯国的图谋,不要和他们结成联盟;不知道山林、险阻和沼泽的地形分布,不能行军;不借助向导的指引,不能得到地利。以上的这些情况,如果有一样不了解,就不能称为霸王的军队。所谓霸王的军队,进攻大国,能使敌国来不及动员民众和集中军队;兵威所指,能够使敌方无法展开成功的外交活动以求策应。因此,不必去争着同天下诸侯结交,也不用在其他诸侯国中培植自己的势力,只要使自己的战略意图展开,把兵威施加到敌国,就可以攻占敌国的城池,摧毁敌人的国都。施行不拘常法的奖赏,颁布随机而变的号令,驱使全军就如同使用一个人一样。要求部下去完成任务,不要说明任务的意图。只告知他危险有多严重,而不向他指明有什么利益。把士卒置于危险的境地,他们就会拼死奋战以转危为安;使士卒陷于绝望的处境,他们就会全力投入以起死回生。军队深陷绝境,才能奋力去赢得胜利。所以,用兵作战这样的事情,就在于谨慎地观察敌人的战略意图,集中兵力攻击敌人的一个部位,千里奔袭也能斩杀敌将,这就是所谓通过巧妙用兵以取得行动的胜利。

【战例】

李世民破薛仁杲

公元618年,隋朝天下大势已去,李渊趁机称帝,而占据陇西的薛举也自称秦帝,定都天水(今属甘肃),拥兵三十万,欲谋取长安,与李渊争夺天下。薛、李之间征战不停,薛举的儿子薛仁杲率大军包围了李渊据有的泾州(甘肃泾川北),大败泾州守军,杀死了大将刘感。李渊闻报后,急派秦王李世民率军救援。

七月,薛举军进攻高墌(今陕西长武北),李世民率军迎战,因部将恃众不备,结果遭薛军偷袭,大败于浅水原(今长武西北),高墌失陷。这时,薛举病死,薛仁杲继位,进驻折摭城(今甘肃泾川东北)。李渊为消灭薛仁杲,再令李世民率军攻高墌。薛仁杲派大将宗罗睺率军十万应战。李世民接受上次失败的教训,不顾宗罗睺多次挑战,只是决定坚守,挫其锐气。宗罗睺在营外百般辱骂,一些将领按捺不住,纷纷要求出战,李世民却道:"我军刚刚打了败仗,士气不振;贼军接连取胜,士气旺盛,在这种情况下出兵,必败无疑。所以,只有紧闭城门,以逸待劳。贼军如此狂妄至极,日子一久,必然由骄而生惰,而我军士气则可逐渐恢复,到那时再寻机决战,方可大获全胜。"

这样，两军相持了六十多天，薛军粮尽，士气低落，主将见士卒们渐生怠惰，动辄鞭打、辱骂，将士多有怨恨，前线不少将士纷纷到唐营投降。这时，李世民开始在浅水原选择有利地形，准备与薛军展开决战。他命梁实扎营于原上，诱薛军出战。宗罗睺自恃勇猛，果然率精锐来攻。但梁实据险不出，这样又相持了数日。李世民见时机成熟，又命右武侯大将军庞玉在无险可守的浅水原南边列阵。宗罗睺以为有机可乘，集中兵力进攻庞军，李世民亲率大军出其不意突击其背后，发起偷袭。宗罗睺回头迎战，遭唐军前后夹击大败，被斩二千余人，逃奔折墌城。李世民率二千骑乘胜追击，占据泾水南岸，接着又包围了折墌城。十一月初八，薛仁杲见大势已去，被迫打开城门出降。

是故政举之日，夷关折符，无通其使①；厉于廊庙之上②，以诛其事③。敌人开阖，必亟入之④，先其所爱，微与之期⑤。践墨随敌，以决战事⑥。是故始如处女，敌人开户⑦；后如脱兔，敌不及拒⑧。

【注释】

①政举之日，夷关折符，无通其使：曹操曰："谋定，则闭关梁、绝其符信，勿使通使。"夷：指破坏建筑物。符：古代凭证符券、符节、符传等信物的总称，这里指不同国家的使节通行用的符节。　②厉：揣摩，钻研。杜牧注："厉，揣厉也。"一说通"励"，劝勉，这里可解为誓师之类的仪式。廊庙：殿下屋和太庙，指朝堂。　③诛：治理，这里指研究决定。　④敌人开阖，必亟入之：曹操曰："敌有间隙，当急入之也。"阖：门扇。

开阖:打开门,喻出现虚隙,露出空子。亟:急,赶快。

⑤先其所爱,微与之期:抢先夺取敌人所重视的地方,不要与他们约定发动军事行动的日期。微:无,不要。《论语·宪问》:"微管仲,吾其被发左衽矣。"《国语·周语中》:"微我,晋不战矣!"韦昭注:"微,无也。" ⑥践墨随敌,以决战事:践墨,历代注家歧见颇多。"(一)多数注家解为践履'法度'、'规矩',如张注:'循守法度,践履规矩,随敌变化……以决战取胜。'(二)贾注'践'作'刬',云:'刬,除也;墨,绳墨也。随敌计以决战事,唯胜是利,不可守以绳墨而为。'陈注下有云:'践墨一作刬墨。'是孙子故书有作'刬墨'者。洪颐煊谓'剗除战地',意略同。(三)叶大庄谓'墨'乃'默'之讹,陆懋德则谓'墨'通'默','践墨'即践默,'践墨随敌'即默履敌后之意。"《〈孙子〉会笺》认为"上说皆可通,而以陆说为长"。但此说略显牵强,既然《孙子》故书"践墨一作刬墨",贾注当可取。此句意为,要避免墨守成规,应根据敌情变化决定作战方案。 ⑦始如处女,敌人开户:开始的时候要像处女一样沉静,以使敌人放松警惕露出虚隙。开户,犹上文之"开阖"。⑧后如脱兔,敌不及拒:一旦敌人"开户",就要像逃脱的兔子一样迅速,使敌人来不及抵抗。

【译文】

因此,在决定作战行动的时候,要封锁边境的关口,取消通行的符节,停止诸侯国之间的使者往来;要在庙堂上反复研究,制定出作战计划。一旦敌方出现空当,就要抓住时机,迅速攻入。抢先夺取敌人所重视的地方,不要与他们约定发动决战的日期。在军事行动中不要墨守成规,要根据敌情变化来决定自己的行动方案。因此,开始的时候要像处女那样沉静,以诱使敌人放松警惕露出虚隙;

一旦敌人露出空当,进攻发动之后,就要像逃脱的兔子一样迅速,使敌人来不及抵抗。

【战例】

朱桓濡须破曹仁

三国魏国文帝黄初三年(公元222年)九月,曹丕亲督三路大军对东吴发起进攻。统率中路军的大将军曹仁率数万大军于四年(223年)二月,挥师攻打东吴的濡须城(今安徽无为北),此前,曹军采取了声东击西的谋略,扬言攻打羡溪(今安徽裕溪口),引诱朱桓分兵救援,然后率步骑直扑濡须城。魏军已进至距濡须七十里处时,朱桓急令派往羡溪的援兵返回,但曹仁大军已兵临城下。朱桓身边只有五千人马,将士惊恐,人心惶惶。这时,朱桓迅速改变原作战计划,一面向将士分析自己的有利条件,以激励将士的必胜信心;一面下令部队偃旗息鼓,示弱于魏,诱曹军攻城。曹仁令其子曹泰率兵攻城,又派将军常雕、王双等乘油船以水军袭击作为吴军后方的眷属住地中洲(今湖北长江枝江沱水间),并自率万人为后援。蒋济以不可贸然涉险相劝阻,但曹仁不听。朱桓临敌不惧,以一部进击魏水军,亲自率主力抵御曹泰的攻城部队。吴军在顶住曹军进攻压力的同时,适时发起迅猛反击,焚毁曹营,曹泰战败而退。朱桓趁势反攻,集中主力攻击魏水军,斩常雕,俘王双。魏军士卒死伤千余人,对濡须城的进攻失败。

这一战中,朱桓充分发挥了"践墨随敌,以决战事"、"敌人开阖,必亟入之"、"始如处女,后如脱兔"等战术思想,从而以少胜多,打败了几十倍于己的曹军。

秦始皇大权独揽

秦王嬴政即位的时候,年仅13岁,由太后代为掌管权力。太后勾结嫪毐,不但淫乱宫闱,而且左右朝政,严重危害着秦政权的巩固和发展,更不利嬴政统一天下大志的实现。公元前238年,政权转移到秦王手里,这就必然要爆发秦王与嫪毐集团的争权斗争。这年四月,当秦王要举行象征接受治理国家的大权的冠礼和带剑典礼之际,嫪毐盗用国王和太后的玺印征发县卒、卫卒、官骑等军队发动武装政变,向秦王居住的蕲年宫进攻。秦王派兵镇压,战于咸阳,嫪毐兵败。参加叛乱的二十人被杀,嫪毐被车裂,他的门客发配到蜀地四千多家。同时,把太后幽禁于咸阳宫,杀掉了她与嫪毐所生的两个儿子。接着,秦王又以嫪毐之事牵连到吕不韦为名,免去他的相国职务,遣出都城,到河南自己的封地居住。由于吕不韦为一代名相,各诸侯国都派使者看望他,秦王怕被他国所用,就又给吕不韦写了一封信,对他进行羞辱和斥责。吕不韦接信后,服毒自杀了。秦始皇初一执政,就显示出非凡的魄力,用最短的时间把对他施展抱负形成阻力的两大实力集团一一除掉,为日后统一六国扫清了内部障碍。

第十二章　火攻篇

【题解】

本篇讲的是以火助攻的种类、条件及实施方法等。孙子说，凡是打算用兵者必须懂得"五火之变"，认为作战时可以根据不同情况灵活地运用焚烧敌人的营房兵马、焚烧敌人的粮草积蓄、焚烧敌人的辎重器械、焚烧敌人的物资储备、焚烧敌人的运输设施等火攻战法。随后，孙子论述了时日、风力、风向的利用以及实行火攻和预防火攻的各种方法和原则。此外，孙子还提出了水攻的战法，并认为水攻与火攻相比具有一些明显的局限。在这一篇中，孙子还提出了"主不可以怒而兴师，将不可以愠而致战"的原则，告诫统治者和军事将领发动战争要慎重，不能妄动干戈。

孙子曰：凡火攻有五[1]：一曰火人[2]，二曰火积[3]，三曰火辎[4]，四曰火库[5]，五曰火队[6]。

【注释】

[1]火攻：以火来进攻敌人。有五：包括五种。　[2]火人：即焚烧敌人的营房兵马。李筌曰："焚其营，杀其士卒也。"杜牧

曰：" 焚其营栅，因烧兵士。"火：焚烧，焚毁。 ③火积：即焚烧敌人的粮草积蓄。李筌曰：" 焚积聚也。"梅尧臣曰：" 焚其委积，以困刍粮。"积：指贮积起来的钱物等。杜牧注：" 积者，积蓄也，粮食薪刍是也。" ④火辎：即焚烧敌人的辎重器械。李筌曰：" 烧其辎重。"辎：原指辎车，这里泛指辎重。⑤火库：即焚烧敌人的物资储备。李筌曰：" 焚其库室。"⑥火队：十一家注本注曰：" 队，一作隧。"《通典》注曰：" 一作火道。"火队，即焚烧敌人的运输设施。队(suì)，通"隧"。隧道，泛指道路。《墨子·备城门》："城上二十步一藉车，当队者不用此数。"孙诒让间诂："当队，谓当攻隧也……队、隧通。"《晏子春秋·杂上二十》："溺者不问坠，迷者不问路。"王念孙《读书杂志·晏子春秋二》："案'坠'本作'队'，'队'与'隧'同，《广雅》曰'队，道也'，《大雅·桑柔》传曰：'隧，道也。''溺者不问队'，谓不问涉水之路，故溺也。'不问队'，'不问路'，其义一而已矣。"

【译文】

孙子说：火攻的形式包括五种，一是焚烧敌人的营房兵马，二是焚烧敌人的粮草积蓄，三是焚烧敌人的辎重器械，四是焚烧敌人的物资储备，五是焚烧敌人的运输设施。

【战例】

陆逊火烧连营

三国时期，刘备听到关羽被东吴所杀的消息，悲愤交加，不顾诸葛亮等人的苦苦劝谏，亲自率领七十多万大军出川伐吴。蜀军出兵后，一路连战皆胜、势如破竹，东吴上下大为恐慌。孙权采用阚泽的建议，拜年轻的将军陆逊为兵马大都督。陆逊受命于危难之际，沉着镇定，面对刘备的强盛攻势，他采用了坚守不出以消耗敌军的战术,下令各处关防牢守隘口,不得出兵迎战。刘备派老弱兵士在关前辱骂搦战,后面隐藏重兵,想诱敌深入,然后围而歼之。东吴将领被骂得火冒三丈,都请命出战,而陆逊看出其中有诈,即使被看作胆小鬼,也决不出战。刘备无奈,只好将埋伏的大队人马撤走。东吴将领见到武装齐备的蜀军经过,胆战心惊,心中暗暗钦佩陆逊的胸有成竹。两军就这样对峙着,转眼间就到了酷暑盛夏,远道而来的蜀军既累又热,刘备久攻不下,只好傍山林下寨,待秋天再出击。蜀军树栅相连,纵横七百里下营。如此宿营,首尾兼顾,的确坚固,但有一个致命的弱点,即最怕火攻。一旦火起,无法营救。陆逊见此情景大喜,知道自己大显身手的时候到了。时机已到,陆逊却并没有立即出兵,而是首先进行了一次试兵,以骄敌志。他派末将淳于丹率五千兵马攻击敌营,这是东吴坚守以来第一次出击,结果自然是大败而归。刘备得胜,愈发轻视陆逊,放松了警惕。第二天夜里,陆逊派主力来到时,蜀营已察觉先兆,刘备却毫不介意,认为经过昨夜的一场厮杀,他们已不敢再来了。陆逊指挥士兵在刘备大营前后放起火来,火借风势,迅速蔓延开来,蜀兵大乱。陆逊的兵马乘机四处夹攻,蜀军大败,死伤无数。刘备逃往白帝城,一病不起,最终死于白帝城。

薛仁贵火烧岩州

唐朝初年,唐太宗率军亲征高丽,将军薛仁贵率军进攻岩州。岩州城防坚固,城内粮草充足,虽经唐军困守,可是他们完全没有断粮之虞,一点也不惊慌。薛仁贵为了避免久攻不下相持太久而生变故,就采纳了谋士献上的一条妙计,决定先把他们的粮草设法破坏。他派士兵四处抓来许多麻雀,将它们关在笼中,饿上数日,并且将城外四周的草垛全部烧光。时机成熟之后,在一个起大风的日子,薛仁贵让士兵把麻雀分成两批,一批在爪子上系上装满硫黄、火药等易燃引火之物的纸袋,另一批则在爪子上系上点燃的香头作为火种,把麻雀全部放飞。饿了数日的麻雀被放飞之后,都急着四处寻找食物。因为城外的草垛等可以找到食物的地方都已经烧光,麻雀在城外寻觅不到食物,就都纷纷飞到城里的粮草垛上寻食。结果,麻雀在刨食的过程中弄破了纸袋,香火引燃了硫黄、火药,接着又把粮草垛引燃,城内很快就燃起了大火,火借风势,岩州城陷入火海之中。唐军乘机攻城,很快就夺取了岩州。

行火必有因①,烟火必素具②。发火有时③,起火有日④。时者,天之燥也⑤。日者,月在箕、壁、翼、轸也⑥。凡此四宿者,风起之日也⑦。

【注释】

①因:依托,利用,凭借。这里当指人员、物质、天气、敌情等各种条件。张预曰:"火攻皆因天时燥旱,营房茅竹,积刍聚粮居近草莽,因风而焚之。"　②素:平时,这里指平时做好准备。具:指发火的器具。曹操曰:"烧具也。"李筌曰:"干刍、蒿艾、粮粪之属。"　③发:点燃,燃烧。发火:放火,起火,燃火。④起火:放火,点火。　⑤燥:天气干燥。曹操曰:"燥者,旱也。"　⑥箕:二十八宿之一。梅尧臣注:"箕,龙尾也。"壁:二十八宿之一,玄武七宿的末一宿。有星二颗,即飞马座γ和仙女座α星。翼:二十八宿之一。南方朱鸟七宿中的第六宿,凡二十二星。为惊蛰节子初三刻的中星。按,后世艺人所祀之神亦名"翼宿星",又名"小儿星"、"老郎星"。神像作

白面儿童状,面带微须。轸:二十八宿之一,南方朱雀七宿的最末一宿。有星四颗。司马贞《史记索隐》引宋均曰:"轸四星居中,又有二星为左右辖,车之象也。轸与巽同位,为风,车动行疾似之也。"唐王勃《滕王阁序》:"南昌故都,洪都新府,星分翼轸,地接衡庐。" ⑦凡此四宿者,风起之日也:月亮运行经过这四个星宿所在的区域时,是起风的日子。宿:星宿,我国古代指某些星的集合体。如二十八宿中,箕宿由四颗星组成,尾宿由九颗星组成,等等。

【译文】

实施火攻必须要具备各种条件,点火用的器材必须在平时就有所准备。放火要根据天时,起火要选好日子。所谓天时,就是天气要干燥。所谓日子,就是月亮运行至箕、壁、翼、轸四个星宿所在区域的时候。月亮运行经过这四个星宿所在的区域时,正是起风的日子。

【战例】

火烧赤壁

公元208年秋天,曹操统一了北方,亲率号称八十万人的大军沿江南下,企图一举消灭刘备及孙权,统一天下。孙权与刘备结成联盟,共同抗击曹军,两军在位于长江中游的赤壁相遇,隔江对峙。曹军多为北方人,不习水性,因此为了行动方便,战船均用铁链连接。东吴周瑜的军队驻扎在长江南岸,周瑜部下的将领黄盖献计说:"现在敌多我少,很难同他们持久对峙。曹操的军队正好把战船连接起来,首尾相接,可用火攻来打退他们。"周瑜采纳了他的计策,于是调拨十只大小战船,装满干苇和枯柴,在上面浇上油,外面用帷帐包裹,上面树起旗帜,预备好轻快小船,系在战船的尾部。黄盖派人送信给曹操,假称要投降,并约好时间。这时,恰逢刮东南风,风势很急,黄盖把十只战船排在最前头,到江中才挂起船帆,其余船只都依次前进。曹操军中的将领、士兵都走出营房站在那里观看,迎接黄盖前来投降。在黄盖的船队离曹操军队二里多远时,各船同时点起火来,火势很旺,风势很猛,船只像箭一样冲入曹操的船队,把曹操的战船全部烧着,并蔓延到岸上军营。霎时间,烟火满天,人马烧死的、淹死的很多。周瑜等率领着轻装的精兵跟在他们后面,擂鼓震天,曹操的军队彻底溃散了。刘备、周瑜水陆一齐前进,追击曹操到了南郡。经此一役,曹操侥幸逃脱,率领残余的军队退回北方。曹操失去了统一天下的实力,刘备趁机夺取了益州、荆州,与魏、吴两国形成三足鼎立之势。

凡火攻,必因五火之变而应之①:火发于内,则早应之于外②;火发兵静者,待而勿攻③;极其火力,可从而从之,不可从而止④;火可发于外,无待于内,以时发之⑤;火发上风,无攻下风⑥;昼风久,夜风止⑦。凡军必知有五火之变,以数守之⑧。

【注释】

①凡火攻,必因五火之变而应之:梅尧臣曰:"因火为变以兵应之。"张预曰:"因其火变,以兵应之。五火,即人、积、辎、库、队也。"应:配合,照应。 ②火发于内,则早应之于外:曹操曰:"以兵应之也。"李筌曰:"乘火势而应之也。"杜牧曰:"凡火乃使敌人惊乱,因而击之,非谓空以火败敌人也。闻火初作即攻之,若火阑众定而攻之,当无益,故曰早也。"梅尧臣曰:"内若惊乱,外以兵击。"张预曰:"火才发于内,则兵急击于

外,表里齐攻,敌易惊乱。" ③火发兵静者,待而勿攻:杜牧曰:"火作不惊,敌素有备,不可遽攻,须待其变者也。"
④极其火力,可从而从之,不可从而止:曹操曰:"见可而进,知难而退。"杜佑曰:"见利则进,知难则退。极,尽也,尽火力可则应,不可则止,无使敌知其所为。"梅尧臣曰:"极其火势,待其变则攻,不变则勿攻。"极:达到顶点、最高限度。从:随。
⑤火可发于外,无待于内,以时发之:杜牧曰:"上文云五火变须发于内,若敌居荒泽草秽或营栅可焚之地,即须及时发火,不必更待内发作然后应之,恐敌人自烧野草,我起火无益。"陈皞曰:"以时发之,所谓天之燥、日("日"应为"月"——引者)之宿在四星也。" ⑥火发上风,无攻下风:曹操注曰:"不便也。"而因何不便,则言之不详,历代注家也有不同的看法。一说若下风攻击自己势必也会受烟火之害。杜牧曰:"若是东,则焚敌之东,我亦随以攻其东;若火发东面攻其西,则与敌人同受也。故无攻下风,则顺风也。若举东可知其他也。"赵本学曰:"下风为烟焰所冲,固不宜攻。"一说下风为敌人的退路,若攻下风敌人为了活命必然死战。梅尧臣曰:"逆火势非便也,敌必死战。"张预曰:"烧之必退,退而逆击之,必死战,则不便也。"除此之外,赵本学还认为,不可击下风,还因"亦恐乱兵避火,溃出相踩藉也"。以上三个原因固然都是不可从下风发起攻击的原因,但若论最主要的原因,还是为了避免我军"为烟焰所冲",以防攻击敌人的时候引火烧身。 ⑦昼风久,夜风止:杜牧曰:"老子曰:飘风不终朝。"梅尧臣曰:"凡昼风必夜止,夜风必昼止,数当然也。"各家注解多与此同,唯《直解》引张贲说云:"'久'字,古'从'字之误也。谓白昼遇风而发火,则当以兵从之,遇夜风而发火,则止而不从,恐彼有伏,

反乘我也。"　⑧凡军必知有五火之变,以数守之:杜牧曰:"须算星躔之数,守风起日,乃可发火,不可偶然而为之。"梅尧臣曰:"数星之躔,以候风起之日,然而发火,亦当自防其变。"张预曰:"不可止知,以火攻人,亦当防人攻己。推四星之度数,知风起之日,则严备守之。"数:指星象的度数,即上文所说的"时"、"日"的推算。

【译文】

凡是运用火攻,必须根据五种火攻所引起的变化,采取不同的策应方法。在敌营内部放火,就要及时派兵从外面策应。火已经烧起来而敌军仍然保持镇静的,要等待观察,不可急于发动进攻。等到火势旺盛的时候,根据情况可以进攻就进攻,不能进攻就放弃。火也可从外面放,这种情况下就不必等待内应,只要适时放火就可以了。火应当从上风发起,我军不可从下风发起进攻。白天刮了很久的风,夜晚风就会停止。(一说白天火攻可以以兵策应,晚上实施火攻则不要用兵策应。)军事行动中都必须熟悉这五种火攻形式的变化,并根据规律把握住火攻的时机。

【战例】

皇甫嵩火烧颍川

东汉末年,巨鹿人张角兄弟创立太平道,发动黄巾起义。东汉朝廷派皇甫嵩、卢植、朱儁等人前往镇压。东汉灵帝中平元年(公元184年),左中郎将皇甫嵩与右中郎将朱儁各统一军,进讨黄巾军于颍川,朱儁与黄巾军首领张角部将波才所部交战而失败,波才遂乘胜挥军包围了退保长社的皇甫嵩。皇甫嵩的部队人马很少,士兵非常害怕。波才军在靠近草木丛生的地带安营扎寨。皇甫嵩经过观察,发现黄巾军依草扎营,正可使用火攻。当天夜里,正赶上刮大风,皇甫嵩便派出精锐手执火把冲入军营,焚烧营寨,并狂呼乱叫,城上的汉军则点燃火把与之紧密策应。黄巾军突遭袭击,军中大乱。皇甫嵩乘机率军击鼓而出城,直奔波才营阵冲杀过去,波才军猝不及防,惊慌四散。此时,汉灵帝所派曹操援兵恰好赶到,与皇甫嵩、朱儁所部协力合战,内外合击,大败波才,击斩其军数万人。(《后汉书·皇甫嵩朱儁列传》:"儁前与贼波才战,战败,嵩因进保长社。波才引大众围城,嵩兵少,军人皆恐,乃召军吏谓曰:'兵有奇变,不在众寡。今贼依草结营,易为风火。若因夜纵烧,必大惊乱。吾出兵击之,四面俱合,田单之功可成也。'其夕遂大风,嵩乃约敕军士皆束苣乘城,使锐士间出围外,纵火大呼,城上举燎应之,嵩因鼓而奔其陈,贼惊乱奔走。会帝遣骑都尉曹操将兵适至,嵩、操与朱儁合兵更战,大破之,斩首数万级。封嵩都乡侯。嵩、儁乘胜进讨汝南、陈国黄巾,追波才于阳翟,击彭脱于西华,并破之。余贼降散,三郡悉平。")

故以火佐攻者明①,以水佐攻者强②。水可以绝,不可以夺③。

【注释】

①故以火佐攻者明:梅尧臣曰:"明白易胜。"张预曰:"用火助攻,灼然可以取胜。"明:即效果显著。 ②以水佐攻者强:杜佑曰:"水以为冲故强。"梅尧臣曰:"势之强也。"张预曰:"水能分敌之军,彼势分,则我势强。" ③水可以绝,不可以夺:曹操曰:"火佐者,取胜明也;水佐者,但可以绝敌道,分敌军,不可以夺敌蓄积。"杜牧曰:"水可绝敌粮道,绝敌救援,绝敌奔逸,绝敌冲击,不可以水夺险要蓄积也。"绝:隔绝,断绝。

【译文】

所以,用火来辅助军队进攻,胜势明显;而用水来辅助军队进攻,攻势则必能加强。但水可以隔绝敌军,却不能毁坏敌人的物资储备。

【战例】

韩信水淹龙且

楚汉战争中,韩信攻下齐都临淄,又把齐王田广向东追赶到高密。项羽派龙且带兵二十万救援齐国。齐王田广和龙且联合起来与韩信作战。交战之前,有人给龙且出主意说:"汉兵乃远斗穷兵,其锋不可当。齐楚联军自居其地作战,士兵容易败散。不如先深壁坚守,并让齐王派其手下亲近之人到齐国失守的各个地方,传达齐王的命令。各地听说齐王还在,西楚霸王又派兵来救的消息,一定会背叛汉朝。汉兵离其根据地两千里来齐国作战,如果齐国各个地方都背叛他们,他们一定会无法补充给养,只能不战而降。"龙且说:"我来救援齐国,如果他们不战而降之,我还能立什么功?现在如果我们战而胜之,齐国的一半就要归我们,为什么不战?"他于是决定与汉军开战,与韩信隔潍水列阵。韩信夜里令人做了一万多只袋子,盛上沙土,堵在河流的上游,领兵半渡过河骚扰龙且,假装无法取胜,又退回去。龙且上当,大喜说:"我知道韩信怕我,不是我的对手。"于是领兵过河追击韩信。韩信派人在上游把袋子扒开,河水暴涨,龙且的军队大半没有渡过河,寡不敌众,被韩信所杀。没有渡河的兵马也都逃走了。

夫战胜攻取而不修其功者凶[①],命曰费留[②]。故曰:明主虑之,良将修之,非利不动[③],非得不用[④],非危不战[⑤]。

主不可以怒而兴师⑥,将不可以愠而致战⑦。合于利而动,不合于利而止⑧。怒可以复喜,愠可以复悦⑨,亡国不可以复存,死者不可以复生⑩。故明君慎之⑪,良将警之⑫。此安国全军之道也⑬。

【注释】

①夫战胜攻取而不修其功者凶:杜牧曰:"修者,举也。夫战胜攻取,若不藉有功举而赏之,则三军之士必不用命也,则有凶咎。"修:治,理。功:功效,后果。修其功:杨炳安《〈孙子〉会笺》中说:"即言注意讲求战争对政治经济各方面所产生之后果。或谓指达到战略目的或巩固胜利成果。"凶:祸殃,不吉利。与"吉"相对。　②命:同"名"。命曰:称为。费留:一说为惜费,不及时论功行赏。曹操注:"若水之留不复还也。或曰,赏不以时,但费留也,赏善不逾日也。"一说应为"费斿"。费,连缀;斿,旌旗上的飘带。费斿比喻实权旁落、为大臣挟持的君主,亦指有职无权的官吏。这里指若战胜不修其功,则胜利如同装饰品一样没有什么实际意义。一说为耗费钱财师老淹留。杜牧曰:"留滞费耗,终不成事也。"张预曰:"财竭师老而不得归,费留之谓也。"此说是。　③非利不动:李筌曰:"明主贤将,非见利不起兵。"杜牧曰:"先见起兵之利,然后兵起。"　④非得不用:杜牧曰:"先见敌人可得,然后用兵。"⑤非危不战:曹操曰:"不得已而用兵。"李筌曰:"非至危不战。"梅尧臣曰:"凡用兵非危急不战也,所以重凶器也。"⑥兴师:举兵,起兵。　⑦愠:含怒,怨恨。　⑧合于利而动,不合于利而止:张预曰:"不可因己之喜怒而用兵,当顾利

害所在。《尉缭子》曰：兵起非可以忿也，见胜则兴，不见胜则止。" ⑨怒可以复喜，愠可以复悦：张预曰："见于色者谓之喜，得于心者谓之悦。" ⑩亡国不可以复存，死者不可以复生：杜牧曰："亡国者，非能亡人之国也，言不度德、不量力，因怒兴师，因愠合战，则其兵自死，其国自亡者也。"梅尧臣曰："一时之怒可返而喜也，一时之愠可返而说也，国亡军死不可复已。" ⑪慎：谨慎，慎重。 ⑫警：警惕。 ⑬此安国全军之道也：张预曰："君常慎于用兵，则可以安国；将常戒于轻战，则可以全军。"

【译文】

打了胜仗占领敌国，却不采取措施巩固胜利果实，将是非常危险的，这叫做"费留"。所以说，英明的国君和明智的将领一定要很好地注意这个问题。对国家没有利益就不要采取军事行动，如果没有取胜的把握就不要轻易用兵，除非处于危险之中就不要轻启战端。君主不可以因为一时的怒气而兴兵，将领不可以因为一时的气愤而开战。符合国家利益就行动，不符合国家利益就停止。愤怒可以变得欢喜，怨恨可以变得高兴，但国家灭亡了就不会再存在，人死了也不可能再复活。所以，英明的国君要谨慎地对待这个问题，明智的将领也一定要时刻警醒。这是安定国家和保全军队的基本原则。

【战例】

楚怀王攻秦致败

战国时期，秦国击败魏、韩、赵三国后，基本形成了以秦与魏、韩为一方，齐与楚为另一方的两大集团对立局面。秦国欲攻齐，派张仪到楚国去，许诺割地六百里要楚与齐绝交，以破坏齐楚联盟。楚怀王贪图小利，于是与齐断交，并派使者往秦索地。谁知楚国的使节到了秦国之后，张仪出尔反尔，只答应给楚国六里地。楚怀王受了张仪的欺骗，大怒，决定发兵攻打秦国。这时陈轸认为，攻打秦国没有取胜的把握，不是上策，不如联合秦国一道攻打齐国，把在秦国损失的土地从齐国补回来。否则，一旦攻秦招致失败，楚国将会蒙受更严重的损失。楚怀王咽不下这口恶气，坚持与秦绝交，派大将军屈丐率军攻秦。秦惠文王派庶长魏章及樗里疾、甘茂率军迎战，韩国也派兵相助。公元前312年，两军战于丹阳（今河南丹水北）。秦施计离间楚将关系，使其互不配合，大败楚军，俘屈丐及裨将逢侯丑等七十余将领，斩首八万人。随后，秦又遣军攻取楚地汉中（今陕西汉中）六百里地，置汉中郡。楚怀王闻讯震怒，尽发全国之兵再度攻秦，与秦战于蓝田（今陕西境内），楚军再败。韩、魏配合秦军趁楚国内空虚，攻占楚地邓（今湖北襄樊北）。楚怀王被迫撤军，向秦割地求和。

韩信胯下受辱

汉朝的开国元勋韩信年轻的时候，生活非常落魄，经常背着宝剑在街头闲逛。一天，韩信又在街上闲逛，一个少年突然拦住他的去路，故意侮辱他说："韩信，你虽然个子长得高大，经常背着宝剑，其实只不过是个外强中干的怕死鬼罢了。"围观的人听了都哈哈大笑，而韩信像是没有听见似的，继续向前走。那无赖见状，更加得意，当众拦住韩信，得寸进尺地说："你如果是个不怕死的汉子，就拿剑来刺我；如果你真的贪生怕死，就从我的裤裆下钻过去。"说着便叉开两腿，趾高气扬地立在街上。韩信非常生气，但他很快就冷静下来，默默地注视他好一会儿，然后伏下身子，从这无赖的两腿之间爬了过去，惹得满街围观的人哄然大笑起来，那无赖也显得更加神气十足了。但韩信却像什么事情都没有发生似的，起身离去了。后来,韩信被刘邦拜为大将,协助刘邦平定了天下,成为汉朝开国最重要的功臣之一。功成名就之后,韩信通过寻访,特地把曾经羞辱他的那个无赖少年召来,不但没有杀他,还赐了他一个小官。对此,韩信自己解释说,他当年完全可以不从那个无赖的胯下爬过,而是抽出宝剑杀了他。但他深知,小不忍则乱大谋。如果他当时杀了那个无赖,杀人要偿命,就将永远失去施展自己的满腹韬略的机会。而当他做了将军之后,不但没有报复那个无赖,反而对他施以恩惠,那是做给天下人看。如果天下人都知道他韩信宽容大度,那些过去和他有矛盾的人也就放心了。

第十三章　用间篇

【题解】

本篇论述了军事斗争中间谍使用的重要性以及各种间谍的使用方法。孙子认为，事先了解敌情，是取得战争胜利的前提，而要取得敌人的情报，就必须使用间谍，否则就会劳民伤财，耗费巨大。在这一篇中，孙子提出了五种间谍可以使用，即"乡间"（借助敌国百姓为我所用）、"内间"（借助敌方官吏为我所用）、"反间"（借助敌方间谍为我所用）、"死间"（散布假消息故意让敌方间谍知道，以将假情报传给敌人）和"生间"（我方派出的能够回来报告敌情的间谍），并对任用间谍的意义进行了详细的阐述。

孙子曰：凡兴师十万①，出征千里②，百姓之费，公家之奉③，日费千金，内外骚动④，怠于道路⑤，不得操事者，七十万家⑥。相守数年⑦，以争一日之胜，而爱爵禄百金⑧，不知敌之情者，不仁之至也，非人之将也⑨，非主之佐也，非胜之主也⑩。

了。后来，韩信被刘邦拜为大将，协助刘邦平定了天下，成为汉朝开国最重要的功臣之一。功成名就之后，韩信通过寻访，特地把曾经羞辱他的那个无赖少年召来，不但没有杀他，还赐了他一个小官。对此，韩信自己解释说，他当年完全可以不从那个无赖的胯下爬过，而是抽出宝剑杀了他。但他深知，小不忍则乱大谋。如果他当时杀了那个无赖，杀人要偿命，就将永远失去施展自己的满腹韬略的机会。而当他做了将军之后，不但没有报复那个无赖，反而对他施以恩惠，那是做给天下人看。如果天下人都知道他韩信宽容大度，那些过去和他有矛盾的人也就放心了。

第十三章　用间篇

【题解】

　　本篇论述了军事斗争中间谍使用的重要性以及各种间谍的使用方法。孙子认为，事先了解敌情，是取得战争胜利的前提，而要取得敌人的情报，就必须使用间谍，否则就会劳民伤财，耗费巨大。在这一篇中，孙子提出了五种间谍可以使用，即"乡间"（借助敌国百姓为我所用）、"内间"（借助敌方官吏为我所用）、"反间"（借助敌方间谍为我所用）、"死间"（散布假消息故意让敌方间谍知道，以将假情报传给敌人）和"生间"（我方派出的能够回来报告敌情的间谍），并对任用间谍的意义进行了详细的阐述。

　　孙子曰：凡兴师十万①，出征千里②，百姓之费，公家之奉③，日费千金，内外骚动④，怠于道路⑤，不得操事者，七十万家⑥。相守数年⑦，以争一日之胜，而爱爵禄百金⑧，不知敌之情者，不仁之至也，非人之将也⑨，非主之佐也，非胜之主也⑩。

【注释】

①兴:派遣。《左传·哀公二十六年》:"大尹兴空泽之士千甲,奉公自空桐入,如沃宫。"杜预注:"兴,发也。" ②出征:出外作战。 ③公家之奉:国家的开支。公家:指朝廷或国家。奉:同"俸",这里指军费开支。 ④骚动:动荡,不安宁。 ⑤怠:疲倦,困惫。 ⑥不得操事者,七十万家:十万之师出征,七十万家不能从事生产,这是以古代井田制为基础来说的。操事:指从事正常的生产劳作。曹操曰:"古者八家为邻,一家从军,七家奉之,言十万之师举,不事耕稼者七十万家。"李筌曰:"古者发一家之兵,则邻里三族共资之,是以不得耕作者七十万家而资十万之众矣。"杜牧曰:"古者一夫田一顷,夫九顷之地,中心一顷凿井树庐,八家居之,是为井田。怠,疲也,言七十万家奉十万之师,转输疲于道路也。"张预曰:"井田之法,八家为邻,一家从军,七家奉之,兴兵十万,则辍耕作者七十万家也。或问曰:重地则掠,疲于道路而转输,何也?曰:非止运粮,亦供器用也,且兵贵掠敌者,谓深践敌境则当备其乏,故须掠以继食,非专馆谷于敌也,亦有碛卤之地无粮可因,得不饷乎?"皆得之。 ⑦守:等待,守候。 ⑧爱:舍不得,吝惜。 ⑨人:汉简本作"民",因后世避唐太宗讳所改。 ⑩主:汉简本作"注",主宰。

【译文】

孙子说:一般来说,如果要出兵十万,出征千里,那么,百姓的耗费,国家的开支,每天都要花费千金之巨;在这期间,国内国外动乱不安,人们疲惫地奔波在路上,不能正常从事生产的,则要多达七十万家。以这样的代价相持数年,就是为了能够一朝取胜。如果因为吝惜爵禄和钱财而不肯重用间谍,以致因此而不能掌握敌情,那可以说是不仁到极点了。这种人不配作为军队的统帅,不能算做国君的辅佐,不会成为胜利的主宰。

【战例】

少康使女艾间浇

少康是夏朝的第六个君主,而要了解他派女艾充当间谍的始末,还要从夏朝的第三个君主太康谈起。太康在位的时候耽于玩乐,不理朝政,喜欢外出打猎,并且往往一出去就是数月不归。有一次,太康又外出游玩打猎去了,他手下一位勇猛善射的大将后羿利用这个机会,把持了夏朝的大权,立太康的弟弟仲康为国君。太康有家不能回,最后客死他乡。后羿也不是一个勤于政事的人,把持大权之后,他也不理朝政,醉心于山野行猎的乐趣。后羿属下有个叫寒浞的人,他骗取了后羿的信任,并设计杀死了后羿,还夺取了后羿的妻子,并与其生下了两个儿子:浇和豷。寒浞把过和戈这两个地方封赏给了他们。

仲康之后,他的儿子相成为夏朝的第五位国君,但大权仍然在寒浞手中。寒浞担心相会危及自己,就把国君相杀掉了。当时,相的妃子已经怀孕,她从墙洞侥幸逃走,并生下了儿子少康。少康在有虞氏部落居住下来,有虞氏首领十分器重他,把两个女儿都嫁给了少康,还给了少康一片封地和五百名奴隶。但少康并不满足于此,他一直把杀父之仇记在心上,希望能够除掉仇人,复兴国家。为了消灭寒浞的两个儿子浇和豷,少康需要关于他们动向的一些情报,于是,他想到了使用"间谍"。少康找到了他的一位忠心耿耿而且智勇双全的仆人,名字叫女艾,少康把自己的想法告诉了女艾,女艾欣然前往。

女艾到了浇所统治的地方之后,很快取得了浇的信任,获取了关于他的一些基本情况和动向,并源源不断地报告给少康,同时根

【注释】

①兴：派遣。《左传·哀公二十六年》："大尹兴空泽之士千甲，奉公自空桐入，如沃宫。"杜预注："兴，发也。"　②出征：出外作战。　③公家之奉：国家的开支。公家：指朝廷或国家。奉：同"俸"，这里指军费开支。　④骚动：动荡，不安宁。　⑤怠：疲倦，困惫。　⑥不得操事者，七十万家：十万之师出征，七十万家不能从事生产，这是以古代井田制为基础来说的。操事：指从事正常的生产劳作。曹操曰："古者八家为邻，一家从军，七家奉之，言十万之师举，不事耕稼者七十万家。"李筌曰："古者发一家之兵，则邻里三族共资之，是以不得耕作者七十万家而资十万之众矣。"杜牧曰："古者一夫田一顷，夫九顷之地，中心一顷凿井树庐，八家居之，是为井田。怠，疲也，言七十万家奉十万之师，转输疲于道路也。"张预曰："井田之法，八家为邻，一家从军，七家奉之，兴兵十万，则辍耕作者七十万家也。或问曰：重地则掠，疲于道路而转输，何也？曰：非止运粮，亦供器用也，且兵贵掠敌者，谓深践敌境则当备其乏，故须掠以继食，非专馆谷于敌也，亦有碛卤之地无粮可因，得不饷乎？"皆得之。　⑦守：等待，守候。　⑧爱：舍不得，吝惜。　⑨人：汉简本作"民"，因后世避唐太宗讳所改。　⑩主：汉简本作"注"，主宰。

【译文】

孙子说：一般来说，如果要出兵十万，出征千里，那么，百姓的耗费，国家的开支，每天都要花费千金之巨；在这期间，国内国外动乱不安，人们疲惫地奔波在路上，不能正常从事生产的，则要多达七十万家。以这样的代价相持数年，就是为了能够一朝取胜。如果因为吝惜爵禄和钱财而不肯重用间谍，以致因此而不能掌握敌情，那可以说是不仁到极点了。这种人不配作为军队的统帅,不能算做国君的辅佐,不会成为胜利的主宰。

【战例】

少康使女艾间浇

少康是夏朝的第六个君主,而要了解他派女艾充当间谍的始末,还要从夏朝的第三个君主太康谈起。太康在位的时候耽于玩乐,不理朝政,喜欢外出打猎,并且往往一出去就是数月不归。有一次,太康又外出游玩打猎去了,他手下一位勇猛善射的大将后羿利用这个机会,把持了夏朝的大权,立太康的弟弟仲康为国君。太康有家不能回,最后客死他乡。后羿也不是一个勤于政事的人,把持大权之后,他也不理朝政,醉心于山野行猎的乐趣。后羿属下有个叫寒浞的人,他骗取了后羿的信任,并设计杀死了后羿,还夺取了后羿的妻子,并与其生下了两个儿子:浇和豷。寒浞把过和戈这两个地方封赏给了他们。

仲康之后,他的儿子相成为夏朝的第五位国君,但大权仍然在寒浞手中。寒浞担心相会危及自己,就把国君相杀掉了。当时,相的妃子已经怀孕,她从墙洞侥幸逃走,并生下了儿子少康。少康在有虞氏部落居住下来,有虞氏首领十分器重他,把两个女儿都嫁给了少康,还给了少康一片封地和五百名奴隶。但少康并不满足于此,他一直把杀父之仇记在心上,希望能够除掉仇人,复兴国家。为了消灭寒浞的两个儿子浇和豷,少康需要关于他们动向的一些情报,于是,他想到了使用"间谍"。少康找到了他的一位忠心耿耿而且智勇双全的仆人,名字叫女艾,少康把自己的想法告诉了女艾,女艾欣然前往。

女艾到了浇所统治的地方之后,很快取得了浇的信任,获取了关于他的一些基本情况和动向,并源源不断地报告给少康,同时根据他所掌握的情况,与少康一起拟定了灭浇的计划,终于一举消灭了浇。随后,他们又乘胜出兵,消灭了寒浞的另一个儿子豷。寒浞失去两个儿子,实力大减。少康收罗父亲当年的旧部,招兵买马,扩充实力,终于打败了寒浞等人,中兴了夏王朝,史书上称之为"少康中兴"。

故明君贤将所以动而胜人,成功出于众者①,先知也②。先知者,不可取于鬼神③,不可象于事④,不可验于度⑤,必取于人,知敌之情者也⑥。

【注释】

①出:高出,超出。 ②先知也:杜牧曰:"知敌情也。"梅尧臣曰:"主不妄动,动必胜人,将不苟功,功必出众。所以者何也? 在预知敌情也。"王晳曰:"先知敌情,制胜如神也。"先知,即预先洞察敌情。 ③先知者,不可取于鬼神:张预曰:"视之不见,听之不闻,不可以祷祀而取。" ④不可象于事:曹操曰:"不可以事类而求也。"杜牧曰:"象者,类也。言不可以他事比类而求。"张预曰:"不可以事之相类者拟象而求。"象:类推,类比。 ⑤不可验于度:曹操曰:"不可以事数度也。"梅尧臣曰:"不可以度数验也,言先知之难也。"张预曰:"不可以度数推验而知。"验:验证,证实。度:天象的度数。
⑥必取于人,知敌之情者也:张预曰:"鬼神、象类、度数皆不可以求先知,必因人而后知敌情也。"

【译文】

所以,明君和贤将之所以能够一出兵就战胜敌人,取得的功绩超越一般人,原因就在于他们能预先知道敌情。要预先了解敌情,不可求助于神鬼,不可用相似的情况做类比主观推测,也不可用日月星辰运行的度数来验证,一定要从人那里取得,求助于那些熟悉敌情的人。

【战例】

韦孝宽计除斛律光

北周大将韦叔裕,字孝宽,凭借自身的品德和能力而长期镇守在玉壁城。他善于抚慰和管理士卒,深受部众的拥护。他所派往北齐的间谍,都能尽力搜集情报。他还用重金收买北齐人,从齐国为他们送来书面的情报。因此,北齐有什么动静,北周朝廷都了如指掌。北齐左丞相斛律光,字明月,贤明而且勇武,是韦孝宽非常头疼的一个对手。为了除掉这个强劲的对手,他采纳了参军曲严的建议,命令擅长卜筮的曲严编造歌谣,说:"百升飞上天,明月照长安。"又说:"高山不推自隤,槲木不扶自立。"在古代的容量单位中,十升等于一斗,十斗即一百升,等于一斛。歌谣中的"百升",影射斛律光的"斛"字。北齐王姓高,歌谣中的"高山",影射北齐王;"槲木"影射斛律光。然后,他命令间谍携带大量写有歌谣的传单,散发到齐都邺城,北齐尚书左仆射祖孝徵(《周书·韦孝宽传》原作"祖孝徵",《百战奇法》原作者援引时因讳宋仁宗(祯)而改"徵"为"正")与斛律光有矛盾,他得此传单后添油加醋地报告了北齐后主高纬,后主不辨真伪,怀疑斛律光要造反,立即下令杀了斛律光。北周武帝宇文邕获悉斛律光被杀的消息后,竟然高兴得立即向全国颁布大赦令。后来,北周又出动大军,一举而灭亡了北齐。

苏联人窃密波音

在今天激烈的商战中,有许多商家也使用经济间谍来窃取对手据他所掌握的情况,与少康一起拟定了灭浇的计划,终于一举消灭了浇。随后,他们又乘胜出兵,消灭了寒浞的另一个儿子豷。寒浞失去两个儿子,实力大减。少康收罗父亲当年的旧部,招兵买马,扩充实力,终于打败了寒浞等人,中兴了夏王朝,史书上称之为"少康中兴"。

故明君贤将所以动而胜人,成功出于众者①,先知也②。先知者,不可取于鬼神③,不可象于事④,不可验于度⑤,必取于人,知敌之情者也⑥。

【注释】

①出:高出,超出。　②先知也:杜牧曰:"知敌情也。"梅尧臣曰:"主不妄动,动必胜人,将不苟功,功必出众。所以者何也?在预知敌情也。"王晳曰:"先知敌情,制胜如神也。"先知,即预先洞察敌情。　③先知者,不可取于鬼神:张预曰:"视之不见,听之不闻,不可以祷祀而取。"　④不可象于事:曹操曰:"不可以事类而求也。"杜牧曰:"象者,类也。言不可以他事比类而求。"张预曰:"不可以事之相类者拟象而求。"象:类推,类比。　⑤不可验于度:曹操曰:"不可以事数度也。"梅尧臣曰:"不可以度数验也,言先知之难也。"张预曰:"不可以度数推验而知。"验:验证,证实。度:天象的度数。　⑥必取于人,知敌之情者也:张预曰:"鬼神、象类、度数皆不可以求先知,必因人而后知敌情也。"

【译文】

所以,明君和贤将之所以能够一出兵就战胜敌人,取得的功绩超越一般人,原因就在于他们能预先知道敌情。要预先了解敌情,不可求助于神鬼,不可用相似的情况做类比主观推测,也不可用日月星辰运行的度数来验证,一定要从人那里取得,求助于那些熟悉敌情的人。

【战例】

韦孝宽计除斛律光

北周大将韦叔裕,字孝宽,凭借自身的品德和能力而长期镇守在玉壁城。他善于抚慰和管理士卒,深受部众的拥护。他所派往北齐的间谍,都能尽力搜集情报。他还用重金收买北齐人,从齐国为他们送来书面的情报。因此,北齐有什么动静,北周朝廷都了如指掌。北齐左丞相斛律光,字明月,贤明而且勇武,是韦孝宽非常头疼的一个对手。为了除掉这个强劲的对手,他采纳了参军曲严的建议,命令擅长卜筮的曲严编造歌谣,说:"百升飞上天,明月照长安。"又说:"高山不推自隤,槲木不扶自立。"在古代的容量单位中,十升等于一斗,十斗即一百升,等于一斛。歌谣中的"百升",影射斛律光的"斛"字。北齐王姓高,歌谣中的"高山",影射北齐王;"槲木"影射斛律光。然后,他命令间谍携带大量写有歌谣的传单,散发到齐都邺城,北齐尚书左仆射祖孝徵(《周书•韦孝宽传》原作"祖孝徵",《百战奇法》原作者援引时因讳宋仁宗(祯)而改"徵"为"正")与斛律光有矛盾,他得此传单后添油加醋地报告了北齐后主高纬,后主不辨真伪,怀疑斛律光要造反,立即下令杀了斛律光。北周武帝宇文邕获悉斛律光被杀的消息后,竟然高兴得立即向全国颁布大赦令。后来,北周又出动大军,一举而灭亡了北齐。

苏联人窃密波音

在今天激烈的商战中,有许多商家也使用经济间谍来窃取对手的商业机密和商业情报。甚至可以说，当今世界，哪里有新技术，哪里有市场，哪里就有经济间谍的身影。他们不仅使用传统间谍的种种手段，而且还使用窃听、卫星侦察等各种现代先进的技术和设备，采用一些从来没有过的奇特的办法，不择一切手段，不惜一切代价地去捞取情报。

1973年，苏联人散布消息说，它打算建造一座世界上最大的喷气式客机制造厂，该工厂建成后将年产一百架巨型客机，这笔价值三亿美元的大生意将会与美国、英国或者联邦德国的公司合作。美国波音公司、洛克希德公司和麦克唐纳—道格拉斯公司等闻讯后，都非常兴奋，想抢到这笔"大生意"。虽然当时美苏两国正处于冷战之中，但它们还是背着美国政府，分别同苏联方面进行私下的接触。波音公司为了挤走竞争对手而抢到生意，同意了苏联方面让二十名苏联专家到飞机制造厂参观、考察的要求。苏联专家在波音公司仔细参观飞机装配线，而且波音公司还允许他们钻到机密的实验室里进行考察。苏联人拍了成千上万张照片，得到了大量的资料，最后还带走了波音公司制造巨型客机的详细计划。波音公司热情地送走苏联专家后，满心欢喜地等着他们回来签合同，岂料这些人一去之后就再也没有了音讯。不久，苏联的伊柳辛式巨型喷气运输机设计投产了，美国人惊讶地发现，苏联利用的居然是波音公司的技术。而令美国人不解的是，波音公司当初为了防止技术泄露，在向苏联方面提供资料时特意留了一手，有关制造飞机的合金材料的机密并没有告诉他们，而苏联是怎么掌握这项技术的呢？原来，秘密在苏联考察专家穿的一种鞋上，他们穿的是一种特殊的皮鞋，鞋底能吸住从飞机部件上切削下来的金属屑。他们通过对带回去的金属屑的分析，从而得到了制造合金的秘密。

现代经济间谍窃取情报的手段令人叹为观止、防不胜防，已经

第十三章　用间篇　**277**

成为令世界范围内的商家非常头疼的问题。

故用间有五:有因间①,有内间,有反间,有死间,有生间。五间俱起,莫知其道,是谓神纪,人君之宝也②。因间者,因其乡人而用之③;内间者,因其官人而用之④;反间者,因其敌间而用之⑤;死间者,为诳事于外,令吾间知之,而传于敌间也⑥;生间者,反报也⑦。

【注释】

①因间:张预曰:"此五间之名。因间当为乡间,故下文云乡间可得而使。"下文贾林注曰:"读因间为乡间。" ②五间俱起,莫知其道,是谓神纪,人君之宝也:曹操曰:"同时任用五间也。"梅尧臣曰:"五间俱起以间敌,而莫知我用之之道,是曰神妙之纲纪,人君之所贵也。"王晳曰:"五间俱起,人不之测,是用兵神妙之大纪,人主之重宝也。"道:规律。纪:道,理,法则,准则。贾林曰:"纪,理也。言敌人但莫知我以何道,如通神理也。"神纪:即神妙莫测的方法。 ③因间者,因其乡人而用之:所谓"因间",就是利用敌国人做间谍。因:利用,凭借。杜牧曰:"因敌乡国之人而厚抚之,使为间也。"梅尧臣曰:"因其国人利而使之。" ④内间者,因其官人而用之:所谓"内间",就是利用敌国官吏做间谍。杜牧曰:"敌之官人,有贤而失职者,有过而被刑者,亦有宠嬖而贪财者,有屈在下位者,有不得任使者,有欲因败丧以求展己之材能者、翻覆变诈常持两端之心者,如此之官,皆可以潜通问遗,厚贶金帛而结之,因求其国中之情,察其谋我之事,复间其君臣,使不和同

的商业机密和商业情报。甚至可以说,当今世界,哪里有新技术,哪里有市场,哪里就有经济间谍的身影。他们不仅使用传统间谍的种种手段,而且还使用窃听、卫星侦察等各种现代先进的技术和设备,采用一些从来没有过的奇特的办法,不择一切手段,不惜一切代价地去捞取情报。

1973年,苏联人散布消息说,它打算建造一座世界上最大的喷气式客机制造厂,该工厂建成后将年产一百架巨型客机,这笔价值三亿美元的大生意将会与美国、英国或者联邦德国的公司合作。美国波音公司、洛克希德公司和麦克唐纳—道格拉斯公司等闻讯后,都非常兴奋,想抢到这笔"大生意"。虽然当时美苏两国正处于冷战之中,但它们还是背着美国政府,分别同苏联方面进行私下的接触。波音公司为了挤走竞争对手而抢到生意,同意了苏联方面让二十名苏联专家到飞机制造厂参观、考察的要求。苏联专家在波音公司仔细参观飞机装配线,而且波音公司还允许他们钻到机密的实验室里进行考察。苏联人拍了成千上万张照片,得到了大量的资料,最后还带走了波音公司制造巨型客机的详细计划。波音公司热情地送走苏联专家后,满心欢喜地等着他们回来签合同,岂料这些人一去之后就再也没有了音讯。不久,苏联的伊柳辛式巨型喷气运输机设计投产了,美国人惊讶地发现,苏联利用的居然是波音公司的技术。而令美国人不解的是,波音公司当初为了防止技术泄露,在向苏联方面提供资料时特意留了一手,有关制造飞机的合金材料的机密并没有告诉他们,而苏联是怎么掌握这项技术的呢?原来,秘密在苏联考察专家穿的一种鞋上,他们穿的是一种特殊的皮鞋,鞋底能吸住从飞机部件上切削下来的金属屑。他们通过对带回去的金属屑的分析,从而得到了制造合金的秘密。

现代经济间谍窃取情报的手段令人叹为观止、防不胜防,已经成为令世界范围内的商家非常头疼的问题。

故用间有五:有因间①,有内间,有反间,有死间,有生间。五间俱起,莫知其道,是谓神纪,人君之宝也②。因间者,因其乡人而用之③;内间者,因其官人而用之④;反间者,因其敌间而用之⑤;死间者,为诳事于外,令吾间知之,而传于敌间也⑥;生间者,反报也⑦。

【注释】

①因间:张预曰:"此五间之名。因间当为乡间,故下文云乡间可得而使。"下文贾林注曰:"读因间为乡间。" ②五间俱起,莫知其道,是谓神纪,人君之宝也:曹操曰:"同时任用五间也。"梅尧臣曰:"五间俱起以间敌,而莫知我用之之道,是曰神妙之纲纪,人君之所贵也。"王晳曰:"五间俱起,人不之测,是用兵神妙之大纪,人主之重宝也。"道:规律。纪:道,理,法则,准则。贾林曰:"纪,理也。言敌人但莫知我以何道,如通神理也。"神纪:即神妙莫测的方法。 ③因间者,因其乡人而用之:所谓"因间",就是利用敌国人做间谍。因:利用,凭借。杜牧曰:"因敌乡国之人而厚抚之,使为间也。"梅尧臣曰:"因其国人利而使之。" ④内间者,因其官人而用之:所谓"内间",就是利用敌国官吏做间谍。杜牧曰:"敌之官人,有贤而失职者,有过而被刑者,亦有宠嬖而贪财者,有屈在下位者,有不得任使者,有欲因败丧以求展己之材能者、翻覆变诈常持两端之心者,如此之官,皆可以潜通问遗,厚贶金帛而结之,因求其国中之情,察其谋我之事,复间其君臣,使不和同

也。"　⑤反间者,因其敌间而用之:所谓"反间",就是收买敌人派来的间谍为我所用。李筌曰:"敌有间来窥我得失,我厚赂之而令反为我间也。"王晳曰:"反敌间,反为我间也。或留之使言其情,又或示以诡形而遣之。"　⑥死间者,为诳事于外,令吾间知之,而传于敌间也:所谓"死间",就是安插在敌方用以向敌人散布假消息的间谍。杜牧曰:"言吾间在敌,未知事情,我则诈立事迹,令吾间凭其诈迹,以输诚于敌,而得敌信也。若吾进取与诈迹不同,间者不能脱,则为敌所杀,故曰'死间'也。"诳:惑乱,欺骗。杜牧曰:"诳者,诈也。"　⑦生间者,反报也:所谓"生间",就是获取了敌人情报回来报告的间谍。梅尧臣曰:"使智辨者往觇其情而以归报也。"张预曰:"选智能之士往视敌情归以报我。"反:还归,回,后多作"返"。

【译文】

所以,有五种间谍可以使用,即"因间"、"内间"、"反间"、"死间"、"生间"。五种间谍同时使用,没有人能够捉摸其中的规律,这就是使用间谍神妙莫测的方法,也是国君的法宝。所谓"因间",就是利用敌国人做间谍;所谓"内间",就是利用敌国官吏做间谍;所谓"反间",就是使敌方间谍为我所用;所谓"死间",就是安插在敌方用以向敌人散布假消息的间谍;所谓"生间",就是获取了敌人情报回来报告的间谍。

【战例】

韩世忠用间破金兵

公元1134年,著名主战派抗金名将韩世忠镇守扬州。而此时,虽然韩世忠、岳飞等人屡挫金兵,但朝中投降派仍然得势,总想同金国屈膝议和。有一次,南宋朝廷又派魏良臣、王绘等人去金营议和。韩世忠知道,二人北上,必然要经过扬州,他心里极不高兴,生怕二人为了讨好敌人,而把其军情泄露给敌人。可是,他转念一想,这些人可以泄露军情,不是也有可能利用来传递假情报吗?何不利用他们传递一些假情报给金兵? 于是,等二人北上经过扬州时,韩世忠故意派出一支部队从东门开出。魏良臣、王绘见了,忙打听军队去向,士兵告诉他们这是奉命去防守江口的先头部队。二人进城拜见韩世忠,在他们谈话的过程中,一再有朝廷的命令来催促韩世忠马上移营守江,韩世忠故意把这些消息都透露给他们。

第二天,两位议和的大臣离开扬州,前往金营。为了讨好金人,他们把韩世忠接到朝廷命令,已率部移营守江口的消息告诉了金军的大将聂呼贝勒。金将觉得韩世忠移营守江,扬州城内空虚,正好夺取。于是,聂呼贝勒送二人往金兀术处谈判,自己则立即调兵遣将,亲自率领精锐骑兵向扬州挺进。

韩世忠送走二人之后,便在扬州北面大仪镇(今江苏仪征东北)的二十多处设下埋伏,形成包围圈,等待金兵的到来。金兵大军一到,韩世忠首先率少数兵士迎战,边战边退,把金兵引入伏击圈。金兵中计之后,一声炮响,宋军伏兵从四面杀出,金兵一败涂地,先锋遭擒,主帅仓皇逃命。

金兵失利之后,金兀术大怒,把传递假情报的魏良臣、王绘囚禁了起来,两位投降派不知不觉中成了韩世忠的"死间"。

刘邦用间除范增

公元前204年,刘邦被项羽包围在荥阳城中一年之久,外援和粮草通道都被断绝,刘邦想与项羽割地求和,项羽不听,内外交困之际,刘邦便去请教陈平。陈平为他分析道:"项王为人,恭敬爱人,士之廉节好礼者多归之。至于行功赏爵邑,重之,士亦以此不附。今大王慢而少礼,士之廉节者不来;然大王能饶人以爵邑,士之顽钝嗜利无耻者亦多归汉。诚各去两短,集两长,天下指麾即定矣。然大王恣侮人,不能得廉节之士。顾楚有可乱者,彼项王骨鲠之臣亚父、钟离昧、龙且、周殷之属,不过数人耳。大王能出捐数万斤金,行反间,间其君臣,以疑其心,项王为人意忌信谗,必内相诛。汉因举兵而攻之,破楚必矣。"大体意思是,项羽虽然招纳了许多人才,但他每到赏赐功臣时,都吝啬爵位和封邑,因此士人多不愿意为他卖命。他所依赖的,不过是亚父范增、钟离昧、龙且等几个人。他建议刘邦,如果能舍得些钱财,用反间计离间他们君臣之间的关系,使之上下相疑,引起内讧,到那时汉军乘机反攻,定能击败楚军。

刘邦听从了他的计策,慨然交给陈平四万两黄金,听凭他自由支配。陈平用这些钱重金收买楚军中的将士,让他们散布流言说:钟离昧、龙且、周殷等将领功绩卓著,但却不能封王,他们将要与汉王联合,灭掉项羽,瓜分他的土地。谣言传到项羽耳中,项羽果然起了疑心。此时,适逢项羽派使者到汉营,陈平听说项羽的使者到了,立刻指使侍从拿出上等的餐具和十分丰盛的食品,可一见到楚使之后,他又佯装惊讶道:"原以为是亚父范增的使者,怎么却是项王的使者?"于是匆忙命人把原物撤下,换上劣等的食物及餐具。楚使回去把这件事情报告给了项羽,项羽又对范增陡生疑心。

亚父范增不知道其中的原委,还一再劝说项羽速取荥阳,以免夜长梦多。项羽由于不再信任他了,对范增的建议不理不睬。范增本来对项羽忠心耿耿,见项羽竟然疑心自己,气愤地说:"天下事大定矣,君王自为之!愿乞骸骨归!"天下事成败已定,请您好自为之,我请求带这把老骨头退归乡里!范增又气又恼,归乡途中背生痈疽,还没有到故乡彭城,就病死在了路上。

一年后,刘邦将项羽彻底击败。

故三军之事,莫亲于间①,赏莫厚于间,事莫密于间。非圣智不能用间②,非仁义不能使间③,非微妙不能得间之实④。微哉微哉!无所不用间也⑤。间事未发而先闻者,间与所告者皆死⑥。

【注释】

①故三军之事,莫亲于间:梅尧臣曰:"入幄受词,最为亲近。"王晳曰:"以腹心亲结之。"张预曰:"三军之士,然皆亲抚,独于间者以腹心相委,是最为亲密也。" ②非圣智不能用间:梅尧臣曰:"知其情伪,辨其邪正,则能用。"王晳曰:"圣通而先识,智明于事。"张预曰:"圣则事无不通,智则洞照几先,然后能为间事。或曰圣智则能知人。"圣:聪明睿智。 ③非仁义不能使间:陈皞曰:"仁者有恩以及人,义者得宜而制事。主将者既能仁结而义使,则间者尽心而觇察,乐为我用也。"梅尧臣曰:"抚之以仁,示之以义,则能使。"王晳曰:"仁结其心,义激其节,仁义使人,有何不可?"张预曰:"仁则不爱爵赏,义则果决无疑,既啗以厚利,又待以至诚,则间者竭力。" ④非微妙不能得间之实:杜牧曰:"间亦有利于财宝,不得敌之实情,但将虚辞以赴我约,此须用心渊妙,乃能酌其情伪虚实也。"梅尧臣曰:"防间反为敌所使思虑,故宜几微臻妙。"王晳曰:"谓间者必性识微妙,乃能得所间之事实。"微妙:精细巧妙。实:实情。 ⑤微哉微哉!无所不用间也:梅尧臣曰:"微之又微,则何所不知?"张预曰:"密之又密,则事无巨细皆先知也。" ⑥间事未发而先闻者,间与所告者皆死:杜牧曰:"告者非诱间者,则不得知间者之情,杀之可也。"陈皞曰:

"间者未发其事,有人来告其闻者,所告者亦与间者俱杀以灭口,无令敌人知之。"梅尧臣曰:"杀间者恶其泄,杀告者灭其言。"发:施行,实行。

【译文】

所以,在军队中没有人比间谍更亲密的,没有人比间谍更应受到优厚奖赏,没有比使用间谍更为机密的事务。不是聪明睿智的人不能使用间谍,不是仁德慷慨的人不能驱使间谍,不是精细巧妙的人不能得到真实的情报。微妙啊,微妙! 无时无处不可以使用间谍。间谍工作尚未开展,而有人先得到了消息,那么间谍和告知的人都要处死。

【战例】

汉武帝用间不密致败

汉武帝继位之后,由于继续实行和亲的政策,宽厚地对待匈奴,互通关市,所以汉和匈奴的关系较好,匈奴从单于到平民都亲近汉朝,经常往来于长城之下。但是,匈奴始终是汉朝的一块心病,汉武帝时期,随着国力的增强,汉朝想一举打败匈奴,使北部边境问题得到持久解决。为了使计划顺利进行,于是,汉朝指派马邑城的聂翁壹故意违犯禁令,运出货物同匈奴交易,并佯称做内应出卖马邑城,借此以引诱单于。单于相信了此事,垂涎于马邑城中的财物,就用十万骑兵侵入武州边塞。此时,汉朝早已在马邑城附近埋伏下三十余万大军,御史大夫韩安国担任护军将军,护卫着四位将军准备伏击单于。单于进入汉朝边塞之后,离马邑城尚有一百余里的时候,发现牲畜遍野却无放牧之人,感到非常奇怪,就打下了汉朝的一个侦察哨所,抓住了正在巡察雁门郡的尉史。单于捉到了尉史,尉史便向单于报告了汉朝军队埋伏的地点。单于大惊,急忙率兵而回。汉朝军队曾约定,单于进入马邑城后,再命令兵士攻杀。

如今单于未到马邑,所以汉朝军队一无所获。汉朝将军王恢的军队出代郡攻击匈奴的辎重,听说单于大军已回,兵卒多,因而不敢出击。王恢本是这次伏击战的策划者,却不敢进攻,因而被汉武帝杀掉。从此以后,匈奴断绝和亲关系,攻击直通要道的边塞,常常侵入汉朝边境抢掠,汉朝与匈奴的关系又紧张起来。

　　凡军之所欲击,城之所欲攻,人之所欲杀,必先知其守将、左右、谒者、门者、舍人之姓名①,令吾间必索知之②。

【注释】

①守将、左右、谒者、门者、舍人:杜佑曰:"守,谓官守职任者;谒,告也,主告事者也;门者,守门者也;舍人,守舍之人也。"张预曰:"守将,守官任职之将也;谒者,典宾客之官也;门者,阍吏也;舍人,守舍之人也。"守将:负责守卫的将领。左右:近臣,侍从。谒者:官名。始置于春秋、战国时,秦汉因之。掌宾赞受事,即为天子传达。又用以泛指传达、通报的奴仆。谒,禀告、陈说。门者:指监门吏。舍人:官名,本官内人之意,后世以为亲近左右之官。也指王公贵人私门之官、门客幕僚。
②索:寻求,探索,这里指设法取得。

【译文】

　　凡是我军要攻击的敌方军队,要夺取的敌方城市,要斩杀的敌方人员,就必须先了解其负责守卫的将领、身边的亲信侍从、负责传达通报的人员、守门的官吏以及府中门客幕僚的姓名,要命令我方的间谍一定想方设法得到这些情报。

【战例】

信陵君用客为间

一天信陵君正在和魏王下棋的时候,北方边境传来了告急的消息,说赵国正出兵来犯,即将进入魏国的国境。魏王一听非常紧张,放下了棋子,打算召集大臣们来商议对策。信陵君却镇定自若地劝阻魏王说:"这是赵王在打猎,不是来侵犯我国。"于是,二人又照旧下起棋来。魏王心里还是有些害怕,心思因此也不在下棋上。过了一会儿,北方又传来报告说:"赵国那边是赵王在打猎,不是来侵犯我国。"魏王听了之后,大吃一惊,忙问信陵君:"公子是怎么知道赵国的打算的?"信陵君说:"我的门客中有能探得赵王秘密事情的人,赵王的所作所为,门客都要回来报告我,因此我对他的行动了如指掌。"

必索敌人之间来间我者①,因而利之②,导而舍之③,故反间可得而用也;因是而知之,故乡间、内间可得而使也④;因是而知之,故死间为诳事,可使告敌⑤;因是而知之,故生间可使如期⑥。五间之事,主必知之,知之必在于反间,故反间不可不厚也⑦。

【注释】

①索:搜索,搜查。《礼记·月令》:"(仲夏之月)关市毋索。"陈臧集说:"索者,搜索商旅匿税之物。"　②因而利之:即遗以重利以收买。　③导而舍之:一说诱导归顺之后留下来为我所用。曹操曰:"舍,居止也。"张预曰:"言舍之者,谓稽留其使也。淹延既久,论事必多,我因得察敌之情。"一说诱导归降

后放回去以作为我方派出的间谍。赵本学曰:"厚利以诱其心,导之以伪言伪事,而纵遣之。彼归告其主,则犹为我之间也。"两说相较,以后说为善。　④因是而知之,故乡间、内间可得而使也:关于如何得乡间、内间而使之,杜牧曰:"若敌间以利导之,尚可使为我反间,因此乃知,厚利亦可使乡间、内间也。此言使间非利不可。故上文云:'相守数年,争一日之胜,而爱爵禄百金,不知敌之情者,不仁之至也。'下文皆同其义也。"后世注家多不同意此说。陈暤曰:"此说疏也。言敌使间来,以利啖之,诱令止舍,因得敌之情,因间、内间可使反间诱而使之。"梅尧臣曰:"其国人之可使者,其官人之可用者,皆因反间而知之。"张预曰:"因是反间,知彼乡人之贪利者,官人之有隙者,诱而使之。""因是而知之",并非通过以上这件事做类推而知他事可为,而是通过归顺的反间可以知道更多的情况,这就是杜说的疏失之处。　⑤故死间为诳事,可使告敌:张预曰:"因是反间,知彼可诳之事,使死间往告之。"
⑥因是而知之,故生间可使如期:张预曰:"因是反间知彼之情,故生间可往复如期也。"　⑦知之必在于反间,故反间不可不厚也:杜牧曰:"乡间、内间、死间、生间四间者,皆因反间知敌情而能用之,故反间最切,不可不厚也。"张预曰:"人主当用五间以知敌情,然五间皆因反间而用,则是反间者,岂可不厚待之耶?"

【译文】

一定要搜查出敌方派来我方侦察情报的间谍,查出后用重金收买他,通过诱导使他归顺,然后把他放回去,这样,反间就可以为我所用了。通过反间了解情报,就可以得到乡间和内间的使用了。通过反间了解情报,死间就可以传播假情报给敌人了。通过反间了解情报,就可以使生间按预定的时间安全返回了。关于五种间谍的使用情况,国君必须掌握。掌握情况的关键,就在于反间的使用,所以对反间的待遇不可不优厚。

【战例】

韦皋反间云南王

唐朝时,吐蕃发兵十万将要进犯西川,要云南发兵协助。云南虽然已经暗暗地归附了唐王朝,但表面上也不敢和吐蕃作对,于是也发兵数万屯于泸北。韦皋知道云南的态度很犹豫,于是就写信送给云南王,信中对云南背叛吐蕃归化大唐的诚意大为赞扬。他把信放在盛信的盒子中,让东蛮人辗转交到了吐蕃人的手里。吐蕃于是对云南产生了怀疑,派兵两万屯于会川,以断绝云南到蜀地的道路。云南非常生气,一怒之下引兵回国。从此云南与吐蕃互相猜疑,归唐的意志更加坚定了。吐蕃失去云南之助,势力也开始变弱。

岳飞反用金谍

宋朝时,抗金名将岳飞知道刘豫与金国的粘罕交情深,而兀术则厌恶刘豫,可以设计离间他们的关系。当时正好军中抓住了一个兀术的间谍,岳飞假装责备他说:"你不就是从前在我军中的张斌吗?我以前派你到齐国见刘豫,约定把四太子兀术引来,你走了就没有再回来,我已经派人问过齐国的人了,他们已经答应我今年冬天就以联合进犯长江一带为名,把四太子引到清河。写了回信给你,你为什么拿着书信没有回来,为什么要背叛我?"间谍怕被处死,就假装承认了岳飞所说的事实。岳飞于是又写了一封信,封在蜡丸中,信中与刘豫商议合谋诛杀兀术的事情。信写好后,岳飞对间谍说:"这次我暂且放了你,让你再出使一次齐国,问问刘豫举兵的日期。"于是割开了间谍的大腿,把书信放进去,并告诫他不得泄密。间谍回去把书信给了兀术,兀术大惊,飞马回去告诉金国的皇帝。刘豫的伪齐政权于是被废掉。

昔殷之兴也①,伊挚在夏②;周之兴也③,吕牙在殷④。故惟明君贤将,能以上智为间者⑤,必成大功。此兵之要,三军之所恃而动也⑥。

【注释】

①昔:从前,过去。殷:朝代名,即商朝。商王盘庚从奄(今山东曲阜)迁都殷,后世因称商为殷。至纣亡国,共历八世,十二王,二百七十三年。整个商代亦称为商殷或殷商。兴:兴起。②伊挚:即伊尹,商初名臣,名挚。因官封为尹,故称伊尹,又称阿衡或保衡。原为有莘氏女陪嫁于汤的媵臣,因精通治国之道,汤授以国政,在助汤灭夏中所建功勋卓著。汤死后,辅佐外丙、仲壬、太甲。卒后商王沃丁葬以天子之礼,与汤并祀。传有《伊训》、《咸有一德》等,已佚。1973年长沙马王堆三号汉墓出土的帛书中有《伊尹》零篇六十四行。相传伊尹曾经"去汤适夏"。《吕氏春秋·慎大览》:"桀为无道……汤乃惕惧,忧天下之不宁,欲令伊尹往视旷夏,恐其不信,汤由亲自射伊尹。伊尹奔夏三年,反报于亳……汤谓伊尹曰:'若告我旷夏尽如诗。'汤与伊尹盟,以示必夏。伊尹又往视旷夏,听于末嬉……"伊尹"五就汤、五就桀",从而了解了夏朝的许多情报,助汤灭夏。夏:我国历史上第一个朝代。相传为禹子启所创立的奴隶制国家,建都安邑(今山西省夏县北)。传至最后一个帝王桀时,被商汤所灭。 ③周:朝代名,姬姓。公元前

十一世纪武王灭商建周。都城镐京(今陕西西安),史称西周。公元前771年,犬戎攻破镐京,周幽王被杀。次年周平王东迁洛邑(今河南洛阳),史称东周。　　④吕牙:即姜子牙,又称吕尚、太公望。据《史记·齐太公世家》记载:"太公望吕尚者,东海上人。其先祖尝为四岳,佐禹平水土甚有功。虞夏之际封于吕,或封于申,姓姜氏。夏商之时,申、吕或封枝庶子孙,或为庶人,尚其后苗裔也。本姓姜氏,从其封姓,故曰吕尚。吕尚盖尝穷困,年老矣,以渔钓奸周西伯。西伯将出猎,卜之,曰'所获非龙非彨,非虎非罴,所获霸王之辅'。于是周西伯猎,果遇太公于渭之阳,与语大说,曰:'自吾先君太公曰:当有圣人适周,周以兴。子真是邪?吾太公望子久矣。'故号之曰'太公望',载与俱归,立为师。或曰,太公博闻,尝事纣。纣无道,去之。游说诸侯,无所遇,而卒西归周西伯。或曰,吕尚处士,隐海滨。周西伯拘羑里,散宜生、闳夭素知而招吕尚。吕尚亦曰:'吾闻西伯贤,又善养老,盍往焉。'三人者为西伯求美女奇物,献之于纣,以赎西伯。西伯得以出,反国。言吕尚所以事周虽异,然要之为文武师。周西伯昌之脱羑里归,与吕尚阴谋修德以倾商政,其事多兵权与奇计,故后世之言兵及周之阴权皆宗太公为本谋。"因吕尚"博闻,尝事纣",所以了解了商朝很多情报,熟悉商朝内部的情况,因此最后帮助武王灭商。

⑤上智:指具有大智慧的人。　　⑥此兵之要,三军之所恃而动也:杜牧曰:"不知敌情,军不可动;知敌之情,非间不可。故曰三军所恃而动。"李筌曰:"孙子论兵,始于计而终于间者,盖不以攻为主,为将者可不慎之哉?"

【译文】

从前,殷商的兴起,在于有夏朝的伊挚;周朝的兴起,由于有了解商朝情况的吕牙。因此,英明的国君和贤能的将帅,如果能利用智慧高超的人作为间谍,就一定能成就大功。这是用兵的关键,三军发动军事行动所遵循的依据。

【战例】

子贡存鲁

在《李卫公兵法》、《间书》等兵书中,都把子贡"一出,存鲁,乱齐,破吴,强晋而罢楚"一事作为"用间"的成功事例。《李卫公兵法》中说:"子贡、使廖、陈轸、苏秦、张仪、范雎等,皆凭此术成功。"《间书》中也说:"圣门高弟如子贡,尝用间以成功矣。"子贡的成功,可以说是谋略的成功,此事在《国语》、《越绝书》、《吴越春秋》、《史记》、《孔子家语》等书中皆有记载,现将大致内容引述如下,作为孙子"用间"思想乃至整个思想体系的一个旁证。

齐国的田常打算发动叛乱,但又害怕高氏、国氏、鲍氏、晏氏等大臣的势力,所以就调遣军队,准备攻伐鲁国,想借机取势。孔子闻讯后,对弟子们说:"鲁国是我们祖宗坟墓的所在地,父母生活的国度。国家面临这样的危难,大家为什么没有人挺身而出设法挽救呢?"子路马上请求出去,孔子阻止了他。子张、子石请求出行,孔子也没有同意。子贡请求出行,孔子答应了他。

于是行,子贡到达齐国,对田常说:"您打算攻伐鲁国是错误的。鲁国是难以攻伐的国家,其城墙薄而矮,其护城河窄而浅,其国君愚蠢而不仁,其大臣虚伪而无用,其士人百姓厌恶打打杀杀之类的事,这样的国家不可与它交战。您不如去攻打吴国。吴国的城墙高而厚,护城河宽而深,武器装备坚而新,士卒精而足,贵重的器物、精良的兵器全都在都城之中,又选派了贤明的大夫守城,这样的国家才容易攻伐呀。"田常听罢他的话,愤怒地变了脸色,说:"你所说的难,是一般人所说的容易;你所说的易,是一般人所说的困难。你用这个来教我,是何居心?"子贡说:"在下听说,忧患存在于国家内部的,就去进攻强大的国家;忧患存在于国家外部的,就去进攻弱小的国家。如今您的忧患正是在国内。我听说您三次求封而三次没有成功,其原因是因为有的大臣不听从您啊。如今您打算侵略鲁国来扩张齐国的领土,征战取胜,君主骄傲;打败敌国,大臣尊崇,但您却得不到什么功劳。这样只会使您与国君的关系日益疏远。您上面让君主骄傲自大,下面让群臣肆无忌惮,以此来企求大事的成功,困难啊。国君骄傲就会随心所欲,臣下骄傲就会争权夺利,这样您就会上与君主有矛盾,下与大臣相争斗。在这种情况下要在齐国站住脚,危险啊。所以我说,您打算攻伐鲁国不如攻伐吴国。攻伐吴国不能获胜,国人在外战死,大臣在内空虚,这样您就上无强臣相对抗,下无百姓来责难,孤立国君,控制齐国,决定于您的行动。"田常说:"好。可是我们的军队已经开赴鲁国,现在要离开鲁国而前往吴国,大臣们必然会怀疑我,怎么办?"子贡说:"您先按兵不动,不要发起进攻,请让我前往吴国,请吴王救援鲁国,您就可以乘机领兵迎击吴军了。"田常答应了,派子贡南下游说吴王。

子贡到了吴国,对吴王夫差说:"我听说,实行王道的人不绝灭别的国家,实行霸道的人没有强大的对手,双方以千钧重量互相抗衡,其中一方即使只增加一铢一两就会使形势发生变化。如今拥有万辆兵车的齐国私下想兼并只有千辆兵车的鲁国,来和吴国一争高下,我暗自替大王您察觉到危险啊。况且,如果您救援鲁国,就会有显赫的名声;攻伐齐国,就会有巨大的收益。如果以此来安抚泗水之滨的各诸侯国,诛伐残暴的齐国,牵制强大的晋国,得到的利益将没有比这更大的。名义上您是保存了行将灭亡的鲁国,实际上是使强大的齐国受到打击,智者对此不会有什么怀疑吧。"吴王夫差说:"好。尽管如此,可是我曾经和越王交战,让他退缩到会稽。

越王勾践正在卧薪尝胆，招贤纳士，对我存有报复之心。你等我解决了越国之后再来按照你的意思办。"子贡说："越国的力量比鲁国强不到哪里去；吴国的力量也不会比齐国强大多少。如今大王您放下齐国而去攻伐越国，恐怕等您成功的时候，齐国也已经平定鲁国了。况且，大王您正打着"救存危亡，复兴灭国"的旗号，攻伐弱小的越国而畏惧强大的齐国，在天下人看来并不是勇者的行为。勇者不回避困难，仁者不废弃礼法，智者不丧失时机，王者不灭亡诸侯，以此来建立起自己的道义。如今大王您能保存越国来向诸侯显示仁义，如果能够再救援鲁国，讨伐齐国，威慑晋国，各国诸侯必定纷纷前来吴国朝见，那您的霸业可成。如果大王您实在是担心越国的话，请让我到东方去面见越王，叫他出兵相从，这样做实际上是为了空虚越国的力量，名义上则可以说是联合诸侯讨伐齐国。"吴王夫差听了非常高兴，于是派子贡前往越国。

越王勾践听说子贡来了，命人清扫道路，自己到郊外迎接子贡，并亲自为子贡驾车。到了馆舍，勾践问道："我们越国是没有开化的蛮夷之邦，大夫您为何如此恭敬庄重地屈尊光临呢？"子贡说："我刚刚劝说吴王去救援鲁国攻伐齐国，他愿意去，但心里畏惧越国，对我说：'等我攻下越国以后，才可以行动。'如果这样，他攻破越国是必定的了。况且，一个人没有报复他人之心却遭到别人的怀疑，这是笨拙的表现；存有报复他人之心而让别人知道了，这是失败的前兆；行动没有开始而消息先散布出去，这是危险的事情。这三种情况是采取行动的大患啊。"勾践听罢，大礼参拜说："我曾经自不量力，与吴国作战，因而现在在会稽一筹莫展，痛悔之情刻骨铭心，每天急得我唇焦舌干，只想和吴王相随而死，我只有这个愿望啊。"勾践于是又询问子贡该怎么做。子贡说："吴王夫差为人凶猛暴躁，群臣不堪承受；国家困于频繁战争，士卒无法忍耐；百姓怨恨君上,大臣内生变心;伍子胥因为直言进谏而死,奸佞的太宰嚭执掌政事,顺从国君的过错来保证自己的私利。这种治理方式无异于自毁国家啊。现在大王您如果能调发军队来迎合吴王的打算,献纳奇珍异宝来获取他的欢心,使用谦卑的言辞来抬高他,吴王就一定会去攻伐齐国。他如果出战不胜,那就是大王您的福气了。如果出战取胜,他必定接着率领军队进攻晋国,请让我北上面见晋君,让他共同攻打吴军,削弱吴国那就是必然的事情了。吴国的精锐士卒在齐国消耗殆尽,主力部队在晋国疲惫困乏,这样大王您乘弊而起,一定能够一举灭亡吴国。"越王勾践听了非常高兴,同意了子贡的建议。越王赠给子贡黄金一百镒,剑一把,好矛两杆。子贡不要,接着又出发了。

子贡回到吴国,报告吴王夫差说:"我恭敬地把大王的话转告了越王,越王听了非常恐惧,说:'我不幸从小失去了父亲,自己又不自量力,得罪了吴国,以致军队战败自己受辱,栖身在会稽,国家变成了一片废墟,依赖大王的恩赐,才使我能够捧着俎豆等礼器举行宗庙社稷的祭祀,使越国延续下去,这一切我死都不会忘记,还敢打什么主意呢?'"过了五天,越王勾践派大夫文种拜见吴王夫差,叩头上言道:"东海服役之臣勾践派遣使者臣下文种,冒昧修书给左右官吏谨向大王致以问候。近日私下听说大王将要举大义,诛强暴,救危弱,打击残暴的齐国以安抚周朝王室,因此请求全部出动越国境内的三千士卒,我自己也请求身披铠甲,手持武器,跟随大王承受飞矢流石,冲锋陷阵。现在通过越国的微臣文种奉上先人收藏的兵器,铠甲二十套,还有斧子、屈卢矛、步光剑,作为对军队的觐见之礼。"吴王夫差非常高兴,把文种的话告诉子贡,说:"越王勾践准备亲自跟随我攻伐齐国,可以吗?"子贡说:"不能这样。使他人的国家空虚,让他们的人马全部出动,又让他们的国君亲自随从,这不合乎义的要求。您应该接受他们的礼物,应许他们出兵,但谢绝他们的国军跟从。"吴王同意了,坚决谢绝越王勾践亲自随从的要求,马上征发吴国九郡的兵马出兵攻伐齐国。

子贡接着离开吴国到了晋国,对晋国的国君说:"我听说,准备不事先做好就不能够应付突发的事件,军队不事先就绪就不能够战胜敌人。现在齐国和吴国将要开战,如果吴国不能战胜,越国一定会趁机发难;如果吴国战胜齐国,必定会接着把军队开到晋国。"晋君听后大为恐慌,问子贡:"我应该怎么办呢?"子贡说:"您还是修缮武器、休养士卒来做好准备吧。"晋君答应。

子贡离开晋国回到鲁国。吴王夫差果真在艾陵与齐国军队交战,并大败齐军,将齐国七名将军所辖的部队全部俘虏。但是吴军没有马上返回吴国,果然又开赴晋国,与晋国军队在黄池地区相遇。吴、晋两强相争,晋军击败吴军。越王勾践听说吴王失败之后,趁机领兵袭击吴国,在离吴国都城七里的地方安营扎寨。吴王夫差闻讯,匆忙离开晋国返回吴国,与越军在五湖地区展开激战。吴军数次交战都不能取胜,都城的城门被攻破,越军接着包围了王宫,吴王夫差被杀死,国相太宰嚭被斩首示众。三年之后,越王勾践称霸。

子贡一出,保存了鲁国,扰乱了齐国,灭亡了吴国,强大了晋国,并成就了越国的霸业。子贡的这一次出使,使诸侯国之间原有的格局被打破,十年之中,鲁、齐、吴、晋、越等五个国家都发生了重大变化。

《间书》中说:"子贡之间,即《孙子》'五间'之'生间'也。其间齐、吴、越、晋,即《李卫公兵法》'间邻'之法也,而其策特妙,其辩尤精。"子贡用间,使"十年之中,五国各有变",既使自己的父母之邦得到了保全,又使诸侯国之间的局势大为改变,这的确不是十万百万的甲士所能轻易做到的。